普通高等院校数字素养与创新型复合人才培养
现代经济学专业课程"十四五"规划系列教材

编 委 会

主　任　张建华

副主任　钱雪松　戴则健

委　员（*以姓氏拼音为序*）

陈　斌　范红忠　方壮志　韩民春
孔东民　刘雯雯　龙　妍　欧阳红兵
易　鸣　姚　遂　周记顺　钟熙维
左月华

普通高等院校数字素养与创新型复合人才培养
现代经济学专业课程"十四五"规划系列教材

经济学思维与观察

The Economic Way of Thinking and Observing

编著◎张建华　叶巾祁　钱雪松　郑冯忆
　　　程　文　孙雅龙　妍　易　鸣
　　　欧阳红兵　邱慧芳

华中科技大学出版社
http://press.hust.edu.cn
中国·武汉

图书在版编目（CIP）数据

经济学思维与观察/张建华等编著. —武汉：华中科技大学出版社，2024.2
ISBN 978-7-5772-0576-2

Ⅰ.①经… Ⅱ.①张… Ⅲ.①经济学-高等学校-教材 Ⅳ.①F0

中国国家版本馆CIP数据核字（2024）第048986号

经济学思维与观察
Jingjixue Siwei yu Guancha

张建华　叶巾祁　等 编著

策划编辑：周晓方　陈培斌　宋　焱	
责任编辑：董　雪　肖唐华	
封面设计：原色设计	
责任校对：张汇娟	
责任监印：周治超	
出版发行：华中科技大学出版社（中国·武汉）	电话：(027) 81321913
武汉市东湖新技术开发区华工科技园	邮编：430223
录　　排：华中科技大学出版社美编室	
印　　刷：武汉科源印刷设计有限公司	
开　　本：787mm×1092mm　1/16	
印　　张：14.75	
字　　数：335千字	
版　　次：2024年2月第1版第1次印刷	
定　　价：49.80元	

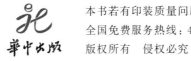

本书若有印装质量问题，请向出版社营销中心调换
全国免费服务热线：400-6679-118　　竭诚为您服务
版权所有　侵权必究

内容简介

本教材从日常生活观察以及社会经济现象出发，结合中国经济发展具体背景及案例，采用通俗的语言，选取不同的视角，通过对市场供求变化、微观经济行为、宏观经济运行、金融的作用、开放条件下经济运行以及长期发展问题的分析，引导读者观察并思考真实世界的经济运行，培养读者经济学思维方式和解读社会经济运行的能力，并在讲解中穿插经济术语和经济原理，启发读者学习和深入探讨经济学的兴趣。

本教材共十章，首先从经济学思维的内涵和作用出发，总结了一些实用的经济学原理与思维方式，引入了经济学中最为基础的需求供给模型及其均衡分析，介绍了不同市场结构与企业市场势力的关系，以及企业市场势力与价格和生产之间的关系。随后，通过对外部性及其规制、博弈论与不对称信息的系统梳理，帮助读者观察和理解身边以及社会上的众多经济现象，并通过介绍宏观经济运行特点和观察方法，金融市场和国际贸易的基本逻辑，为读者提供关注经济运行的整理视角以及理解国家政策的经济学工具。最后，本教材还提供了对中国经济发展的长期观察与思考。每个章节中都有相关专栏内容，每章最后配有本章核心名词解释、课后思考题和数字资源，供学生学习与巩固。

本教材主要面向经济、管理、公共管理等学科相关专业的学生，也可作为非经管专业本科生公共选修课程教学用书，以及所有对经济学感兴趣读者的入门读物使用。

总序

2016年5月17日，习近平总书记主持召开哲学社会科学工作座谈会，指出我国哲学社会科学学科体系、学术体系、话语体系建设水平总体不高。2022年4月25日，习近平总书记在中国人民大学考察时又强调指出，"加快构建中国特色哲学社会科学，归根结底是建构中国自主的知识体系"。党的二十大报告指出，新时代新征程中国共产党的使命任务就是"以中国式现代化全面推进中华民族伟大复兴"，教育、科技、人才是全面建设社会主义现代化国家的基础性、战略性支撑。实现高水平科技自立自强，归根结底要靠高水平创新型人才。根据党中央要求，育人的根本在于立德。为了落实立德树人的根本任务，必须深化教育领域综合改革，加强教材建设和管理。因此，坚持思政教材体系建设与哲学社会科学教材体系建设相统一，是推动和落实习近平新时代中国特色社会主义思想进教材、进课堂、进头脑的重要基础和前提。同时，如何在哲学社会科学教材建设中充分体现"中国特色""中国理论""中国实践"，是构建中国自主的知识体系和发展中国特色哲学社会科学的关键。

聚焦经济学科，在大数据、信息化和人工智能为代表的新科技革命背景下，经济业态、市场结构与交易模式发生了巨大变革，"数字经济"应运而生。华中科技大学经济学院结合创新型人才培养新趋势、新要求，贯彻坚守"一流教学，一流人才"的理念，制定了数字素养与创新型复合人才培养现代经济学专业课程"十四五"规划系列教材，不断推进教学改革和教材建设，着力培养具备良好政治思想素质和职业道德素养，掌握坚实的经济学理论知识，熟悉前沿经济运行规律与改革实践，既有本土意识又有国际视野的数字经济复合型人才，规划建设一流数字经济专业系列教材，构建起我们自己的中国化高水平经济学教材体系。

那么，如何做好数字素养与创新型复合人才培养现代经济学专业课程系列教材的编写工作呢？根据习近平总书记重要讲话精神，一是要着眼于中国特色数字经济理论体系构建目标，在指导思想、学科体系、学术体系、话语体系等方面充分体现中国特色和实践基础。张培刚先生开创的发展经济学根植于现代化伟大实践，是华中科技大学经济学院学科优势所在。我们秉承将经济学研究植根于中国建设与发展的伟大实践这一优良传统，在积极探索具有中国特色的数据治理体系的建设路径上下功夫。二是要体现数字技术与经济学教育的有机结合，加快推进数字经济的理论探讨与社会实践的深度融合。我们借助华中科技大学在经济学和工程科学上的厚实底蕴，充分利用大数据科学与技术、人工智能等在金融、产业、贸易、财政等领域的前沿研究与发展实践，在教材编写与课堂教学中突出经济学与新技术学科的交叉融合。

本系列教材的编写主要体现如下几点思路。其一，体现"立德树人"的根本宗旨，坚持贯彻"课程思政进教材、进课堂、进头脑"的理念。其二，集中反映数字经济前沿进展，汇聚创新的教学材料和方法，建立先进的课程体系和培养方案，培养具有创新能力的数字经济复合型人才。其三，推进教学内容与方式的改革，体现国际前沿的理论，包含中国现实问题和具备中国特色的研究元素，助力中国自主的经济学知识体系构建。其四，加强数字经济师资队伍建设，向教学一线集中一流师资，起到示范和带动作用，培育数字经济课程教学团队。

本系列教材编写主要遵循如下几点原则。一是出精品原则。确立以"质量为主"的理念，坚持科学性与思想性相结合，致力于培育国家级和省级精品教材，出版高质量、具有特色的系列教材，坚持贯彻科学的价值观和发展理念，以正确的观点、方法揭示事物的本质规律，建立科学的知识体系。二是重创新原则。吸收国内外最新理论研究与实践成果，特别是我国经济学领域的理论研究与实践的经验教训，力求在内容和方法上实现突破、形成特色。三是求实用原则。教材编写坚持理论联系实际，注重联系学生的生活经验及已有的知识、能力、志趣、品德的实际，联系理论知识在工作和社会生活中的实际，联系本学科最新学术成果的实际。通过理论知识的学习和专题研究，培养学生独立分析问题和解决问题的能力。编写的教材既要具有较高学术价值，又要具有推广和广泛应用的空间，能为更多高校采用。

本系列教材力争体现如下几点特色。一是精准思政。基于现代经济学专业核心课程系列教材"十三五"规划的经验，此次重点编写的数字经济系列教材，坚持以习近平新时代中国特色社会主义思想贯穿于教材建设的全过程。二是交叉创新。充分发挥学校交叉学科优势，让经济学"走出去",为"技术"补充"内涵",打破学科壁垒。结合学科最新进展,内容上力求突破与创新。三是本土特色。以中国改革发展为参照,将实践上升为理论创新,通过引入丰富的、具有中国元素的案例分析和专栏研讨,向世界介绍中国经验、讲述中国故事、贡献中国方案。四是国际前沿。将国际上先进的经济学理论和教学体系与国内有特色的经济实践充分结合,并集中体现在教材框架设计和内容写作中。五是应用导向。注重教学上的衔接与配套,与华中科技大学经济学院专业课程教学大纲及考核内容配套,成为学生学习经济学核心专业课程必备的教学参考书。

本系列教材已入选华中科技大学"十四五"本科规划教材。根据总体部署,围绕完善"经济学专业核心教材建设,突出数字经济前沿"的主线,本系列教材按照数字化和经济学基础两大板块进行谋划。数字化板块包括数字经济概论、数字经济发展与治理、数据要素市场:原理与实践、数字经济微观导论、数字金融、金融科技与应用、大数据与机器学习、数理宏观经济学导论:模型与计算等。经济学基础板块包括经济学思维与观察、行为金融学、经济思想史导论、中国经济、WTO 规则与案例精讲、国际直接投资与跨国公司、国际金融学(第二版)等。当然,在实际执行中,我们可能会根据实际需要适当进行调整。

本系列教材建设是一项探索性的系统工程。无论是总体构架的设计、具体课程的挑选,还是内容取舍和体例安排,都需要不断总结并积累经验。衷心期待广大师生提出宝贵的意见和建议。

华中科技大学经济学院院长、张培刚发展研究院院长,教授
2023 年 12 月

经济学思维与观察到底有什么用？

经济学到底对人们有多大的帮助？社会上常常流传一些说法，认为学习经济学就是为了懂得如何赚钱。那么，是不是学习了经济学的人都会赚钱呢？实际上，不一定。看看我们这个世界，真正拥有成功秘诀的商人或企业家，有几个人是学经济学的呢？

让我们先来看看国内的例子：华为技术有限公司的主要创始人任正非曾就读于重庆建筑工程学院（现已并入重庆大学）；阿里巴巴集团主要创始人马云，1988年毕业于杭州师范学院外语系；搜狐网创始人张朝阳，毕业于清华大学物理系，是美国麻省理工学院物理学博士；腾讯公司首席执行官马化腾获得深圳大学计算机及应用专业理学学士学位。再看看美国科技公司的几位"大佬"，他们不仅大学阶段没有选择学经济学专业，而且提前退学创业，如微软公司创始人比尔·盖茨、苹果公司创始人史蒂夫·乔布斯、Facebook创始人马克·扎克伯格，以及ChatGPT创始人山姆·阿特曼（Sam Altman）等。

那么，我们是不是由此判定，经济学是无用之学、虚妄之学呢？其实不然，当今著名的科技企业家埃隆·马斯克，同时拥有太空探索技术公司（SpaceX）、特斯拉公司（TESLA）和太阳城公司（Solar City），虽然放弃了斯坦福的物理学博士学位的获得机会，但他拥有宾夕法尼亚大学的经济学和物理学双学士学位。全球著名的投资家、享有股神美誉的沃伦·巴菲特（Warren Buffett）拥有内布拉斯加大学林肯分校的经济学学士学位以及哥伦比亚大学的经济学硕士学位。可以看到，全球著名商学院里有许多已经成功的商人。事实上在人的一生中，永远都无法回避经济学。

经济学到底能干什么？不能干什么？这是一个值得探讨的话题。希望你在学习经济学后能够明白，尽管经济学不会改变世界，但是经济学会改变你看世界的方式。世界本身是什么样的是一回事，但是你如何看待这个世界则是另一回事。重要的不是世界本原究竟是什么，而是你如何看待并辨别你眼中的世界本原。

普通人是不是应该学一点经济学知识呢？我的答案是肯定的，即使你不会去系统地学习经济学专业知识，你也一定要懂得一些基本的经济学理论和方法，具备几种常用的经济学思维。

首先，学习经济学不一定会让你赚大钱，但是它一定会让你能够理解别人的赚钱方式和途径。经济学可以帮助我们解释为什么有的人能够成功，成功之后如何取得更大的成功。所以，成功的企业家在取得一定的成就以后，都纷纷聘请一些高水平的经济学家担任企业顾问，为企业成长提供理论支撑和实践建议。企业家赚取的第一桶金可能并不依赖于经济学，但要想进一步赚钱却必须依赖经济学思维。

其次，学习经济学不一定能够预知未来，但可以帮助我们总结过去、预想未来。国家制定公共政策时，通常要考虑过去已经发生的实际情况，并且参考以往颁布的政策的效果，从而基于现实和对未来的预想来制定符合国家未来发展的公共政策。学习经济学知识，可以帮助我们理解国家颁布公共政策背后的原因，从而让我们有计划地进行自己现有的生产和生活，并对未来的生活提前做出规划。因此，学会经济学思维的意义在于：不能参与过去却可以回顾和分析过去，不能预知未来却可以预想未来。

再次，学习经济学不一定能改变世界，但可以改变我们对世界的认知。经济学思维的本质在于揭开世界的真实面纱，形成正确看待这个世界的方式。实际上，整个世界尽管表面上纷繁复杂、令人眼花缭乱，很多现象甚至完全不符合预期，但是其背后的经济学运行逻辑并不复杂。如果我们懂得其中的奥秘，就可以改变认识和看待这个世界的方式，了解真实的世界。通过学习经济学，我们可以更深入地理解这个世界的运行轨迹，找出其中蕴含的经济逻辑，从而认识一个你从来没有看清楚的世界的真实样子。

最后一点，也是对当代中国青年最重要的一点，经济学思维能够帮助人们树立正确的价值观和人生观。当今世界正处于百年未有之大变局时代，科技革命和产业变革方兴未艾。社会和经济的巨大繁荣，带来的是价值观、思维方式的变革。我们需要拥有经济学思维，但我们并不是要成为"精致的利己主义者"，而是要成为经世济民的开拓者。因此，对于应该立志于影响时代的中国当代大学生而言，需要学会正确处理个人与社会、微观与宏观、短期与长远的关系，权衡利弊得失，按照社会福利最大化的一般均衡原理思考和行动。

进入新时代以来，为深入贯彻落实党的二十大精神，我们亟须建设符合中国特色社会主义要求的高质量教材教学体系。坚持以习近平新时代中国特色社会主义思想为指导，全面贯彻党的教育方针，落实立德树人根本任务，坚持和弘扬社会主义核心价值观，这也是本教材编写目的之所在，为培养学习者具有中国特色的"经济学思维与观察"能力献一份力。经济学是一种观察生活、社会和世界的视角，它有助于我们更加清楚地理解社会运行的规律。本教材既没有抽象复杂的数学模型，也没有艰深晦涩的理论推演，试图通过列举大量日常生活和社会运行中存在的例子，激发大家对经济学问题的思考。此外，经济学也是一种有用的思维方式。本教材旨在借助经济学的力量，引导读者学会经济学思维方式和观察推理方式，从而能够像经济学家一样思考问题、寻找破解难题的答案。为向读者更好地介绍经济学这门观察真实世界的学问，本教材将用生动有趣的语言、丰富多彩的真实案例，以及中国国民经济及社会发展中的经济学故事，引导学生学会如何用经济学的视角看世界。也许在我们学完本教材的十年或二十年后，几乎所有的具体知识都被遗忘，能留下来的只有看问题的思维方式，这才是真正影响读者终身的东西，也是本教材想要传递给读者的。

本教材是面向非经济管理专业学生开设的公共选修课"经济学思维与观察"的配套教材。该课程教学的目的是提供一个观察真实世界的经济学的独特视角，培养学生"经济学思维与观察"的能力。和课程风格一致，本教材放弃传统的以知识体系传授为核心的经济学原理教学和写作模式，精选一些经济学原理的知识点和经济术语，用通俗的表达方式，选取不同视角，通过对市场供求变化、微观经济行为、宏观经济运行、金融的作用、开放条件下经济运行以及长期发展问题的分析，引导大家观察并思考真实世界的经济运行，培养学生经济学思维方式和解读社会经济运行的能力。

本教材配套课程内容设置十章，由课程组老师们通力合作编写完成。基本构成与各章分工如下：经济学思维与观察导论（张建华）；经济学家的思维方式（钱雪松、郑冯忆）；需求供给原理与均衡分析（程文）；竞争与垄断（孙雅）；外部性及其规制（龙妍）；博弈行为与不对称信息（叶巾祁）；宏观经济运行与调控（易鸣）；金融的逻辑（欧阳红兵）；对外贸易与开放发展（邱慧芳）；经济发展的长期观察与思考（张建华）。在课程建设过程中，邱慧芳和叶巾祁付出了大量劳动。本书稿初步完成后，叶巾祁又做了大量组织协调和统稿工作，硕士研究生司帅和袁嘉妮也积极协助配合。在此一并表示衷心感谢。

本教材的撰写是尝试性探索，它必然存在许多有待完善的地方，书中疏漏和错误之处在所难免，殷切期望各位读者和经济学同仁不吝赐教，以便日后修订重印时改正。

华中科技大学经济学院

2023 年 9 月 30 日

目录

第一章　经济学思维与观察导论 / 001
第一节　引言 / 001
第二节　经济学视野下的生活、社会和世界 / 002
第三节　经济学的演进和启示 / 003
第四节　何为经济学思维 / 006
第五节　几条实用的经济学原理 / 010
第六节　经济学思维的运用与功效 / 019

第二章　经济学家的思维方式 / 024
第一节　引言 / 024
第二节　经济学研究的基石——假设 / 024
第三节　备受青睐的模型 / 025
第四节　因果关系的判断 / 028
第五节　微观经济与宏观经济的双重视角 / 030
第六节　演绎逻辑与归纳逻辑的双重结合 / 031
第七节　实证分析与规范分析的不同表述 / 033
第八节　走向真实世界的行为经济学 / 034

第三章　需求供给原理与均衡分析 / 038
第一节　引言 / 038
第二节　需求原理 / 040
第三节　供给原理 / 045
第四节　均衡形成 / 047
第五节　要素市场的供求与均衡 / 055

第四章　竞争与垄断 / 061

第一节　引言 / 061

第二节　市场的定义 / 062

第三节　最小市场势力：完全竞争市场 / 063

第四节　最大市场势力：完全垄断 / 066

第五节　在垄断和完全竞争之间：垄断竞争 / 070

第六节　竞争的利与弊 / 072

第七节　反垄断 / 073

第五章　外部性及其规制 / 078

第一节　引言 / 078

第二节　外部性及其特征 / 079

第三节　外部性的私人解决方案 / 082

第四节　外部性治理的公共政策 / 085

第五节　公共品和公共资源 / 092

第六章　博弈行为与不对称信息 / 097

第一节　引言 / 097

第二节　博弈行为及其均衡 / 098

第三节　人们是否合作的博弈原理 / 104

第四节　不对称信息下的人类行为 / 107

第五节　不对称信息下的机制设计 / 113

第七章　宏观经济运行与调控 / 120

第一节　引言 / 120

第二节　宏观经济运行的特点 / 121

第三节　宏观经济四大目标 / 125

第四节　宏观经济变量 / 126

第五节　宏观调控政策 / 131

第八章　金融的逻辑 / 140

第一节　引言 / 140

第二节　货币的本质 / 141

第三节　货币制度的演变 / 143

第四节　信用、利息和利率 / 150

第五节　金融市场与银行体系 / 156
　　第六节　金融市场的基本原理 / 164

第九章　对外贸易与开放发展 / 172
　　第一节　引言 / 172
　　第二节　国际贸易的好处 / 173
　　第三节　保护贸易的理由 / 181
　　第四节　贸易政策的选择 / 186
　　第五节　中国的改革开放与对外贸易 / 189
　　第六节　当代中国高水平、制度型对外开放 / 191

第十章　经济发展的长期观察与思考 / 195
　　第一节　引言 / 195
　　第二节　全球化变局下中国经济发展研判 / 196
　　第三节　如何理解过去中国增长之谜 / 199
　　第四节　中国经济为什么减速 / 202
　　第五节　国际经验教训：中等收入陷阱能否跨越 / 206
　　第六节　中国如何实现长期可持续发展 / 208

参考资料 / 215

第一章

经济学思维与观察导论

■ 第一节 引言

看到苹果，你会联想到什么？如果你学过物理，自然会想到牛顿。苹果从树上掉下来，启发了牛顿对万有引力的思考，这就联系到科学思维；如果你是智能手机爱好者，一定会想到苹果手机，它的背后有苹果公司创始人乔布斯创新创业的故事，这就联系到技术创新思维；如果你读过《圣经》，就会联想到伊甸园的夏娃和亚当偷吃苹果的故事，这就联系到文学思维；如果有好几个小孩子，但只有一个苹果，大家争相分享美味，那么该是如何公平分配呢？这就需要经济学思维。

本章的主要目的就是要回答：什么是经济学思维？经济学思维有何作用？如何基于经济学视角观察现实、分析和思考问题？

所谓经济学思维，就是运用经济学理论和方法解释经济社会中的现象和人类的行为。一个成熟的经济学思维，能够帮助一个理性人更加清晰地认知这个世界，更加有效地做出判断。所谓理性人，就是在给定的约束条件下每个人都寻求自身利益最大化。这里的自身利益并不单纯局限于金钱，而是一种价值的体现。我们每个人的日常行为其实就是基于对价值的判断而进行的。虽然它并不一定能帮助我们变得富有，但是掌握经济学的思维方式就是掌控我们的生活。这些经济学的思维方式并非只有系统学习了经济学才能具备，我们可以从日常生活的方方面面学习经济学的思维方式。当然，普通人如果具备了这种思维，也可以理解并将其应用于我们的日常生活中。

本章的主要任务是：首先，基于经济学分析的视角观察生活、社会和世界，让读者初步认识经济学思维并理解生活、社会运行和世界变迁的关系；其次，我们从经济学产生和发展进程中，探讨什么是经济学以及经济学的思想精髓；再次，进一步分析经济学是如何思考的；从次，介绍几条实用的经济学原理和方法；最后，进一步讨论经济学思维如何运用及其效用。

第二节 经济学视野下的生活、社会和世界

生活中存在许多司空见惯却又不容易引起注意的现象。在这些现象的背后，蕴含着许多经济学道理。首先，让我们来观察一下生活以及社会的运行，思考一下世界的变迁。

历史上，许多物种遭受过灭绝的威胁，为什么象牙的商业价值是对大象的巨大威胁，而牛肉的商业价值却是黄牛的护身符？

钻石对于人类维持生存没有任何价值，然而其市场价值却十分昂贵。相反，水是人类生存的必需品，其市场价值却非常低，为什么会出现这种悖论？

为什么医生要穿统一的白大褂？为什么要有好文凭（可能并不一定能提升太多能力）？人们在取名字时为什么有时会偏好比较中性的选择？

为什么节假日高速公路会十分拥堵？QQ、微信可以免费使用，但真的值得长时间使用吗？为什么？

为什么电视机和数码相机的价格不断降低？为什么很多餐厅会提供饮料且可以免费续杯？为什么有时候一款手机只花 50 元就可以买到，甚至可以免费得到，但是如果你要额外买这款手机的电池却要花费 100 元？

中国人为什么喜欢网上购物？为什么许多农村、小县城的人们喜欢操办酒席？

如何选择大学？如何选择专业？你的理由是什么？

为什么要精准扶贫？为什么要征收各种税收？最低工资法、社保标准对于普通老百姓十分重要，但不一定有利于就业。这是为什么？

在经济发展水平不太高的时期，假冒伪劣现象为什么广泛存在？反腐如何有效？怎样才能让人们不敢、不想腐败？

为什么人们有时觉得"钱越来越不值钱"了？为什么房价、股价上涨时人们会跟着买进？而价格下跌时纷纷抛售？

生活水平提升了，为什么家庭不一定愿意多养孩子？

马太效应与俱乐部收敛是怎么回事？

中国经济奇迹的原因是什么？中国经济能长期持续增长吗？

同样我们可以观察一下世界的运行。新冠疫情（COVID-19）来势汹汹，疫情对经济的影响也备受瞩目。最初确诊疫情具有强的传染性时，为什么各国均采取隔离举措？在病发初期，为什么专家建议"宅在家里"是对疫情防控的最大贡献？

相对落后国家与发达国家做贸易，是不是只对发达国家有利？为什么高额关税对双方都没好处？美国为什么要缩减对华贸易逆差？中美贸易战的根源何在？全球气候变暖为什么需要国际合作治理？

为什么会出现公地悲剧？囚徒困境是怎么回事？什么是实证分析，什么是规范分析？

如果你学习过经济学，这些看似平常却又不简单的问题，都会迎刃而解。

经济学智慧来源于生活实践。运用经济学思维，可以培养我们观察和分析现实世

界经济行为和现象的能力。我们一旦具备这样的思维能力，只需凭借少量的知识就可以理解广泛的现象。

第三节 经济学的演进和启示

何谓经济？何谓经济学？经济学的思想精髓何在？我们不妨简要回顾一下经济学的起缘和演进历史。经济（economy）源于古希腊语"oikonomos"（家政术），它的意思是"管理一个家庭的财产的方法"，唯物主义的代表色诺芬在他的《经济法》中将"家庭"及"管理"两个词的结合理解为经济，即治理家庭财物的方法。古典经济学时期，经济一词扩大到治理国家的范围，为了区别于之前的用法，经济学也被称为政治经济学。现代社会，如果单独说经济学的话，则是指在政治经济学或者更广的层面来考虑经济，因此一般而言，经济学与政治经济学是同义的。

一、经济学在西方世界的兴起与发展

古典政治经济学是代表了新兴资产阶级利益的经济理论体系。它产生于17世纪中叶，从英国威廉·配第（William Petty，1623—1687）开始，经亚当·斯密（Adam Smith，1723—1790）的完善，以及大卫·李嘉图（David Ricardo，1772—1823年）的发展，最终完成于19世纪初。这一阶段是资本主义生产方式确立和上升的重要时期。

配第出生于英国手工业家庭，从事过许多职业，从商船上的服务员、水手到医生、音乐教授。他聪明，学习勤奋，敢于冒险，善于投机，晚年成为拥有大片土地的大地主，还先后创办了渔场、冶铁和铝矿企业。1649年配第获得牛津大学医学博士学位，成为医生并兼任皇家医学院教授，1651年任爱尔兰英国驻军总司令的随从医生。医生的经历使他善于运用精密的医学视野考察经济生活，而他的投机生涯也使他对经济运行法则有了经验性的总结。他还担任过哲学家霍布斯的秘书，这使他在探索经济问题时，能够实现经济研究方法论的革新。他最先提出了劳动决定价值的基本原理——"劳动是财富之父，土地是财富之母"。

亚当·斯密出生于苏格兰一个海关官员的家庭，14岁考入格拉斯哥大学，学习数学和哲学，并对经济学产生兴趣。17岁时转入牛津学院。毕业后，亚当·斯密在1748年到爱丁堡大学讲授修辞学与文学。1751—1764年他回到格拉斯哥大学执教，讲授伦理学，1759年出版《道德情操论》。1764年他辞去教授一职，担任私人教师，并到欧洲旅行，结识了伏尔泰等学界名流。1767年他再度辞职，回家专心写作，并于9年后出版经济学巨著《国富论》。1787年他出任格拉斯哥大学校长。亚当·斯密强调自由市场、自由贸易以及劳动分工，被誉为"古典经济学之父""现代经济学之父"。

亚当·斯密之后，大卫·李嘉图、马尔萨斯（Thomas Malthus，1766—1834）等对劳动分工、分配、赋税和人口问题进行了进一步的讨论。卡尔·马克思（Karl Heinrich Marx，1818—1883）更是从政治经济学批判的视角重新构建了经济理论体系，对后来世

界资本主义发展和共产主义运动产生了深刻影响。马克思先后在波恩大学和柏林大学法律系学习，研究哲学问题。他善于从现实中观察总结、思考，出版了《关于费尔巴哈的提纲》《哲学的贫困》《共产党宣言》《资本论》等巨著，他的学说涉及了政治、哲学、经济、社会等广泛领域。他从商品运行的一般规律，总结提炼劳动价值论和剩余价值论，揭示了资本主义生产、交换、消费的规律，指明了人类社会发展的未来。

现代经济学，直接来源于马歇尔创立的微观理论和凯恩斯创立的宏观理论。19世纪70年代，英国经济学家杰文斯、法国经济学家瓦尔拉斯、奥地利经济学家门格尔几乎同时提出边际效用价值论。1890年，阿弗里德·马歇尔（Alfred Marshall，1842—1924），综合了这一时期的研究成果，提出了较为系统的微观经济理论。1933年，英国的罗宾逊、美国的张伯伦提出了不完全竞争经济学和垄断竞争理论，希克斯、瓦尔拉斯、帕累托等提出了一般均衡理论、序数效用论、福利经济学等，均对传统的微观经济学理论体系进行了进一步的补充。

英国约翰·梅纳德·凯恩斯（John Maynard Keynes，1883—1946）是现代宏观经济学的创始人。他大学主修数学，获得了剑桥文学硕士学位、数学博士学位，任剑桥大学经济学讲师。之后他到英国财政部兼职，主管外汇管制、美国贷款等对外财务工作。1919年初他作为英国财政部首席代表出席巴黎和会，并成为国际货币基金组织和国际复兴与开发银行（世界银行）的英国理事，之后当选为世界银行第一任总裁。他于1936年发表的《就业、利息和货币通论》全面论述了国家干预经济的思想，这本著作既是对传统微观经济学的一大补充，也标志着现代宏观经济学的产生。

第二次世界大战后，美国以萨缪尔森为代表的经济学者，把微观理论和宏观理论综合在一起，构成了现代流行的西方经济学主流的思想体系。此外，熊彼特及其创新经济学对经济学理论体系的构建和完善也产生了十分重要的影响。事实上，随着历史的变迁，不只是经济学理论，任何理论总是要随着经济现实的变化而不断发展的。

二、经济学在中国的实践探索与理论建构

在中文世界里，经济意为经世济民。"经济"一词在中国最早出现于公元四世纪初的东晋时期。葛洪《抱朴子·内篇》中的"经世济俗"，意为治理天下，救济百姓。隋朝王通在《文中子·礼乐篇》中直接提出了"经济"一词："皆有经济之道，谓经世济民。"《文中子》中还有"皆有经济之道而位不逢"一言。《晋书·纪瞻传》亦曰："识局经济。"后人遂将"经济"一词作为"经国济民"的省略语，作为"政治统治"和"社会管理"的同义词。

中国明清之际，政治秩序的巨大变动使得以王夫之、陆象山、黄梨洲等为代表的一部分儒家学者开始进行理论反思，批判程朱理学和心学末流，提出学术要"经世致用"的口号。这种学术思想之后很快传播到了日本，并且深刻影响了日本江户时代的学术发展，"经世论"也开始在一部分学者中流行。中国清末戊戌政变后，清政府改革科举制度，并开设"经济特科"。

在日本明治时期，欧美思潮很快也涌入日本。神田孝平在《经济小学》中用"经济"一词翻译英文"political economy"。严复曾将"economy"一词翻译为"生计"，而

日本人首先用汉字"经济学"翻译"economics",这种译法后来被孙中山先生引入中国,为汉语所接纳,进而逐渐在整个汉字文化圈内取代了"经济"一词的原本含义。

其实,中国具有政治经济学传统,现代政治经济学的很多来源和思想都被包含在里面。比如,法国的重农学派,它的思想就被包含在中国的古代经典中,包括《易经》、道家"无为而治"的学说和儒家"政府不与民争利"的学说。《管子》和《盐铁论》中也包含了大量的、可以称之为"政府经济学"的思想和构架,只是没有被系统化、概念化和理论化。

近现代以来,在中国共产党领导下推进的"马克思主义政治经济学的中国化",对中国产生重要影响。1949年以前,中国主要解决的是新民主主义革命面临的问题——建立一个政治秩序。1949年到改革开放以前,马克思主义中国化实际上已经开始了。最初,我们"照抄照搬"苏联的计划经济模式,但是我们很快发现,苏联的计划经济模式并不适合中国。所以,尽管当时苏联跟中国都实行计划经济,但苏联的计划经济跟中国的计划经济是不一样的。改革开放以来,中国的实践使得马克思主义政治经济学不断发展。中国依托自力更生,坚持改革开放,摸索出一套独特的社会主义与市场经济有机结合的发展方式,成功走出一条和平发展之路。

事实上,近现代以来,中国经济学家立足国情,不断摸索适合中国乃至广大发展中国家和地区经济发展的理论,为发展经济学的产生与发展做出了重要贡献。20世纪20—40年代,中国围绕"以农立国"和"以工立国"展开了学术争鸣,其中吴景超、刘大钧、方显廷、马寅初、恽代英、张培刚等人对"以工立国"的政治经济优势、以农立国的劣势、工业化的途径、工业化对农业的助益、发展民族工业等方面进行了系统阐述,明确了工业化的发展趋势和农业的基础地位,并提出了工农业相互依存、协调发展的思想,奠定了中国特色工业化道路的理论基础。另外,在20世纪40年代,经济学专业的留学教育得到空前发展,受到国内高涨的工业化思潮的影响,如何重建中国经济、如何实现工业化等问题成为当时经济学海外留学博士生关注的热点,其中张培刚的博士论文《农业与工业化》完成于1945年,文中系统地介绍了工业化理论,包括工业化的内涵、动力及机制,农业与工业的关系等。该论文于1947年收录在《哈佛经济丛书》第85卷,获得了哈佛大学1946—1947年度经济学专业最佳论文"大卫·威尔士"奖,是关于发展经济学最早的、最系统性的著作,奠定了发展经济学的理论基础。同期及之后的欧美经济学专业留学生的博士论文主要聚焦于工业化进程中的资本形成、积累等问题,并分析了资本、储蓄、投资、货币及信贷扩张、进出口、劳动力转移等因素对工业化的影响,如哈佛大学王念祖的《工业化、货币扩张和通货膨胀:不发达国家工业化进程研究》、丁忱的《工业化、资本积累和国内投资》以及伦敦政治经济学院吴元黎的《资本形成与经济秩序:一个关于贫困国家案例的研究》。

20世纪70—80年代,发展经济学由高潮转入低谷,濒临困境。为推动发展经济学继续向前发展,张培刚于1988年提出建立新型发展经济学的倡议,主张从两个方面对发展经济学进行改造和革新:其一是将发展经济学的研究范围扩大至发展中的社会主义国家;其二是改进传统发展经济学的研究方法,即综合利用社会、历史、政治、经济、文化等的研究方法,研究发展中国家的发展现象与问题所具有的共性,重点研究像中国这类幅员辽阔、社会经济情况复杂的人口大国经济发展滞后的原因。此外，张培刚认为，在构建新型发展经济学过程中要立足国情进行发展战略的设计，并且不能忽视发展中的社会主义国家的经济体制改革问题。

21世纪以来，发展经济学作为一门经济学学科，不仅在学术界始终占有一席之地，而且还呈现出多元化、融合化的发展趋势。发展经济学在中国主要有以下新发展：一是从宏观理论研究向基于高质量微观数据的实证研究转变；二是政策评估与随机对照试验在发展经济学领域中得到运用；三是贫困理论的进一步丰富；四是经济发展分析中融入了制度、文化等因素；五是新结构经济学等理论的产生与发展。许多中国学者结合发展实践，从不同角度对发展经济学进行了拓展与创新。比如，林毅夫基于新古典经济学方法提出新结构经济学的理论分析框架，这个框架从要素禀赋及其结构方面出发，系统地研究了经济发展过程中的结构变迁等问题。

通过以上简要回顾，我们得到几点启示：第一，经济学研究人类经济活动的本质，揭示经济现象的发展规律，帮助人们认识社会经济现象，是人类认识世界、改造世界最伟大的工具之一。第二，一切经济学思想都不是主观臆想和虚空判断。通过追溯现代经济学的发展历史，我们不难发现，杰出的经济学理论体系都是来自社会实践，源自经济学家对现实经济问题的关注。第三，当代中国经济学研究，应该从国家、民族、人民的根本利益出发，更多地直面现实、直面问题，坚守科学的原理和法则，不断创新。这是我们学习经济学思维理应领悟的家国情怀，也是当代中国经济学研究者应有的责任与担当。

第四节 何为经济学思维

经济学源于人类欲望的无限性、社会资源的稀缺性以及人类产生的行为选择。正是由于相对于人类欲望而言社会资源是稀缺的，人们才需要考虑如何利用和配置现有的社会资源，才需要考虑生产、交换、分配和消费等经济问题，因此才产生了研究经济问题的专门学科——经济学。经济学是研究如何配置稀缺资源的学问。没有稀缺性，就没有经济学存在的意义。

一、稀缺性是经济学思维的前提

资源是有限的，相对于无限的欲望，有限的资源就是稀缺。相对于人们无限多样、不断上升的需求来说，用以满足这些需求的资源，即有用的资源总是相对不足的。长时间的"供不应求"即为"稀缺"，而"稀缺"的最直接表现就是商品"价格的不断攀升"。由于资源稀缺性的存在，使得人们必须考虑如何使用有限的、相对稀缺的资源来满足无限多样化的需求。这就是所谓的"经济问题"。

常言道：物以稀为贵。因此，在资源稀缺的情况下，社会必须以最有效率的方式使用它。很多资源在名义上是无限的，就像空气一样，一个人站在大街上呼吸新鲜空气，每多呼吸一单位的空气对于个人效用的提升并不明显。水也是一样的，在水资源充足的情况下，多喝一口水也不会产生太大的满足感。但钻石不一样，对于多数人来说，拥有钻石也就意味着获得更大的满足感，也就是说钻石产生的边际效用很大。正常情况下，钻石属于稀缺资源，比空气和水贵。空气和水对人们至关重要，没有空气和水，人的生活会受到严重影响，生命也会受到严重威胁，而钻石并不会对人们的生活真正产生实质性的影响。但在现实生活中，意义重大的空气和水根本不值钱，因为在人们的正常感知中，空气和水带来的边际满足感根本不明显。从供需关系来说，钻石在大多数时候的确要比空气和水更加稀缺，除非是在那些极度缺水或者缺乏空气的地方。由于边际效用不一样，物质的稀缺性得以凸显。

人们总是千方百计想要获得那些稀缺资源，但社会的现实任务是：如何使用稀缺的生产性资源，生产出有价值的商品，并把它们分配给社会的各个成员。对于个人和家庭而言，分配稀缺的资源面临许多决策：生产什么、生产多少，如何生产，给谁生产。社会也面临许多决策：社会稀缺的资源是否得到充分使用，社会资源总量的变动如何帮助社会进步，如何保持社会稳定发展，等等。

二、经济学思维的基本方式

经济学最常用的思考方式有三个：优化、均衡和经验验证。

所谓优化，就是最优化分析，是指个体面临决策的时候借助最优化理论进行分析，从各种可能中选择达到某一目标的最佳行为。最优化分析，主要研究的是在满足某些条件限制下，如何达到最优目标的一系列方法。最优化问题可以划分为多种类型。例如，从限制条件的角度，最优化问题通常被分为：没有约束条件的优化问题、等式约束条件下的优化问题、不等式约束条件下的优化问题。最优化是一门应用相当广泛的学科，通过构造寻求最佳解的计算方法，研究这些计算方法的理论性质及实际计算表现。伴随着计算机的高速发展和计算方法的优化进步，越来越多大规模的优化问题得到了解决。最优化问题由于广泛见于经济计划、工程设计、生产管理、交通运输、国防等重要领域，因此受到政府部门、科研机构和产业部门的高度重视。

消费者最优化体现为支出给定条件下效用最大化，或效用给定条件下支出最小化。生产者最优化表现为投入成本给定条件下收益最大化，或给定产量情况下投入成本最小化。同样地，我们可以分析单个市场主体、多个市场主体以及整体经济体的最优化问题。

作为理性经济人，会通过比较某行为带来的收益增加以及相应付出的成本来做决策。比如，一架飞机有 200 个座位准备从武汉飞往海南岛，总成本为 10 万元。此时，每个座位平均成本为 500 元。由此推断，航空公司的票价不低于 500 元。而事实上，一个理性的航空公司往往会考虑通过边际量设法增加利润。设想飞机起飞前仍有 10 个空位，而登机口等待退票的乘客愿意支付 400 元退一张票，是否该退给他？其实只要等待退票的乘客支付的钱大于让这名乘客登机后航空公司将多付出的成本，即边际成本（例如飞机餐），那么退给他机票就是有利可图的。

理性经济人假设

理性经济人假设是西方经济学家在经济分析时关于人类经济行为的一个基本假定,意思是作为经济决策的主体都是充满理性的,即所追求的目标都是使自己的利益最大化。具体来说就是消费者追求效用最大化;厂商追求利润最大化;要素所有者追求收入最大化;政府追求目标决策最优化。

经济人即假定人的思考和行为都是目标理性的,唯一试图获得的经济好处就是物质性补偿的最大化。西方古典经济学中的"经济人"假设认为,人具有完全的理性,可以做出让自己利益最大化的选择。1978年诺贝尔经济学奖得主西蒙修正了这一假设,提出了"有限理性"概念,认为人是介于完全理性与非理性之间的"有限理性"状态。

所谓均衡,是指经济个体各自在做最优决策时,他们之间是如何互相影响、互相约束而达到一定的平衡的。均衡(equilibrium)是从物理学中引进的概念。在物理学中,均衡表示:同一物体同时受到几个方向不同的外力作用而合力为零时,该物体所处的静止或匀速运动的状态。"均衡"一词在经济学中是指经济中各种变量的作用恰好互相抵消,暂时处于一种平衡状态而没有进一步变动的倾向。常见的两个变量是供给和需求,因此,在经济分析中,供给和需求必须同时考虑。

均衡分析可分为局部均衡分析和一般均衡分析。局部均衡分析指的是,在假定其他条件不变的情况下,分析一种商品或一种生产要素的供给与需求一致时的价格如何决定,即假定这一商品或生产要素的价格只取决于它本身的供求状况,而不受其他商品的价格及供求关系的影响。而一般均衡分析指的是,在分析某种商品的价格如何决定时,在各种商品和生产要素的供给、需求、价格相互影响的条件下,来分析所有商品和生产要素的供给和需求同时达到均衡时所有商品的价格是如何被决定的。一般均衡分析是关于整个经济体系的价格和产量结构的一种研究方法,是一种比较全面的分析方法,但由于一般均衡分析涉及市场或经济活动的方方面面,而这些活动又是错综复杂且瞬息万变的,因此这种分析方法非常复杂且耗费时间。

所谓经验验证,就是在观察和处理问题的时候,从实践经验出发,去检验(证实或证伪)已有的规律;也可以通过实验,重新观察和认识人类的行为规律。因此,从现实中观察、总结规律,运用实验和检验,就成为了一种基本的经济学分析方法。

事实上,传统经济学的核心假设只有两个:最优化原则和均衡原则。然而,人们做出的决定总是按照自己认为的最优化的原则,但实际上,处在社会环境中的人们,自认为的最优化并非实际上的最优化,有时甚至相差很远。这是因为:第一,最优的原则因人而异,自己认为的最优并不是实际上的最优选择;第二,人们在选择时,有诸多偏见,会受到锚定效应、过度自信等因素影响;第三,很多因素没有被最优化模型考虑在内,最优化模型只对单个事件产生影响,没有考虑事件之间的联系或者情感的因素。为了规避这些人为因素的影响,经济学分析需要引入心理学和社会学等方面的因素，考虑行为经济学。行为经济学研究有两种流行工具：第一种是随机控制实验，这一方法通常被用在医学界，典型的实验就是研究一些人接受了某种利益的"驱使"后会发生什么；第二种是自然实验，即让实验中的有些人加入某个项目，而其他人没有，再结合计量经济学的方法，通过两组实验的对照结果，看看加入的因素对实验结果有什么影响。

三、经济学研究的主要领域

经济学分析考虑三种情形：一是单个经济主体如何做决策；二是经济主体之间如何相互作用；三是整体经济如何运行。无论是哪一种情形，都涉及生产问题、交易问题和分配问题。当然，在这些问题的背后，消费本身也是经济学研究的一个基础性问题。

生产问题是经济学的基本问题，就是为谁生产、生产什么、生产多少的问题。但在经济学中，关注最多的其实并不是以上这些，而是生产最大化问题。生产什么涉及资源在产品之间的配置；如何生产涉及要素在生产中的配置；为谁生产涉及生产出来的产品在社会成员之间的配置（如收入分配）。

交易问题涉及两个或多个经济主体之间的相互作用。经济主体之间相互作用，必然产生交易成本问题。交易成本（transaction costs）是与生产成本不同的成本，它因交易而产生，又称交易费用。这一概念由 1991 年诺贝尔经济学奖得主科斯（Ronald H. Coase，1910—2013）提出，他在《企业的性质》一文中认为交易成本是"通过价格机制组织生产的、最明显的成本，也就是所有发现相对价格的成本"，是"市场上发生的每一笔交易的谈判和签约费用"，以及利用价格机制存在的其他方面的成本。科斯在 1960 年发表的《社会成本问题》中进一步提出，交易费用包括了发现并通知交易者的费用、签约和谈判的费用、督促履行契约条款的费用，由此揭示了交易费用的内涵。阿罗（Kenneth J. Arrow，1921—2017）在研究保险市场的逆向选择和市场经济运行效率时首先提出"交易费用"的概念，并将其定义为市场机制运行的费用。所谓交易成本就是在一定的社会关系中，人们自愿交往、彼此合作达成交易所支付的成本，也即"人-人"关系成本。它与一般的生产成本（"人-自然界"关系成本）是对应概念。从本质上说，有人类交往、互换的活动，就会有交易成本，它是人类社会生活中一个不可分割的组成部分。

分配问题并不一定独立于生产问题，它是由生产决定的，生产又是由生产条件的分配决定的。当然，分配其实关乎生产关系。应该看到，分配是人与人之间的经济关系。从实物形态看，分配是产品生产出来以后，每个人按照一定的方式分别取得自己的那一份，是产品的生产、交换、分配、消费运动的一个环节，也是一切社会共同具有的一个环节。我们应该看到，任何物质生产都是在社会中进行的，因此都是社会生产的。分配方式是由生产方式决定的，社会制度不同、所有制不同，就会有不同的分配方式。分配方式是历史的、具体的，世界上没有离开社会制度、离开所有制而存在的抽象的公平分配。"公平"是一种观念，它是由经济基础决定的。有不同的生产方式就有不同的"公平"分配的标准。为了实现公平目标，国家首先要制定合理有效的初次分配制度，然后再采取再分配和第三次分配进行调节。

经济学的研究视角从微观到宏观分为个人、企业和政府以及国家。这门学科的研究是建立在一系列的假设之上的。网络流行用语"内卷"最能体现这些假设——在资源有效性的前提下，参与经济活动的主体的理性和贪婪并存。基于这些假设，在经济学家构建的这个理论体系中，经济主体采取每个行动之前都会权衡利弊，可以说他们考虑问题几乎是锱铢必较的：消费者在面临多个消费品的时候，会考虑每花出去的一块钱在哪个商品上所获得的满足感更高；企业在面临多个生产要素的时候，考虑的是多请一个工人还是多用一个机器人能带来更多效益；政府在制定经济发展规划的时候，需要在医疗卫生和教育培训投入上做出取舍等。这些思考方式被经济学家认为是一种"边际分析"的方法。以个人和企业为代表的消费者行为和生产者行为是微观经济学的主要研究范畴，而宏观经济学则研究与政府和国家行为有关的几乎所有的社会经济问题，如失业、通货膨胀、税收和补贴、加息和宽松货币、国际贸易和贸易壁垒、收入不平等、贫穷、经济发展等。

1992年加里·贝克尔（Gary Stanley Becker，1930—2014）获得诺贝尔经济学奖。他使用了微观经济学的基本概念和方法，如理性选择、利益最大化行为、交换等，来解释一些非经济问题，如犯罪、家庭、教育等，并取得了极好的分析结果。于是，"非经济学"研究领域逐渐被纳入经济学研究范畴，这也意味着经济学家在更高的层次上向原来的经济学学科分工发起了挑战。于是，坊间就有了一种说法叫"经济学帝国主义"。很多其他社会学科的从业者对这种现象颇为不满。但是，反过来看，我们也发现其他学科如哲学、政治学与公共管理、法学、博弈论、心理学等领域同样大量引入经济学，使得经济学的边界从纯粹的古典经济学中不断扩展出了制度经济学、公共管理、博弈论、行为经济学等诸多新兴领域，这一发展大大提升了我们对社会和人类的认知。

总的来说，经济学是一门社会科学，它有助于人们了解个人、企业和政府如何选择、决策以应对经济环境的改变。最重要的是，它能够培养一个人的辩证思维和看清社会运行本质的能力。

■ 第五节　几条实用的经济学原理

经济学正在不断渗透到人们的日常生活中。那么作为普通人，我们该如何做到像经济学家那样思考？可用的经济学原理有很多。哈佛大学"网红"教授曼昆曾高度概括了经济学的十大原理，这些原理可以很好地帮助人们分析复杂的经济现象，从而进一步做出合理的经济选择。结合第四节的分析，本节将实用的经济学原理进一步总结并梳理为如下六条。

■ 一、权衡取舍原理（trade-offs principle）

人们在生活中都要面临如何做出决策的问题，这就涉及权衡取舍（trade-offs）。

常言道：鱼和熊掌不可兼得，天下没有免费的午餐。由于资源是有限的，是稀缺的，小到个人和家庭，大到社会和国家，都会面临多种选择，都要付出成本。某种东西的成本就是为了得到它而放弃的东西。

那么如何做出决策，如何寻找稀缺资源的最佳配置，就是经济学的重要研究内容之一。当你选择了某种东西，就必须放弃另一种东西，而这种放弃的东西就是你的机会成本。比如，你是选择大学毕业后继续深造读研究生，还是毕业后马上参加工作？如果你选择前者，那么后者就是你继续读研究生的成本，不单纯是你的学费与生活费，还有你放弃工作的机会与时间成本和实际收入等。

很多人都曾遇到过这样的租房难题。生活在繁华都市，只有一笔不高的收入，是选择住在公司附近还是离公司很远的地方？如果你想租在公司附近，那房价往往很高，户型还比较小又不好看。如果你想降低租房成本，或者是想房子大一些，住得舒服一点，那就得接受离公司很远。因此，你有两个选择。第一方案：选择离公司近的公寓，好处是上班近、晚起床、有更多自己时间，缺点是租金高，为省钱会减少其他方面的花销，必要时降低生活质量，房间小、环境一般。第二方案：选择离公司远的公寓，好处是租金低，其他方面可以多一点花销，房子大些、选择多些。缺点是上班远，需要早起，在路上花很多时间，倘若加班晚，打车回家恐怕是一笔不小的开支。因此，取舍是常见的，但现实中很多人面对取舍时会很苦恼。

为了得到某个喜爱的东西，必须放弃我们喜爱的另一件东西。每天的可用时间是有限的，我们该如何安排？如果打游戏花费半天，那就没法学习功课，因此我们放弃了学习带来的好处。家庭的财产又该如何安排呢？可以投资购买债券、股票或存款，也可购买房产，还可做其他安排，但相应地，我们也必须付出因选择某物而放弃他物的机会成本。

> **专栏 1-2**
>
> ### 机 会 成 本
>
> 机会成本是为了得到某种东西所要放弃另一些东西的最大价值；也可以理解为在面临多种方案的决策时，被舍弃的选项中的最高价值者是本次决策的机会成本；还指厂商把相同的生产要素投入到其他行业当中可以获得的最高收益。其实，机会成本不是实际成本，而是一种失去的收益。如果我们选择了做这件事，那么会失去做另外一件事所带来的收益。
>
> 世界上最后悔的事情是：原本可以做，却没有选择。为了不让自己将来后悔，我们要比较两种甚至多种选择带来的成本、收益，再去选择最具性价比的方案。

我们在生活中都会面临选择，而每一种选择背后都有它的成本。生活中常见成本还有沉没成本和隐性成本。沉没成本指的是已经发生、无法改变、不可回收的成本。比如你花了30元买了一张电影票，结果看了一会发现很难看，那么你付出的30元就是沉没成本，这时你会选择离去还是为了不浪费付出的30元而硬着头皮继续看下去呢？如果你选择的是前者，那么恭喜你做到了及时止损；如果是后者，那么你就得委屈自己再花一段时间看不喜欢的电影。对于沉没成本，我们要做到的是"断舍离"，不舍得只会损失更多。

隐性成本是我们在生活中常常忽略的成本。比如说办健身年卡比较划算，结果一年去不了几次，算下来单次成本十分昂贵，比单次计价的成本还要高。还有，商家促销活动期间，发放了优惠券，你为了使用优惠券买了很多东西凑单，结果很多凑单的东西买回来都没用过，结果浪费了时间和额外不必要的支出。显性成本是看得到、想得到的，但生活中的隐性成本其实才是真的成本。在我们的生活决策中，需要理性决策，算好隐性成本，这样性价比才会更高。

专栏 1-3

商品托与选择心理

依云天然矿泉水的水源地在法国依云小镇，背靠阿尔卑斯山，面朝莱芒湖，远离任何污染和人为接触。经过了长达15年的天然过滤和冰川砂层的矿化，漫长的自然过滤过程为依云矿泉水注入天然、均衡、纯净的矿物质成分，适合人体需求，安全健康。依云矿泉水的价格昂贵，是普通矿泉水的5～6倍。

为什么星巴克只卖昂贵的依云矿泉水，而不是其他价格相对低廉的矿泉水？依云矿泉水即使永远没人买，也会"持之以恒"地放在那里。因为它起着衬托的作用，目的是让新顾客感觉星巴克咖啡的价格并不离谱，与其买这么贵的矿泉水，不如买咖啡更划算。可见，依云矿泉水实际上是帮顾客衡量性价比的好搭档。

专栏 1-4

成本是其他人愿意支付的价格

现在我们经常说"不忘初心"，却发现很少有人做到，为什么不忘初心这么难呢？因为当你有初心的时候，可供选择的机会可能没那么多，所以比较容易坚持。但随着境遇变化，选择逐渐增多，你坚持原来想法的成本会越来越高，需要放弃的东西越来越多，想要继续坚持就不太容易了。因为坚持初心的成本是其他人愿意支付的价格，这个成本是由其他人决定的。

假设你家在北京长安街上有一家祖传铺面，专卖小吃，你从小就立志继承家族产业。有人认为铺面是家族资产，不用缴纳房租，所以成本几乎为零。

但这个想法是不对的，坚持用这个铺面卖小吃，就是放弃了其他的可能性，也就是这个铺面能够收到的房租。房租是由社会上其他所有人决定的，如果有人愿意出 5 万元租这个铺面，那么坚持卖小吃的成本就是 5 万元。如果有人愿意出 10 万元租这个铺面，那么坚持卖小吃的成本就是 10 万元。铺面的产权是谁的不重要，坚持卖小吃的成本只和一个因素有关系，就是放弃的最大收入。

这就是经济学对成本的理解异乎寻常的地方，成本是放弃的最大代价，放弃的东西越多，成本就越高。

对于企业和社会而言，我们同样面临权衡取舍，需要在追求效率和保证社会公平之间选择。如发展经济与提高国防能力之间需要合理安排，环境保护和追求经济高速发展之间也需要合理安排，还有所得税、福利制度、失业保险等也需要合理的安排。

专栏 1-5

宏观经济政策面临在通货膨胀与失业之间进行短期取舍

关于整体经济是如何运行的：一国的生活水平取决于人们生产物品与劳务的能力，当发行了过多货币时，物价上升，失业率较低，而社会常面临通货膨胀（通胀）与失业之间的短期交替。

一个国家生活水平如何，主要是取决于这个国家的生产率，即每一单位劳动投入所生产的物品与劳务数量，生产率越高，生活水平自然就越高。当货币发行过多时，过多的货币追逐相对较少的物品时，就会出现通货膨胀。虽然决策者短期内会采取增加物品与劳务总需求来解决失业问题，但从长期来看，这些政策如果没被运用好，就又会引起过高的通胀水平。

通货膨胀和失业之间存在短期取舍关系，高通货膨胀率意味着低失业率，高失业率意味着低通货膨胀率。货币和财政政策可以使经济沿着菲利普斯曲线（菲利普斯曲线表现了失业与通货膨胀之间的交替关系，由新经济学家威廉·菲利普斯于1958年提出）移动。当货币供给增加，政府支出增加或减税都扩大了社会总需求，并使经济移动到菲利普斯曲线上低失业率和高通货膨胀率的一点上。当货币供给减少，政府支出减少或增税都紧缩了社会总需求，使经济移动到菲利普斯曲线上低通货膨胀率和高失业率的一点上。菲利普斯曲线为决策者提供了通货膨胀率与失业率之间的不同组合选择。

宏观经济学根据市场的总需求（AD）和总供给（AS）来研究通胀和失业的权衡，故宏观经济政策分为需求方政策和供给方政策。需求方政策主要是货币和财政政策，属于政府干预市场的一种，主要调控通胀和失业。货币政策主要通过利率和货币供应量来调控市场，财政政策管理政府支出和税率。紧缩或扩张性政策是货币和财政政策的两种方向，专门针对通胀与失业的权衡。这些政策工具都是与整体经济的通胀和失业相关的。总的来说，政府干预经济需要不断摸索，在保持经济增长的同时，平衡好通胀和失业的"天平"。

二、激励相容原理（incentive principle）

激励是导致一个人做出某种行动的某种东西，例如对奖励或惩罚的预期。由于理性人通过比较成本与收益做出决策，所以，人们会对激励做出反应。另外，激励是经济学的中心概念，它是引起一个人做出某种选择而对惩罚和奖励做出的预期。市场如何运行，激励至关重要。如果猪肉涨价，那么人们会选择少吃猪肉，或者改吃其他价格相对较低的替代品。因为，高价格产生了刺激买者少消费、卖者多生产的激励。因此，公平市场上的价格，是帮助消费者和生产者做出选择的重要信息，也是市场经济下如何配置资源的重要标准。

在市场运行中，价格具有很强的激励作用（经济学中的激励指的是，为了特定目的而去影响个人、企业和社会的内在需要或动机，从而强化、引导或维持行为的过程）。当一项行动的收益上升时，人们更可能采取这一行动，如果该行动的成本上升，则采取它的可能性变小。这是实证经济学最主要的、最明显的例子。价格是人们经济行为的真实反映，总是影响着人们的消费行为。

专栏
1-6

绩效与激励：面馆老板的烦恼

南京珠江路上的"老兰州牛肉面馆"改成了"山西刀削面"，招牌换了但老板没变。经常来这里吃早餐的陈总有点奇怪，问老板："为什么日进斗金的牛肉面生意不做，反而更换了招牌做起了利润并不丰厚的刀削面生意？"老板感慨颇多说："我当时雇了个会做拉面的师傅，但在工资上总也谈不拢。开始的时候想，为了调动师傅的积极性按销售量提成，一碗面师傅提成5毛。但是拉面师傅发现自己的收入与销售数量直接相关，于是师傅就在每碗面里多放牛肉来吸引客人。"

后来老板看这样实在不行，钱全被他赚去了！就换了另一种分配方式，给他每月较高的固定工资！老板猜想这样他不至于多加牛肉了吧？因为销售量与他的收入没有直接关系。"但你猜他怎么着？"老板有点激动了，"他在每碗里少放牛肉，慢慢把客人都赶走了！"因为牛肉的分量少，客人就不满意，回头客就少，生意肯定就清淡。他拿固定的工钱巴不得你天天没客人才清闲，根本不在意你赚不赚钱！

请你思考：在老板实施不同的工资策略时，拉面师傅做出了不同的反应，这背后的经济学原理是什么呢？

当决策者未能考虑到他们的政策如何影响激励时，这些政策通常会带来意想不到的结果。例如，考虑一下汽车安全的公共政策的作用。美国19世纪70年代开始实施汽车安全带法律，其直接效果是明显的。当一个人系上安全带后，发生车祸时存活的概率大大提高。但随后也出现了一些不良影响：系上安全带的行为会造成驾驶员比不系安全带时更快、更随意地开车，从而增加车祸次数。因此，安全带法律最初虽然会降低司机死亡人数，但也有可能增加行人死亡数量。这样看，似乎安全带法律并没有保障汽车安全。其实不然，安全带法律是必需的，因为它仍是司机和行人的人身安全的重要保障。除此以外，还需要做好其他措施来保障汽车安全，比如加强司机安全驾驶的教育学习、实施奖惩机制，让其遵守交规，文明行车等。

专栏 1-7

为什么鼓励措施有时会把事情弄得更糟糕？

现在血资源比较匮乏，而政府提倡无偿献血。很多人都不解，为什么不提倡给献血者现金奖励呢？对此，研究者们发现了道德动机和经济动机之间的关系。他们发现，当人们因为献血而得到一小笔奖金的时候，捐赠行为反而会大大减少。为什么？

因为这笔奖金将献血从一种高尚的道德慈善行为变成了一种赚取小钱的生财之道。一旦与奖励挂钩，献血就变成了经济交易，人们就会下意识衡量投入产出的性价比，人们显然不会因为那笔小额奖金去献血，这点蝇头小利太不值得了。但如果给献血者比较高额的回报呢？当然是很多人会报名献血，甚至会偷血，用猪血来冒充人血或伪造身份来规避医院规定的献血限额，千方百计得到自己想要的东西。越有价值的事物越容易引发人们欺骗的动机，无法从中牟利的无偿捐献反而是有效的。

三、贸易有益原理（advantage from trade principle）

贸易可以使每个人的状况都变得更好。我们经常听到，中国和美国是竞争的关系。近些年来美国对中国高科技芯片的制裁和互联网的制裁，如对华为的制裁和对

Tik Tok 的封禁，使我们加深了中美是竞争关系的印象，或许你会认为似乎只能存在一方获胜。

事实上，这种想法很容易产生误导，至少对于中美贸易来说，国际贸易并不是像比赛一样，只有一方获胜。实际上情况恰恰相反：两国之间的贸易可以使两个国家的状况都变得更好。

如果我们把自己和其他人隔绝开来，那么我们的家庭就要自己种植粮食、做衣服、盖房子。从国家层面说，我们就要自己造服装、玩具、汽车轮胎、电子芯片和其他物品。中国已经经历过了这样隔绝的时代，那就是清政府实施"闭关锁国"政策时期。我想大家都知道它最终的后果是什么了吧？

贸易使每个人都可以专门从事自己最擅长的活动，通过贸易，人们往往可以以比较低的成本来获取各种各样的物品和服务。但是在这里要提醒一下大家，贸易虽好，但是是在有好的市场经济和国家政策的前提下，所以我们也要适当地关注市场和政策变化带给我们的影响。贸易能使每一个人受益，人们之所以愿意开展贸易，就是为了更好地改变自己的境况，公平交易下双方并不是一方赢一方输，而是双赢的结果，否则就不会交易。所以两国之间通过合理的分工、贸易，可以增进双方的利益，使两国的状况都变得更好。

四、有效市场原理（efficient market principle）

20 世纪 80 年代，苏联和东欧的解体是 20 世纪以来世界格局上最重大的变化之一，因为他们实行的是中央计划经济，经济良好运行的前提是必须假设政府官员能够最优地配置经济中的稀缺资源。这些政府官员决定整个社会该生产什么、生产多少，以及由谁来消费，需要他们用真正提高社会经济福利的方式来组织经济活动。

但是现在，很少国家支持中央计划经济，取而代之的是市场经济。市场经济就是，通过许多企业和家庭在物品和服务市场上相互交易，来分散决策并配置经济中的稀缺资源。相对于中央经济来说，市场经济缺少了统一的管理，缺少了为整个社会福利做出贡献的目的，因为在市场经济中，我们每个企业、个人都是为了保证自己的利益最大化。但是事实证明，市场经济在以一种促进整体经济福利增长的方式，成功组织社会经济活动。从目前来看，这样的方式是如何运行的，对我们来说是一个谜。

经济学家亚当·斯密在 1776 年出版的著作《国富论》中提出了经济学中最著名的观点：家庭和企业在市场上相互交易，他们仿佛被一只"看不见的手"指引，价格会自发地做出调整，并且导致了合意的市场结果，在大多数情况下会实现整个社会的福利最大化。他还有一个重要的推论：当政府阻止价格根据供需情况自发调整时，他就限制了这只"看不见的手"对市场的协调能力。这也解释了为什么中央经济会失败，因为这些中央经济中的计划者缺乏关于消费者偏好和生产者成本的必要信息，把这只"看不见的手"绑了起来，这就导致价格失控，所以中央经济的失败是必然的。

市场通常是组织经济活动的好方式。市场经济中，许多家庭和企业分散交易，通过分散决策配置资源。市场是一只"看不见的手",引导买卖行为,调剂过剩或短缺。当政府阻止价格根据供求关系自发调节时,市场时常会发生扭曲。例如,在房地产市场中,当采取限价购房时,会使得新房价格低于二手房价格。新房价格较低时会引发供给减少和需求增加,这样的供求差异将导致新房短缺,并出现新房黑市及其影子价格,我们也把这类两种价格并存的市场称之为二元市场。

专栏 1-8

中国市场经济

中国改革开放以前,实行的是计划经济体制。政府决定人们的生产和生活。几乎所有物质都靠计划实施,如粮票、油票、布票、肉票、糖票、烟票等,政府控制着每个人的生活购买。城里企业大多是国有的,发固定工资,人们的生产积极性不高,经济增长十分缓慢。改革开放后,中国实行市场经济,让市场决定自己的生产,企业自己决定生产,这极大地提高了人们的生产积极性。企业明白了自己应该做什么,并根据市场状况调整自己的生产。进入21世纪后,中国加入WTO参与全球分工,国际贸易、国际投资异常活跃,中国制造业迅速扩张,中国也成为了"世界工厂",并迅速崛起为世界上第二大经济体。

五、有为政府原理(promising government principle)

随着市场经济的拓展和推进,引起市场失灵的因素逐渐转向了另一方面——市场主体,这导致市场失灵不仅持续存在,还会不断扩大和加重。究其原因,市场客体往往可以在发展中得到建设和完善,但市场主体的特性则要稳定得多,很难在短期内得到改变,更可能随着市场经济的推行而被强化。

如果市场经济这么伟大,那么我们为什么需要政府呢?全世界都应该处于市场经济繁荣昌盛的无政府状态才对,但是我们发现,现实并不是这样的,往往需要政府制定的一系列政策才能保证我们市场的平衡。

政府有时可以改善市场结果。可以通过政府的政策做出适当的选择,更好地调整我们的稀缺资源,带来最大化的收益。我们需要政府的原因有如下两点。

一是建立并维护产权制度。产权就是个人拥有并控制稀缺资源的能力。比如,一个农民觉得他的谷物会被偷走,那么就不会去种植庄稼;餐馆觉得顾客会吃白食,就不会提供服务给顾客;如果我们的影片没有版权,那么大多数人都不会付钱看视频网站。这些都需要依靠政府提供的法律来保障我们自己的权益。任何社会,都需要政府界定产权并予以保护(包括知识产权保护),才能实施规则、维护市场制度正常运转。

二是弥补市场失灵。市场失灵就是指市场本身不能有效配置资源的情况。比如,在市场垄断、外部性、公共产品和不完全信息条件下市场往往存在失灵。例如,污染问题。当一个物品生产时会带来高额的收益，但同时也会使人的健康受到损坏，这是市场经济所不能控制的，我们称之为外部性。再比如，由某个公司和群体对市场价格进行不适当的操纵和控制，就是我们所说的垄断，这也是市场经济所不能控制的，我们称之为市场势力。

实现更平等的福利分配、治理贫困、消除不平等……不仅需要"看不见的手"带来有效率的产出，更要有政府进行干预，才能保证社会的最大福利。

此外，市场经济无法保证整体经济实现资源充分利用时，需要政府在结构优化调整、总需求与总供给的管理、促进创新、战略性新兴产业的培育等方面，更好地发挥作用，并让市场在资源配置中充分发挥决定性作用。

政府有时可以改善市场的结果，但是不一定每次都是对的。因为政策都是人定的，而人都是会犯错的。有时候一些政策并不能带来很好的效果，比如发行大量的货币，虽然短时间内能促进经济的增长，但是长时间会导致通货膨胀。而我们学习了经济学之后，就会有一定的能力去分析这些政策带来的影响，更好地利用自己的资源去获取更多的利益。

六、复利增长原理（compound interest growth principle）

全世界最有钱的企业家中，犹太人占近一半，华尔街的精英中有 50% 是犹太人。美国一大批家喻户晓的精英和富豪都是出自犹太家庭。为什么这样一个不起眼的民族，在一次次的战乱、迁徙当中不仅生存了下来，更是引领了世界财富、文化、艺术，以及科技的潮流呢？犹太人的孩子从小到大都在读一本名为《塔木德》的书，这本书里面蕴含了许多致富的秘诀，其中复利增长思维是他们重要的智慧宝藏。

说到复利大家并不陌生，很多人想到的是将钱存到银行赚取利息，俗称"利滚利"。由于本金太少，利息太低，存钱的时间比较短，一般人很难领略到复利的真正威力。为了让大家感受复利的力量，首先与大家分享两个故事。

第一个是年轻人向国王索取奖励的故事。传说有一个国王喜欢下棋，常嘉奖前来应战的胜利者。一天一位文质彬彬的年轻人前来应战，要求与国王下棋。经过紧张的激战后，年轻人赢了国王，国王问这个年轻人要什么奖赏，年轻人说他只要一点奖赏，就是在他们下棋的棋盘上放上麦子，棋盘的第一个格子中放上一粒麦子，第二个格子中放进比前一个格子多一倍数量的麦子，接下来每一个格子中放的麦子数量都比前一个格子中的多一倍，直到将棋盘每一个格子都摆满。国王没有仔细思考，以为要求很简单，于是就欣然同意了。然而，很快国王就发现，即使将自己国库所有的粮食都给他，也不够百分之一。从表面上看，年轻人的要求起点十分低，仅从一粒麦子开始，但是经过很多次的翻倍，麦子数量就迅速变成了庞大的天文数字。

另一个是关于股神巴菲特的故事。据统计，巴菲特每年财富增长率在 20% 左右。经过多年的复利，2021 年巴菲特以 5890 亿元人民币的财富名列"2021 胡润全球富豪榜"第 6 位。

不管是棋盘上的麦粒数还是巴菲特的财富值，相比于最开始的数量，后期的数量都达到惊人的地步。这背后都是复利模型在起作用。前期的增长比较缓慢，当我们累积到某个临界点的时候就会迎来爆发式的增长，这便是指数级的增长。

复利思维是一种重要的思维方式，也是查理芒格多元思维模型之一。复利增长原理中有三个非常重要的因素：本金、利率和时间。金融市场有一条经验："在复利增长的模型里，不怕增长率微小，就怕过度波动，因为这些波动会把你的增长吞噬掉。"因此，拥有稳定的利率并持续增长就显得非常重要了。例如，许多微小创业公司，只要尽可能让自己的增长率更大，而且尽可能把增长的时间拉长，它就可以取得成功。

同样地，复利增长原理可以用在宏观经济管理中。一个国家的生活品质依赖于其生产商品和提供服务的能力，生产力的高低是影响国力和人民生活品质的关键。无论是国家、企业、组织、团体还是个人，收益是同生产效率直接相关的，而提升生产力的关键点，自然也是如何有效地、协调地提升各方的生产效率，保证生产效率稳步、持续地增长。因此，保持宏观经济长期稳定增长十分重要，要牢记：发展是第一要务，人才是第一资源，创新是第一动力。

第六节　经济学思维的运用与功效

从本质上讲，经济学是一种思维方式。了解经济学，使用经济学，会使你终身受益。经济学思维可以指导你的个人生活、未来工作、婚姻和家庭，还有你的种种决策。从理解和指导企业的发展与经营，再到国家的宏观调控和社会的经济现象，你都可以感受到经济学思维的魅力。

学会经济学思维，我们可以更好了解所生活的世界。我们能够从经济学思维的角度来分析社会生活中出现的种种行为和现象，也就能理解为什么"天下没有免费的午餐"。同样，对于创业投资、销售、职场、管理、社交、人生抉择、共享经济、电商经济等，经济学思维会为你打开一个新的视角。无论是个人决策（消费者、生产者），还是分析社会行为（人与人之间相互作用），抑或是分析公共利益与政府作用，甚至是看待世界经济如何运行，我们都可以从中学会经济学思维。通过对社会生活现象的剖析，揭示社会行为和生活现象背后的奥秘。此外，关于一些非经济领域的问题，如军事、外交、安全、法律、科技、交通、医药卫生、生命科学、生态环境等，经济学思维都是"大有可为"的。

学会经济学思维，我们可以更加"精明地"参与经济活动。帮助理解：为什么人们十分关注高铁线路选址？高铁站为何选在新开发地带？如何使自己的货币减少贬值？把多少收入用于储蓄，多少收入用于投资？管理一个公司之后，如何对公司的产品定价？公司可以帮你致富吗？

学会经济学思维，我们可以更加理解经济政策的潜力与局限。比如美国为什么要发动贸易战？政府的加息、减息政策如何影响经济？国家的税收政策能带来什么影响？什么情况下减税起作用？我们要限制房价吗？如何理解环境保护、贸易政策、移民扶贫、发展低碳经济、政府与社会资本的合作机制、人口政策调整？如何理解数字经济和人工智能发展引发的新模式、新业态？

经济学思维追求的就是一种正确的模式,帮助人们做出正确的选择,它不仅可以用来解决经济问题并教会我们如何挣钱,而且还可以用来解决社会生活中各个方面的问题。学会经济学思维,可以更好地理解人类的行为方式。比如投票前为何要定规则?生育率为什么持续下降?假冒伪劣现象如何有效地治理?

经济学提供了思考社会问题和现象的框架和工具,我们如果能够掌握,就能够进一步增强独立思考和分析的能力,并运用这些技能在各个领域广泛地应用。随着科技的发展和数据的普及,经济学中的统计分析和数据建模技术成为了热门的技能。掌握这些技能可以帮助学生在数据科学、市场研究等领域中找到就业机会。

学会经济学思维,我们可以更好地思考人生、规划人生。经济学分析的基本假定是经济人,即承认人类具有利己性。但我们也应理解正确的选择应该是:不做精致的利己主义者。即使是十分崇尚个人主义的美国藤校,其录取学生的标准也对素质品行作出了要求:第一,成绩优异;第二,参加社会实践活动,特别是公益行为;第三,具有较高素质,综合表现优异。中国新时代大学生的奋斗目标是成为社会主义合格建设者和可靠接班人,其基本要求是:(1)坚定信念、做志存高远之人;(2)勤奋好学,做专业过硬之人;(3)提高素质,做全面发展之人;(4)勤于实践,做奉献社会之人。因此,只有树立正确的人生观和价值观,经济学思维才能助力人的全面发展。

学会经济学思维,我们可以更好理解中国经济学的价值与作用。进一步理解中国改革开放 40 多年来的成功经验,尤其是加深理解改革开放的作用和意义。改革的实质就是:从计划经济转向市场经济,建立健全价格机制与市场的作用,进一步推进国家治理体系和治理能力现代化进程。开放的意义在于:扩大市场边界,拥抱全球化,积极构建人类命运共同体。回顾过往中国发展经验,我们发现,要始终坚持改革、发展与稳定的三维统一,实现社会主义和市场经济的有机结合,促进地方竞争、激发地方活力,努力寻找政府与市场之间的平衡,才能探索出具有鲜明中国特色的宏观调控机制。强调市场的决定性作用,并不意味着市场起全部作用;强调更好地发挥政府作用,也不意味着政府可以凌驾于市场之上。要用好"看不见的手"和"看得见的手",推动有效市场和有为政府更好地结合。更重要的是,要始终坚持以人民为中心的发展思想,不断迈向高质量发展,加快现代化强国建设进程,才能实现中华民族伟大复兴的中国梦。

专栏 1-9

看起来互惠的交易为什么结果不同?

从前村里有个砍柴人,每天上山砍柴。砍得的柴火虽然不多,却也够用。日子若是这样过下去便罢了,偏偏城里发生了翻天覆地的变化。城里人来到村里,装上煤气和电。自此,砍柴人不用砍柴了,但作为报答,村里人要提供上好的木材给城里人，用于制作家具。于是，砍柴人默许城里人带着机器来这里砍伐树木。没过多久，树木都被砍完了，砍柴人看着空空如也的村子，心里觉着空落落的，却不知道自己做错了什么。

思考：砍柴人做错了什么？他与城里人的交易是理性的吗？试用经济学思维分析，并帮砍柴人设计一些解决困境的办法。

专栏 1-10

什么人需要学习经济学思维？

经济学提供了一种新的思维方式。第一，经济学思维有助于培养观察和分析现实世界经济行为和现象的能力；第二，具备经济学思维，我们就可以凭借少量的知识去理解广泛的现象；第三，具备经济学思维，有助于提升个人的精神境界，它或许能够影响甚至改变人的一生。因此，对于任何非经济学专业的人士，都需要了解并掌握经济学思维。

如果你的专业是社会学、文学、政治学、法律、新闻，是否需要学习一些经济学知识呢？理科专业、工程类专业或医学专业，是否也需要呢？

你准备好学习经济学思维了吗？

本章小结

本章首先通过生活中的一些现象来说明经济学无处不在。经济学的智慧来源于生活实践，运用经济学思维能够使我们具备观察和分析现实世界经济行为和现象的能力。紧接着，本章讲述了经济学的诞生，以及经济学在西方世界和我国的发展进程。经济一词起源于古希腊语，之后演变为政治经济学，而现代经济学表示在政治经济学基础上的更广层面上来考虑经济。古典政治经济学产生于17世纪中叶，完成于19世纪初，它是代表了新兴资产阶级利益的经济理论体系。在中文世界里，经济学意为"经世济民"，而中国自古以来就具有政治经济学传统，现代政治经济学的很多思想都被包含在中国的传统文化中。近现代以来，许多中国经济学家立足国情，不断摸索出适合中国乃至广大发展中国家和地区的经济发展理论，为发展经济学的产生与发展做出了重要贡献。

其次，本章还讲述了经济学最常用的3个思维方式：优化、均衡和经验验证。经济学研究的主要领域有3种情形：单个经济主体如何做决策、经济主体之间如何相互作用和整体经济如何运行。另外，本章还列举了6条实用的经济学原理：权衡取舍原理、激励相容原理、贸易有益原理、有效市场原理、有为政府原理和复利增长原理。

掌握这些经济学原理，可以很好地帮助人们分析复杂的经济现象，从而进一步做出合理的经济选择。

最后，本文讲述了经济学思维带来的好处：它能够让我们更好地了解世界；更加精明地参与经济活动；更加容易理解经济政策的潜力与局限；进一步增强独立思考和分析的能力；帮助我们更好地思考、规划人生；帮助我们更好地理解中国经济学的价值与作用。

思考题

1. 为什么权衡取舍是不可避免的？什么因素影响了人们的选择？
2. 举例说明机会成本及其应用价值。
3. 最优和均衡的思维如何在我们的生活中得到运用？
4. 你认为哪些经济学原理对你有用？简要结合现实生活和社会运行的例子予以说明。
5. 如何理解经世济民的内涵？经济学思维对你的人生价值观有何影响？
6. 你学习什么专业？经济学思维对你的专业学习有何帮助？对你未来人生发展有何启示？
7. 如何运用经济学思维思考新中国成立 70 多年来发生的变化？

名词索引

◆ **稀缺性**：稀缺性是指现实中人们在某段时间内所拥有的资源数量不能满足人们的欲望时的一种状态。它反映人类欲望的无限性与资源的有限性的矛盾。

◆ **效用**：消费者拥有或消费商品或服务对欲望的满足程度被称为商品或服务的效用。一种商品或服务效用的大小取决于消费者的主观心理评价，由消费者欲望的强度所决定。

◆ **边际效用**：在微观经济学中，边际效用是指每新增（或减少）一个单位的商品或服务，它对商品或服务的收益增加（或减少）的效用，也即"效用-商品或服务量"曲线的斜率。经济学通常认为，随着商品或服务的量增加，边际效用将会逐步减少，这一情形被称为边际效用递减定律。

◆ **边际分析**：是指为做出最佳选择而对有关备选方案的边际成本、边际收入和边际利润所进行的观察、计量与分析。边际收入同边际成本之间的差额称为边际利润。当边际收入大于边际成本，边际利润为正数时，企业的盈利总额将随产销量的增加而增加；当边际收入小于边际成本，边际利润为负数时，企业的盈利总额将随产销量的增加而减少，甚至发生亏损。这就是说，只有当边际收入等于（或趋近于）边际成本，边际利润等于（或趋近于）零时，企业的盈利总额将达到最大值。

◆ 理性选择：指先假定一个寻求自身利益最大化的个体，然后在各种情境下计算和演绎按照收益最大化原则行动的个体可能会采取的行动，以最小的牺牲满足自己的最大需要，理性选择往往通过交易实现。

◆ 利益最大化：是指用最少的投入得到最大的收益，确保所有交易在客户与企业之间实现利益最大化。

◆ 机会成本：是指企业为从事某项经营活动而放弃另一项经营活动的机会，或利用一定资源获得某种收入时所放弃的另一种收入。另一项经营活动应取得的收益或另一种收入即为正在从事的经营活动的机会成本。

◆ 沉没成本：是指以往发生的，但与当前决策无关的费用。

◆ 隐性成本：隐性成本指公司损失使用自身资源（不包括现金）机会的成本。

◆ 菲利普斯曲线：表明失业与通货膨胀存在一种交替关系的曲线。通货膨胀率高时，失业率低；通货膨胀率低时，失业率高。

◆ 货币政策：也称金融政策，是指中央银行为实现其特定的经济目标而采用的各种控制和调节货币供应量和信用量的方针、政策和措施的总称。

◆ 财政政策：是指为促进就业水平提高，减轻经济波动，防止通货膨胀，实现稳定增长而对政府财政支出、税收和借债水平所进行的决策，或对政府财政收入和支出水平所做的决策。

◆ 市场失灵：是指通过市场配置资源不能实现资源的最优配置。一般认为，导致市场失灵的原因包括垄断、外部性、公共物品和不完全信息等因素。

◆ 复利：是指在计算利息时，某一计息周期的利息是由本金加上先前周期所积累的利息总额来计算的计息方式，也即通常所说的"利生利""利滚利"。

1-1
知识分享

1-2
经济学思维与观察的
人生发展启示讨论

1-3
生育成本讨论

第二章

经济学家的思维方式

■ 第一节 引言

物理学家采用极限思维法将貌似复杂的物理问题，推演到极端状态或极限值条件下进行分析，使得问题往往变得十分简单。与其他科学家一样，经济学家在研究人类经济活动本质，揭示经济现象发展规律的过程中，也有自己的思维方式。这些方式对于其他领域而言可能是陌生且神秘的。

本章的主要目的就是回答：经济学家为了解释经济现象而采用的思维方式有哪些？

杰出经济学家的思维方式都不会是主观臆想和虚空判断，而是源自对现实经济问题的关注，是经过实践检验，能够为社会、为人类做出重大贡献的科学工具，可以说是人类认识世界、改造世界的最伟大的方式之一。

本章的主要任务是理解经济学家如何通过假设、模型来研究复杂的经济世界，明确因果关系判断在经济学研究中的重要性，掌握经济学家在微观经济与宏观经济方面的双重视角、在演绎逻辑与归纳逻辑方面的双重结合、在实证分析与规范分析方面的不同表述，了解走向真实世界的行为经济学。

■ 第二节 经济学研究的基石——假设

经济学家会断言："香蕉价格的下降一定会导致其需求量的上升。"他们的这种断言是建立在其他条件——消费者的收入、消费者对香蕉的喜好程度、其他水果的价格等——不变的前提假设下。

经济学家做出假设可以更为便利地研究问题。通过对不同的问题做出不同的假设，忽略对问题答案没有实质影响的其他因素，经济学家就可以集中思考实质性的内容，从而更为容易地解释问题。可以说，假设是经济学研究的基石。例如，为了研究国际贸易的影响，可以假设世界只由两个国家组成，而且每个国家只生产两种产品。当然，现实世界由许多国家组成，每个国家都生产成千上万不同类型的产品。但通过假设只有两个国家和两种产品，就可以集中思考一个问题。一旦理解了只有两个国家和两种产品这种假想世界中的国际贸易，就可以更好地理解复杂现实世界中的国际贸易。

此外，经济学家可以用不同的假设来回答不同的问题。例如，当政府改变流通中的货币量时，商品价格会出现什么情况呢？商品价格可能会发生变动，但不一定会迅速做出调整。如：即使政府增加了流通中的货币量，报摊上的杂志价格也需要若干年才会变动一次。那么在分别研究政策在短期、长期的影响时就可以做出不同的假设。如果需要研究政策的短期效应，就可以假设价格的变动非常缓慢，即商品价格是具备黏性的。但是，如果需要研究政策的长期效应，则可以假设价格能做出即时的调整，即商品价格是具备弹性的。

■ 第三节　备受青睐的模型

我国著名的科学家钱学森曾说，模型是我们通过对问题的分析，利用学习来的原理，吸收一切重要的因素，略去一切非主要的因素创造出来的图、画或者立体结构。通过这种简化的形式可以再现原型的复杂结构、功能和联系，所以建立模型是一种重要的科学方法。

如物理学家可以通过物理模型呈现抽象化、概念化的物理反应或者物理过程，并描述物理系统结构和规律。医学中常见的人体模型则可以模拟人体结构和器官，广泛应用于医学教育、医学研究和临床实践等领域。

同样，经济学家也会采用模型来揭示经济现象的发展规律。但经济学模型往往是由数学符号、方程、图表所构成，是一种对经济理论的数学表述。它需要采用极其简单的方式描述出我们正在考察的经济状况，排除无关的细节，然后再逐步增加复杂的因素，使模型逐渐符合实际。

专栏 2-1

经济学模型的发展历史

法国重农学派创始人弗朗斯瓦·魁奈（Francois Quesnay）于18世纪首次出版的经济学著作《经济表》描述了最早形式的经济模型，是以解决当时法国的现实经济问题和振兴国民经济为目的而撰写的，也是经济学史上第一次明确而系统地对社会资本的再生产和流通过程进行理论研究的著作。魁奈的《经济表》对政治经济学的发展做出了巨大的贡献。

 笔记

19世纪30年代,法国经济学家、数理统计学的奠基人、数理经济学的创始人之一的古诺(Antoine-Augustin Cournot),最早提出需求原理,即需求量是价格的函数。他在《财富理论的数学原理研究》一书中建立了垄断模型和双寡头模型。直到今天,双寡头模型(古诺模型)仍然是标准教科书中的重要内容之一,是寡头理论分析的出发点。古诺的分析方法强有力地促使经济学从文字的叙述转向形式逻辑和数字的表达。

19世纪70年代,法国经济学家,洛桑学派的创始人,边际效用学派的创建者之一的瓦尔拉斯(Léon Walras),采用联立方程来表述市场中的商品需求、供给与价格之间的关系。瓦尔拉斯认为数学模型是研究经济理论的唯一合乎逻辑且科学的方法。在他看来,只有使用数学才能对经济理论加以确切地论证和说明。因此,瓦尔拉斯也被认为是西方经济学数理学派的代表人物之一。

20世纪30年代以后,随着计量经济学的诞生,经济模型开始盛行。特别是宏观经济学之父凯恩斯所著的《就业、利息和货币通论》一文的发表,使得经济模型被广泛应用于经济分析之中。

到了现代,经济模型已成为经济预测、企业管理等领域的重要工具,如对国民经济的发展做出预测,制定和分析不同的经济发展方案,并做出正确的决策;确定企业最适合的发展方向,并实现管理现代化等。

经济学模型有两种变量:内生变量与外生变量。内生变量是指该模型所要决定的变量,可以在模型体系内得到说明。外生变量本身不能在模型体系中得到说明,它是模型建立的外部条件,即由模型以外的因素所决定的已知变量,又是由模型外部确定并输入系统的变量。它只对系统产生影响而不受系统的影响。

以一个数学模型为例,自变量、因变量属于内生变量,其他参数通常是由模型以外的因素决定,因而属于外生变量。

例如,某汽车的价格 P 与销量 Q 之间的关系如下:

$$Q = \alpha + \beta P \tag{2-1}$$

等式(2-1)中价格 P 与销量 Q 是经济模型决定的变量,从数学的角度来说销量 Q 是因变量、价格 P 是自变量,销量 Q 会随着价格 P 的变化而变化,两者是内生变量;α、β 是未知参数,是外生变量,α、β 的变化会直接导致该函数发生变化。除此之外,譬如居民收入等其他与模型有关的变量,都属于外生变量。因此,内生变量只会导致需求量的变化,而不会引起函数的变化,外生变量才会导致函数的变化。

十个重要的经济学模型

经济学存在一系列强大的模型,这些模型不仅为经济学家提供了分析框架,用来形式化地探索复杂的经济问题,而且为政策制定者、投资者和企业家提供了实用的指导。本专栏将介绍十个重要的经济学模型,这些模型在理论和实践中都具有里程碑式的意义。(经济学包含众多模型,不同的学者和研究者可能会有不同的前十大模型。但基于经济学的主要研究领域和历史发展,以下是广大经济学家公认的十大重要的模型。)

供需平衡模型:经济学中最基本和最核心的概念之一,描述了一个市场上的商品或服务的供给量和需求量之间如何达到平衡。

IS-LM 模型:宏观经济分析的一个重要工具,是描述产品市场和货币市场之间相互联系的理论模型。

柯布-道格拉斯生产函数:宏观经济学和微观经济学中最常用的生产函数之一,以描述某种产品或服务的产出如何依赖于生产要素的数量和组合。

索洛增长模型:宏观经济增长理论中的核心模型,用于描述长期经济增长、资本积累、劳动力增长和技术进步之间的关系。

古诺模型:阐述了相互竞争而没有相互协调的厂商,在产量决策上是如何相互影响,从而产生一个位于完全竞争和完全垄断之间的均衡结果。

伯特兰德模型:分析寡头垄断市场上企业价格竞争的模型。

埃奇沃思盒状图:一个经典的微观经济学工具,可用于描述两位消费者之间可能存在的交换和分配,以及如何达到某种平衡。

菲利普斯曲线:表示失业率与通货膨胀率之间交替关系的曲线。

霍特林原则:自然资源经济学的一个基本原理,特别是关于不可再生资源(如矿产等)的提取,描述了在某些假设下如何最有效地提取和使用这些不可再生资源。

资本资产定价模型:研究证券市场中资产的预期收益率与资产风险之间的关系,以及均衡价格是如何形成的,是现代金融市场价格理论的支柱,被广泛应用于投资决策和公司理财领域。

任何经济学模型都不可能是放之四海而皆准的。机智的经济学家也不会采用单一的经济模型回答所有问题,而是会应用不同模型来揭示不同的经济现象,或者解释同一经济现象的不同方面。多种经济模型的应用并不代表经济学模型是不合理的,而是反映了社会现实的复杂性。

第四节　因果关系的判断

经济学家强调的是因果关系，即先有原因，再有结果。如果找不到原因，经济学家往往会觉得结果也不可信。比如在上文的汽车价格与销量的模型中，当外生变量 β 小于 0 时，汽车价格 P 的下降会导致销量 Q 上升。这是我们通过数理模型所得到的统计结论，但经济学家真正关心的是这个汽车价格与销量之间是否存在因果关系。

因果关系是一个事件（因）致使另一个事件（果）发生的作用关系。但在数理统计学领域，有些事物之间看起来并不存在因果关系，而是存在相关性。两个事物存在因果关系，那么它们一定存在相关关系；但存在相关关系的两个事物，却不一定是因果关系。如果仅仅因为相关性就断定因果关系，就犯了"在此之后，因是之故"的逻辑谬误，认为发生于其后者，必然是其结果。

例如，父母的身高一定会影响子女的身高（这从基因的角度可以理解为因果关系），所以可知，父母身高与儿子身高呈相关性，父母身高与女儿身高也呈相关性。但是，在数据上，你有可能会发现哥哥身高与妹妹身高也呈相关性（他们都受父母身高影响），但哥哥身高与妹妹身高就不存在因果关系（从生物学上没有因果关系）。即有相关性的两个变量，不一定具备因果关系。

专栏 2-3

相关性并不等同于因果关系的范例

1）冰淇淋与犯罪率

在美国中西部的一个小镇，地方警察局局长发现冰淇淋消费量越多，犯罪率就越高。在这个例子中，冰淇淋消费量和犯罪率是正相关的，但并不意味着冰淇凌消费的增多就导致了犯罪率的上升，更不可能通过减少冰淇凌的销售来降低犯罪率。事实上，存在某个变量同时和冰淇淋消费量、犯罪率相关，这个变量就是室外温度。当室外气温变暖，如在夏天，就会有更多犯罪（白天更长，人们常开窗户等原因）。而同时天气变暖，人们更享受吃冰淇凌的乐趣。相对地，在又长又黑暗的寒冬，冰淇凌的消费就会减少，同时犯罪也越少。

2）鸡鸣与天亮

李贺《致酒行》中有一句"雄鸡一声天下白"，是指雄鸡一声啼叫，天下大亮。然而太阳升起真的是雄鸡打鸣造成的吗？雄鸡打鸣是太阳升起的原因吗？事实上，雄鸡打鸣与太阳升起往往是一起发生的，具备一定的相关关系。但是即使雄鸡不打鸣，太阳依旧照常升起，那么把天亮的结果归因为雄鸡打鸣一定是错误的。因为雄鸡打鸣和天亮本身并不具备因果关系，而是雄鸡的作息和天亮的时间刚好一致。

经济学家在揭示经济现象发展规律的过程中，不仅仅需要避免将相关关系误认为因果关系，也需要注意反向因果关系的处理问题。即两个变量之间具备因果关系，但是因果关系认识错误，你所认为的原因实际上是结果，而你所认为的结果实际上是原因。

反向因果关系的范例

中世纪的欧洲人相信虱子对健康有益，因为病人身上很少会有虱子。于是，当时的人普遍认为生病是因为虱子从人的身上离开造成的。然而，真正的原因是虱子对体温极其敏感，体温的小幅度升高，比如发烧，就会使虱子寻找另一个宿主。当时体温计还没有被发明出来，所以温度的上升很少被注意到。因此人们就直接认为虱子离开人的身子会导致人生病。而这就是经济学分析中的反向因果问题。

此外，经济学思维还需要考虑变量之间是否存在互为因果关系，如经济增长与金融发展之间，究竟是经济增长推动金融发展，还是金融发展支撑经济增长？

经济学分析只有深刻认识经济变量之间的因果关系，才能理解经济世界的运行规律。

互为因果关系的范例

以"需求追随型"金融为代表的观点认为经济增长会增加对金融服务的需求，进而通过需求引领金融发展水平不断提升。因此"需求追随型"金融强调经济增长对金融服务的需求，是金融不断发展的原因。而以"供给领先型"金融为代表的观点则认为金融工具、金融机构和金融服务的供给领先于经济发展的需要，金融发展在引领和促进经济的增长。因此"供给领先型"金融则强调金融发展对经济增长的推动作用。

2021年诺贝尔经济学奖得主：因果识别上的杰出贡献

2021年10月11日下午6点，诺贝尔经济学奖授予了三位在美国工作的经济学家，一位是加州大学伯克利分校的卡德（David Card），表彰他在实证劳动经济学方面的贡献；另外两位是麻省理工学院的安格里斯特（Joshua D. Angrist）以及斯坦福大学的因本斯（Guido W. Imbens），表彰他们在因果识别方面的贡献。

这三位学者的主要工作都与因果识别这种实证研究方法有关。他们不仅解决了因果识别中涉及的大量技术性难题，还把这种方法推广到劳动、教育、移民、医疗保险、社会政策等诸多领域，对于当代经济学的理论研究和实证应用都产生了深远的影响。有一些学者认为，在最近的20年里，经济学界已经掀起一场"因果识别革命"。

第五节　微观经济与宏观经济的双重视角

物理学家研究世界，一方面需要研究行星、恒星、星系和万有引力等宏观世界；另一方面，他们也需要研究原子、粒子等微观世界。同样，经济学家也需要从两个方面来研究经济现象：微观经济学与宏观经济学。

微观经济学是以社会中单个经济单位为研究对象，聚焦于研究单个家庭、单个厂商和单个市场的经济行为以及相应的经济变量，采用个量分析的研究方法来诠释价格对于社会资源分配的协调问题，亦称市场经济学或价格理论。

宏观经济学是以国民经济总过程的活动为研究对象，采用国民收入、就业等总量性概念来分析整个经济的运行方式和运行规律，因此宏观经济学也被称作就业理论或收入理论。正如新古典综合学派创立者萨缪尔森所说："宏观经济学根据产量、收入、价格水平和失业来分析整个经济行为。"

因此，微观经济学要解决的是资源配置问题，即生产什么、如何生产和为谁生产的问题，以实现个体效益的最大化。宏观经济学则把资源配置作为既定的前提，研究社会范围内的资源利用问题，以实现社会福利的最大化。

微观经济学是宏观经济学的基础，微观经济学和宏观经济学又互为补充。值得一提的是，微观经济学与宏观经济学有时候会存在有分歧的观点，如节俭悖论。

专栏 2-7

节俭悖论

"节俭悖论",也称为"节约悖论",是美国经济学家凯恩斯在他1936年出版的经济学著作《就业、利息和货币通论》中提出的一种理论。对于微观的个人与家庭而言,节俭是一种美德。因为降低消费、增加储蓄,往往会使个人与家庭走向富裕。然而根据凯恩斯主义的国民收入决定理论,消费的变动会引起国民收入同方向变动,储蓄的变动会引起国民收入反方向变动。那么对于宏观的国家或社会而言,降低消费与增加储蓄,往往会导致有效需求不足,经济发展缓慢或陷入衰退,反过来会使社会和个人的收入减少。即"节俭"对微观个体与宏观社会的作用是相悖的。

第六节 演绎逻辑与归纳逻辑的双重结合

演绎逻辑的思考方式是在给定前提假设下(如专栏1-1的理性经济人假设),通过严密的推理,得到特定的结论。该逻辑思维方式注重的是前提条件和推理过程的严密性,只强调在前提假设下的推理过程是否有误,不要求得到与现实完全一致的结论,因此即使结论与现实存在差异也不影响其正确性。

如所有商品都有使用价值,用于出售的汽车都是商品,那么汽车一定具备使用价值。在演绎逻辑看来,即使存在报废车辆不具备使用价值这一客观事实,该结论也是正确的。原因是,演绎逻辑注重的是推理过程的严谨性,其正确性并不取决于得到的结论是否符合事实。

虽然存在"报废车辆不具备使用价值"这一客观事实,但是该命题不满足前提假设条件(用于出售的汽车都是商品),即报废车辆已不属于可出售的汽车。只要前提假设条件满足了,即该汽车只要能够用于出售,那么它一定具备使用价值。马克思和凯恩斯分别对经济危机的分析就是演绎逻辑的应用范例,但两位学者得到了截然不同的结论与政策导向。

专栏 2-8

马克思与凯恩斯的经济危机研究比较

面对西方资本主义国家出现"产品积压,企业倒闭,工人失业"的经济危机现象,马克思和凯恩斯的演绎逻辑是有区别的,得出的研究结论也是截然不同的。

马克思认为资本主义社会经济危机产生的根源是私有制。在资本主义社会，生产资料所有者决定"生产什么""如何生产""为谁生产"，利益最大化是资本家做出上述决策的根本动力，而私有制恰恰是资本家追求利益最大化的先决条件。在自由放任、自由竞争的资本主义制度中，整个社会呈现出"无政府状态"，资本家们一味追求私人利益最大化。在机器大工业化的背景下，产品相对过剩的经济危机的出现就是必然结果。因此马克思认为"私有制是万恶之源"，只有消灭私有制、建立公有制才能从根本上消灭经济危机。

凯恩斯则认为经济危机并不是由于产品供给过剩，而是源于消费不足、投资不足所带来的有效需求不足。凯恩斯始终坚信资本主义社会仍然具有无比的优越性，那么坚持市场经济和自由竞争是资本主义社会不可或缺的。政府只需出面干预宏观经济，采取扩展性财政政策和货币政策进行宏观需求管理以增加有效需求，保持宏观经济的稳定性，为自由竞争的资本主义市场经济创造良好的环境，那么经济危机自然会迎刃而解。

归纳逻辑的思考方式则是以现实为起点，根据已经发生的事实，通过概率统计等工具预测与判断接下来可能发生的事实。因此归纳逻辑的思维进程是一种从特殊到一般的推理形式，是从认识个别事物到总结、概括一般性规律或原理的推理过程。

当人们看到第一只天鹅是白色的，第二只天鹅也是白色的，第一百只天鹅也是白色的时候，根据归纳逻辑的推理，结论就是：所有天鹅都是白色的。那么，当人们不知道即将见到的一只天鹅是什么颜色时，归纳逻辑使他们可以根据过去的经验，推理所有的天鹅都是白色的，那么就可以判断即将见到的这只天鹅也是白色的。

即便见到的是一只黑色天鹅，也不代表上述命题就是错误的。因此，归纳推理的前提是真实的，但结论却未必真实，可能为假。恩格尔定律就是采用归纳逻辑探索经济学真理的典范。

专栏 2-9

恩格尔定律

19世纪德国经济学家、统计学家恩格尔根据统计资料，提出了关于居民消费结构走势的恩格尔定律：一个家庭的收入越少，家庭收入中（或总支出中）用来购买食物的支出份额会越大；随着家庭收入的增加，家庭收入中（或总支出中）用来购买食物的支出份额则会下降。

推而广之，一个国家越穷，每个国民的平均收入中（或平均支出中）用于购买食物的支出所占的比例就越大；随着国家变得富裕，这个比例呈下降趋势。

反映这一定律的系数被称为恩格尔系数,是表示生活水平高低的一个指标,其计算公式往往为食物支出金额/总支出金额。

国际上常用恩格尔系数来衡量地区人民生活水平。根据联合国粮农组织提出的标准,恩格尔系数在59%以上为贫困,50%~59%为温饱,40%~50%为小康,30%~40%为富裕,低于30%为最富裕。

归纳逻辑与演绎逻辑虽然有所区别,但两者之间并不矛盾与冲突,而是相互联系与辩证统一的。归纳逻辑为演绎逻辑提供了方向,而归纳逻辑的结论是否正确,又需要经过演绎逻辑的证明。演绎逻辑为归纳逻辑提供了理论依据,也为归纳逻辑提供了多种可能。正如萨缪尔森所言:"在正确的理解之下,理论与观察、演绎与归纳并不冲突。检验一个理论是否正确,要看它是否有助于说明所观察到的现象。"计量经济学是演绎逻辑与归纳逻辑相结合的一门学科,它将模型设定阶段的演绎过程与模型检验阶段的归纳过程相结合。

专栏 2-10

计量经济学:演绎逻辑与归纳逻辑的结合

计量经济学模型研究包含两大基本步骤:设定模型和检验模型。前者是从一定的前提假设出发,经由逻辑变形而导出可检验的理论假说,并将之形式化为数理模型,属于演绎法的范畴;后者则是依托于样本数据,对模型进行回归估计和统计检验,并根据检验结果做出在一定概率水平上接受或拒绝原理论假说的判断,属于归纳法的范畴。

如果缺少前一个步骤,仅仅从事经济数据的调查、收集、整理和统计分析,那就不再是计量经济学而是经济统计学的工作;如果缺少后一个步骤,仅仅对经济变量之间的逻辑关系进行数理推导,那也不是计量经济学,而是数理经济学的工作。

资料来源:《计量经济学的模型方法》,《经济研究》期刊官网。

■ 第七节 实证分析与规范分析的不同表述

当经济学家的目标与角色不同时,分析的方式与表述也将不同。有时经济学家往往需要解释一些经济现象的原因,例如为什么高额关税对参与国际贸易的双方都没好处?有时经济学家也需要提出改善经济结果的政策建议。例如,一国政府应该实施什么样的经济政策？当经济学家以解释世界为目标时，他们是科学家。当经济学家以改善世界为目标时，他们是决策者。

又如对于对外贸易中的关税的讨论，作为科学家的经济学家会表述：征收关税会引起无谓损失。此时的经济学家做出了一种关于世界"是什么"的表述，是想解决世界是如何运行的，是一种描述性的表述，这一类表述就是实证分析。而作为决策者的经济学家则会表述：政府应该加征关税以保护国内产业。此时的经济学家做出了一种关于世界"应该是什么"的表述，是想解决世界应该如何运行，是一种命令性的表述，这一类表述就是规范分析。

因此，实证分析是对经济活动进行科学的描述和分析，并对现实提供合乎逻辑的论断和预测。规范分析是指经济学家利用其经济理论对经济系统应该怎么运行发表意见并提出改进建议。

实证分析和规范分析之间的一个关键区别是我们该如何判断它们的有效性。对于实证分析的结论，我们可以通过检验相关证据来确认或推翻它。如对于"征收关税会引起无谓损失"的说法，经济学家可以分析一段时期内国际贸易相关数据的变动来评估它正确与否。

然而，规范分析的评估不仅涉及事实还涉及价值观。对于"政府应该加征关税以保护国内产业"的说法，经济学家不能仅依靠数据就做出它合理与否的判断。因为判断什么是好的政策、什么是坏的政策不仅仅是个科学问题，它还涉及我们在伦理、宗教和政治哲学等方面的观点。

当然，实证分析和规范分析是相互联系且无法分割的。规范分析并不能独立于实证分析，凡经济学家倡导、赞同或反对某一经济政策，其论据都来自对该政策的实证分析。而经济学家在分析、寻求经济活动的客观规律时，不可避免地受到其个人的经济地位、价值观念等的影响。

第八节 走向真实世界的行为经济学

在亚里士多德的时代，物理学乃至整个自然科学都被视为哲学的一个分支，是无法实验的学科。近代实验科学的先驱者伽利略，则摒弃神学的宇宙观，认为要了解世界就必须进行系统的实验观测，找出精确的数量关系。如今，物理学已经成为毋庸置疑的实验科学。

经济学，尤其是理论经济学往往是借助数学逻辑来描述经济变量之间的因果关系，从而得到理论假说（观点）。那么此类理论假说的可信度就取决于数理模型构建是否具有良好的"逻辑完备性"。

可是抽象的、饱含假设的数理模型是否真的描摹了现实中的经济逻辑呢？所得到的理论假说的价值又该如何判断呢？这种理论假说会不会仅仅是经济学家为了理解客观世界而提出的"思维构造物"呢？

在这一背景下，"实验"被广泛用作一种新的经济研究方法，尤其是在现实统计数据难以获取并开展检验的情况下。弗农·史密斯（Vernon L. Smith）教授敏锐觉察到实验经济理论的作用,并首次将其付于实践。他在亚利桑那大学 11 个班级中进行了长达 6 年的实验,验证了竞争均衡理论。他据此实验所撰写的论文《竞争市场行为的实验研究》在 1962 年的《政治经济学杂志》发表,标志着实验经济学的诞生。

在过去很长一段时间,经济学被普遍视为一种依赖于实际观察的经验科学,或者是建立在演绎推理方法基础之上的思辨性哲学,而不是在可控实验室中进行检测的实验性科学。

实验经济学家提出的思维方式是将待研究的现实经济问题进行一定程度的提炼、抽象与简化,创造与实际经济相似的一种实验室环境以考察受试对象,并观察被试者在其中的实际行动,用以检验已有的经济理论及其前提假设,或者发现新的理论,并为一些决策提供理论分析。

专栏 2-11

2002 年诺贝尔经济学奖获得者:实验经济学家弗农·史密斯

弗农·史密斯因实验经济学的开创性研究贡献而获得 2002 年的诺贝尔经济学奖,更被誉为实验经济学之父。他开创了一系列实验法,为通过实验室实验进行可靠的经济学研究确定了标准,向全世界证明了经济学也是一门真正意义上的科学,因为经济学的原理也可以通过实验证明。作为实验经济学领域最重要的奠基者之一,弗农·史密斯通过可控实验环境下对经济现象和经济行为的分析,检验并完善传统的经济学理论,为政策制定提供依据。

本章小结

在本章中,我们了解到一些陌生且神秘的经济学家的主要思维方式。经济学家会通过假设与模型,来更为便利地研究复杂的经济问题。在运用假设与模型的基础上,对因果关系进行判断,而不仅仅是考量统计意义上的相关性,这是经济学家的根本关注点。为了揭示经济现象的发展规律,经济学家还从微观经济与宏观经济两个视角出发,结合演绎逻辑与归纳逻辑两种方式,采用实证分析与规范分析两种方法来揭示现实世界。而在现实统计数据难以获取并开展检验的情况下,实验经济学成为经济家思维方式的一种重要补充,已被广泛接纳并且成为一种新的经济研究方法。

思考题

1. 你认为哪些经济学假设对你的思维分析有用？
2. 内生变量与外生变量的区别与联系是什么？是否可以举例说明？
3. 哪些现象具备相关性但没有因果关系？哪些现象存在因果关系？哪些现象存在互为因果关系？
4. "节俭悖论"中如何体现微观经济与宏观经济的内涵？
5. 能否介绍演绎逻辑与归纳逻辑各自的优势？
6. 能否针对实证分析与规范分析各举一个例子？
7. 了解并介绍一个有趣的经济学实验。

名词索引

◆ **内生变量与外生变量**：在经济模型中，内生变量是指该模型所要决定的变量；外生变量指由模型以外的因素所决定的已知变量，它是模型建立的外部条件。内生变量可以在模型体系内得到说明，外生变量本身不能在模型体系中得到说明。参数通常是由模型以外的因素决定的，因此往往也被看成外生变量。

◆ **因果关系**：当一个事件的出现导致、产生或决定了另一个事件的出现，这两个事件之间的关系就被称为因果关系。在一种现象已经发生的情况下，推出因果关系结论的过程，就是因果推断。

◆ **微观经济学**：研究社会中单个经济单位的经济行为，以及相应的经济变量的单项数值如何决定的经济学说。研究的基本问题是资源配置问题，其基本理论就是通过供求来决定相对价格的理论。主要范围包括均衡价格理论、消费者行为理论、生产者行为理论、分配理论、一般均衡理论与福利经济学、市场失灵与微观经济政策等。

◆ **宏观经济学**：使用国民收入、经济整体的投资和消费等总体性统计概念来分析经济运行规律的经济学说。研究的基本问题是一国经济总量、总需求与总供给、国民收入总量及构成、货币与财政、人口与就业、要素与禀赋、经济周期与经济增长、经济预期与经济政策、国际贸易与国际经济等宏观经济现象。

◆ **演绎逻辑**：从一般性的前提出发，根据已知事实或假设条件，通过推导即"演绎"得出具体陈述或个别结论的过程与方式，是一种从一般到特殊的逻辑推理。

◆ **归纳逻辑**：以一系列经验判断或知识储备为依据，寻找一般性基本规律的一种认知方法，是一种从特殊到一般的逻辑推理。

◆ **实证分析**：按照事物的本来面目来描述事物，说明研究对象究竟"是什么"，通过对客观存在物的验证（即所谓"实证"）来概括和说明已有的结论是否正确。

◆ 规范分析：要回答的问题是"应当是什么"，主要特点是在进行分析以前，要先确定相应的准则，然后再依据这些准则来分析、判断研究对象所处的状态是否符合这些准则。

◆ 实验经济学：经济学实证分析中一个重要的研究方法。经济学家以仿真方法最大限度地创造与实际经济相似的一种实验室环境，以真实的物质奖励为激励并不断改变实验参数，记录实验参与者的行为决策数据，用以检验已有的经济理论，或者发现新的理论，并为一些决策提供理论依据。

2-1
课堂讨论

第三章

需求供给原理与均衡分析

■ 第一节　引言

为何著名歌星演唱会的门票越来越难在购票网站上买到？为何2023年9月13日，文化和旅游部、公安部联合发布规定要求大型演出实名购票、实名入场？本章将介绍需求和供给的基本规律，为供求分析提供框架，解释诸如演唱会门票这样的市场是如何运行的，并通过专栏中的案例对现实经济中的需求和供给两方的相互影响进行经济均衡的分析，以均衡和失衡来考虑市场如何受到两者的相互作用。

以经济学思维来看，市场的运行源于个体的行为以及群体的合作，在这些活动中，人们基于他们预期的收益和成本进行选择，而需求和供给正是消费者和生产者进行选择的结果。经济学家保罗·萨缪尔森（Paul A. Samuelson）曾经说过，只要教一只鹦鹉，让它学会说"需求"和"供给"这两个词，它就能成为一位经济学家，可见需求和供给在经济学中的基础地位。

供给与需求是指人们在市场上相互交易时的行为。市场是某种产品或服务的一群买者与卖者，买者作为一个群体决定了一种物品的需求，而卖者作为一个群体决定了一种物品的供给。

市场的形式多种多样，某些市场是有组织的，例如农产品市场，许多潜在的买方和卖方的报价被集合在一起，充分竞争，为某类相当单一的物品创造出单一的价格。另一些市场，例如二手物品市场是没有组织的，因为买方和卖方没有广泛接触，产品的质量和新旧不一，竞争对手较少，所以交易的价格会有很大的变动。

本章假设市场是完全竞争的，即卖者所提供和销售的物品是完全相同的，而且买者和卖者的数量非常之多，以至于没有一个买者或卖者可以影响市场价格。由于完全竞争市场上的买者与卖者必须接受市场决定的价格，所以，他们被称为价格接受者。当然，现实中的市场很少能达到完全竞争的程度，在第四章中，我们将详细介绍按竞争程度来划分的市场种类，包括完全竞争市场、完全垄断市场、垄断竞争市场和寡头市场。

在市场上，每一个价格都是一条具有潜在价值的信息，人们可以用它来判断有没有适合的机会。这样的价格越多，价格的表述就越清晰、越准确，知道的人就越多，可供人们选择的机会就越多。在大多数这类选择的决策中，相对价格提供了基本的信息。对于我们能从事的不同任务，我们要考虑我们的能力和能获得的报酬。例如填报高考志愿的学生们想知道他们如果获得经济学学位、工学学位或医学学位将来会有怎样的薪酬收入、职业生涯和发展机遇，而这些又受到未来就业市场上某一专业的人才供给和企业需求的影响。正是在价格机制、供求机制、竞争机制所构成的"看不见的手"的指导下，人们在没有任何强制的情况下，从事专业化生产，并进行分工合作，最终使得市场有效运行。

专栏 3-1

市场与一支铅笔的故事

伦纳德·里德（Leonard E. Read）在《我，铅笔的故事》（1958）一文中向我们介绍了市场机制是如何组织一支不起眼的铅笔的生产的。

铅笔的原料非常复杂。笔杆用的是一种叫作雪松木的木材；笔杆上的油漆不是一层而是六层，油漆中含有硝酸纤维素合成树脂等复杂成分；笔芯里除了石墨，还有黏土和滑石粉；笔帽上的金属圈是用黄铜做的；里面的橡皮是红色的，而红色的颜料，据说是硫化镉。所有这些原料的产地来自世界各地。

铅笔的制造工艺也非常复杂。以其中的笔芯制造为例。首先，需要将石墨与黏土等按一定比例配好；其次，将配好的原料放入机器混匀，并通过压芯机挤压出一定规格的铅芯；再次，经加热干燥和高温焙烧，使其具有一定的强度和硬度；最后油浸处理。仅仅是笔芯制造就需要这么多工艺，如果深究下去，那一支铅笔的生产流程究竟得有多复杂？有多少人会参与到一支铅笔的生产过程中？50人？100人？1000人？都不对，是成千上万的人。

因为，除了生产笔芯，还要生产笔杆、笔帽。要生产笔杆就要锯树，要锯树就要有钢铁，要炼钢就得挖矿，要挖矿就需要工人，工人就得吃饭。工人不仅要吃饭，还得喝咖啡。要喝咖啡，就得从很远的地方运来原料。要航运就得有人造船，要造船……如此推演下去，整个流程就会涉及成千上万的人，涉及一代又一代人的努力。

一支铅笔，将成千上万的人连接在一起，它的神奇之处就在于：第一，世界上没有一个人掌握了制造一支铅笔所需要的全部知识。这些知识从来不可能集中在一个人的大脑里面，但是这支铅笔却做出来了。这是它神奇的第一个地方。第二，每一个参与生产铅笔的人，也不知道自己的努力会导致一支铅笔的产生，每个人只是做了他手头的事情。有些人根本就不知道铅笔是什么，有些人根本就不需要铅笔，但是他们的努力，却使得铅笔能够生产出来。

生产铅笔的这些人，生活在世界各个不同的角落，他们互相不认识，讲着不同的语言，信奉着不同的宗教，甚至可能彼此憎恶。但这都没关系，因为他们能够共同合作，源源不断地制造出铅笔。

更神奇的是，虽然一支铅笔凝聚着成千上万人的努力，积聚着一代又一代人智慧，但是我们购买一支铅笔所要支付的代价却微乎其微。你只要工作十来分钟，赚到的钱就可以买不少铅笔。

到底是什么力量让这么神奇的事情发生的呢？那就是市场，那个让成千上万陌生人互相协作的平台。

资料来源：《薛兆丰经济学讲义》，中信出版社，2018年6月第1版。

第二节　需求原理

1776年，亚当·斯密在《国富论》中提到了著名的"钻石和水价格之谜"：水对于人的生命来说至关重要，但是水的价格却非常低；而钻石对于人的生命来说，一点用都没有，但钻石非常贵，这是为什么？

这一问题直到100年后，在边际革命的影响下，才得到了解决。边际是指新增一单位的A，带来的新增的B。所谓边际效用则是新增一单位的产品消费，所带来的新增的享受。边际效用存在递减规律，即随着产品消费数量的增加，新增的享受必然会下降。

我们每个人每天都喝很多水，但不是每个人每天都买一颗钻石。钻石于人的用处确实远不如水，所以，人们从水的消费中所得的总效用远远大于人们从钻石的使用中所得的总效用。但是，商品的需求价格不是由商品的总效用决定，而是由商品的边际效用决定。

钻石作为一种奢侈品，可以给人们带来炫耀等效用，而且数量很少，所以增加一个单位的钻石消费给消费者带来的效用很大，即钻石边际效用很大，因此消费者愿意以较多的支出来购买。

水的价格取决于它的边际效用，取决于最后一杯水的有用性。由于有如此之多的水，所以，最后一杯水只能以很低的价格出售，即使最初的几滴水的价值相当于生命自身的价值（可能用于解渴），但最后的一些水由于不再需要，仅仅只能用于浇草坪。因此，像水那样非常有用的商品往往以极低的价格出售，因为最后的一滴水几乎一文不值。

当你在沙漠里严重缺水，而整个沙漠只有我拥有水，我卖给你的第一桶水，你会用你的一切，甚至可能是你的钻石来与我交换，这个时候水对你来说就是救命稻草，只要给你这桶水，你什么都会给我，因为没有这桶水你可能会死掉。同样地，第二桶水对你来说也会很珍贵，你可能用它来洗脸刷牙，第三桶水可能还是很珍贵，你会用来储备，以备不时之需。但是接下来，第四、第五桶，直到第20桶，第100桶，你可能需要一个水池来装这些水，这时候第100桶水对你来说就没有第一桶那么珍贵，这时候的你，对新增一单位的水已经没有感觉了，甚至觉得有点麻烦，因为你要找地方存储这些水，如果没地方放你甚至可能会倒掉它，于是水的价格直线下跌。

经济分析本质上就是边际分析。很多经济学家甚至用边际主义这个词来指代我们所谓的"经济学的思维方式"。在一个充满了稀缺性的世界里，人们要权衡利弊，少选择一点甲，是为了多选择一点乙。正因为如此，经济学家才发展了"需求"的概念。需求这个概念把人们想获得某种东西的数量与他们为了得到这些数量要付出的代价联系在一起。这一概念是边际分析极其深入且重要的一个应用。

一种物品的需求量是买者愿意并且能够购买该种物品的数量，任何一种物品的需求量都是由很多因素决定的，但在我们对市场如何运行的分析中，有一种因素起着主要作用——物品的价格。例如，夏天我们可以在便宜实惠的"东北大板"和价格昂贵的"雪糕刺客"中进行选择。如果每根东北大板的价格上升到20元，你必定会少买一些东北大板。在如此昂贵的价格下，你可能会去买一些雪糕刺客。如果每根东北大板的价格下降到0.2元，你就会多买一些。价格与需求量之间的这种关系对于经济中大部分物品来说都是存在的，实际上这种关系非常普遍，因此经济学家将其称之为需求原理。

需求原理指的是在其他条件不变时，一种物品的价格上升，对该物品的需求量减少；一种物品的价格下降，对该物品的需求量增加。

我们可以用需求表来描述需求原理。表3-1表示在不同的价格水平下，小明每个月买多少个东北大板。当价格为0.5元时，小明买10个东北大板。随着价格继续上升，她的需求量越来越少。当价格达到3元时，小明就连一个东北大板都不买了。这个需求表说明了在影响消费者想购买的数量的其他因素都保持不变的情况下，一种产品的价格与其需求量之间的关系。

表3-1　东北大板价格与需求量

东北大板的价格（元）	东北大板的需求量（个）
0.0	12
0.5	10
1.0	8
1.5	6
2.0	4
2.5	2
3.0	0

将表中的数字转换为图来说明需求原理（图3-1）。根据习惯，纵轴代表东北大板的价格，而横轴代表对东北大板的需求量。把价格与需求量联系在一起的曲线被称为

需求曲线。需求曲线向右下方倾斜是因为在其他条件不变的情况下，更低的价格意味着更多的需求量。

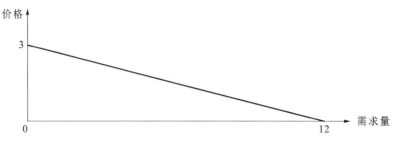

图 3-1 需求曲线

由于市场需求曲线假设其他条件不变，但随着时间的推移，该曲线不一定是稳定的，如果某种因素改变了任何一种既定价格水平下的需求量，需求曲线就会移动。例如，假设卖家想通过雪糕刺客的差异化外形来提升销量，比如将雪糕做成各种可爱的小动物，这将会增加对雪糕刺客的需求。在任何一种既定价格水平下，买者现在想购买更多雪糕刺客，于是雪糕刺客的需求曲线就会移动。

图 3-2 说明了需求曲线的移动。使每一种价格水平下的需求量增加的任何变动，都会使需求曲线向右移动，我们称之为需求增加。使每一种价格水平下的需求量减少的任何变动都会使需求曲线向左移动，我们称之为需求减少。

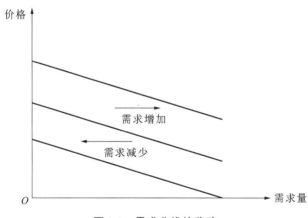

图 3-2 需求曲线的移动

有许多变量会使需求曲线移动，其中的一个因素是收入。如果你父母给你减少了这个月的零花钱，你对雪糕刺客的需求会发生什么变化呢？很可能的情况是，需求会减少。收入降低意味着你的总支出减少，因此你不得不在某些物品上少支出一些。当收入减少时，如果一种物品的需求量减少，这种物品就被称为正常物品。并不是所有物品都是正常物品。当收入减少时，如果一种物品的需求量增加，这种物品就被称为低档物品。低档物品的一个例子是乘坐公共汽车。原来你出门会乘坐出租车，但随着你收入的减少，你可能会减少乘坐出租车的次数，转而去乘坐公共汽车。

相关产品的价格也是影响产品需求的一个重要因素。假设新能源汽车的价格下降，根据需求定理，将有更多人购买新能源汽车，同时燃油车的市场份额将会下降，因为新能源汽车和燃油车都是汽车，它们能满足相似的需求。当一种物品价格下降引起对另一种物品的需求量减少时,这两种物品被称为替代品。现在假设汽油价格上涨,根据需求原理,你将消费更少的汽油,燃油车的市场份额也将下降,与此同时,更多的人会倾向于购买新能源汽车。当一种物品价格下降(或上升)引起另一种物品的需求量增加(或减少)时,这两种物品被称为互补品。

决定需求的最显著因素是偏好。如果你喜欢炫酷的汽车外形和各种辅助驾驶系统,你就会更偏爱购买新能源汽车。经济学家通常并不试图解释人们的偏好,因为偏好属于心理因素。但是,经济学家会考察当偏好变动时,需求会发生什么变化。

对未来的价格预期也会影响你现在对产品的需求。例如,如果你预期明年房价会大幅上涨,你就会趁现在还未涨价赶紧买房。如果你预期明年的房价会下降,你就会不太愿意以现在的价格去买房,而是持币待购,这就会造成住房需求的下降。

除了以上影响单个买者行为的因素以外,市场需求还取决于买者的数量。买新能源汽车的人越多,新能源汽车的需求就越旺盛。

我们可以将以上沿着需求曲线的移动和需求曲线本身的移动过程进行总结,如表3-2所示。需求曲线表示在其他所有影响买者的变量保持不变的情况下,一种物品的价格变动时,该物品的需求量会发生什么变动。当这些其他所有影响买者的变量中的一个变动时,需求曲线就会发生移动。

表 3-2 影响消费者购买物品数量的变量

价格	沿着需求曲线移动
收入	使需求曲线移动
相关物品的价格	使需求曲线移动
爱好	使需求曲线移动
预期	使需求曲线移动
买者的数量	使需求曲线移动

那么,上述的需求原理存在例外吗?英国人吉芬发现,在1845年爱尔兰发生灾荒时,土豆价格急剧上涨,但是它的需求反而增加。这种商品被称为"吉芬商品",这是需求原理的一个反例吗?实际上,造成土豆的需求和价格同方向变化的原因是当年的爱尔兰是一个农业社会,灾荒造成爱尔兰人实际收入下降,土豆作为一种生活必需的低档品,实际收入的下降使得人们不得不增加这类商品的购买。因此,这一反常现象实际上是由收入变化导致的。

假设某些原因使汽油价格上升,消费者将少买汽油,但汽油的消费量会减少多少,你可能想知道一个精确的回答。这个问题可以用被称为"弹性"的概念来回答。我们之前只讨论了需求量变动的方向,而不是变动的大小。为了衡量消费者对这些变量变动的反应程度,经济学家使用弹性的概念。需求价格弹性衡量需求量对价格变动的反应程度。如果一种物品的需求量对价格变动的反应很大,就说这种物品的需求是富有弹性的;如果一种物品的需求量对价格变动的反应很小,就说这种物品的需求是缺乏弹性的。

有相近替代品的物品的需求往往较富有弹性,因为消费者从这种物品转向其他物品较为容易。例如，蔗糖和甜味剂很容易互相替代。蔗糖价格略有上升，就会使其销售量大幅度减少。与此相比，由于鸡蛋是一种没有相近替代品的食物，鸡蛋价格的小幅度上升并不会引起鸡蛋销售量的大幅减少。

必需品的需求往往缺乏弹性，而奢侈品的需求往往富有弹性。例如超市里的普通盐作为生活必需品，很少打折，这是因为即使打对折，大家也不会回家做饭时多放一倍的盐，因此需求量不会有太大变化。而各种健康盐、低钠盐属于非必需品，如果打折能卖到和普通盐相近的价格，其需求就会大幅增加。再如奔驰、宝马、奥迪等豪华品牌汽车近年来频频打折，并且推出了奔驰A级、宝马1系、奥迪A3等入门级的汽车，其原因在于这些豪华品牌汽车的需求富有弹性，降价后销量扩大的百分比超过了价格下降的百分比，其利润反而可以增加。

任何一个市场上的需求弹性都取决于如何划定市场的边界。狭义的市场的需求弹性往往大于宽泛定义的市场的需求弹性，因为狭义市场上的物品更容易找到相近的替代品。例如，食物是一个宽泛的类别，它的需求相当缺乏弹性，因为没有好的食物替代品。雪糕是一个较狭窄的类别，它的需求较富有弹性，因为很容易用其他的冰棒或是冰淇淋来替代。香草雪糕是一个非常狭窄的类别，它的需求非常富有弹性，因为其他口味的雪糕几乎可以完全替代香草雪糕。

物品的需求往往在长期内更富有弹性。当汽油价格上升时，在最初的几个月中，汽油的需求量只是略有减少，因为已经购买汽车的消费者很难在短期改变交通工具。但随着时间的推移，人们会购买更省油的汽车，或购买新能源汽车。几年之后，汽油的需求量会更大幅度地减少。

专栏 3-2

汽车价格战

2023年3月，一组关于"湖北史上最强购车优惠季开启"的宣传海报引发热议，包括东风雪铁龙、东风标致等多家车企联合政府部门推出政企购车补贴。其中，东风雪铁龙C6共创版以综合补贴9万元（厂家补贴4.5万元，政府补贴4.5万元）迅速引发消费者关注，并一度"一车难求"。该车型官方指导价21.68万元，相当于"裸车价"仅12.68万元。

得益于推出的补贴促销活动，拥有东风雪铁龙和东风标致两大法系车品牌的神龙汽车2023年3月的销量增长明显。据盖世汽车相关统计数据，神龙汽车在2023年3月共销售汽车9569辆，环比增长76.42%。不过，神龙汽车为提振旗下两大法系车品牌销量所做的诸多努力还有待进一步发挥效果。据盖世汽车统计数据，截至2023年5月底，神龙汽车累计销量为33067辆，较上年同期下滑约28.12%。而在2023年初，神龙汽车定下了年销15.5万辆的目标。

资料来源：《被曝购车补贴发放逾期、拖欠押金？知名车企紧急回应》，《中国经营报》，2023年7月9日。

第三节　供给原理

一种产品的供给量是卖者愿意并且能够出售的该种物品的数量，它反映出售产品的人的预期收益和预期成本间的比较。决定供给量的因素有许多，我们仍然首先分析价格。例如当雪糕刺客价格较高时，出售雪糕刺客是有利可图的，因此，很多厂商都有生产高价雪糕的动机，供给量也较大。当东北大板价格较低时，出售东北大板的获利较少，因此卖者将供应较少的东北大板。当一些传统冰棒的价格过于低廉时，一些卖者甚至会选择停止生产，其供给量减少为零。价格与供给量之间的这种关系被称为供给原理：在其他条件不变时，一种物品价格上升，该物品供给量增加；一种物品价格下降，该物品供给量减少。

我们用供给表来表示在影响某种物品的生产者想出售数量的其他因素都保持不变的情况下，该物品的价格和供给量之间的关系。表 3-3 中表明了市场上的一个生产雪糕的厂商在各种价格时的供给量。当价格低于 1 元时，生产厂商根本不供给雪糕，这是因为提供雪糕带给他的边际成本要大于卖出一个雪糕所获得的收入。随着价格上升，当价格达到 1 元时，雪糕的价格正好与他生产雪糕的边际成本相等，因此他选择生产一个雪糕。随着价格的不断增加，供给的雪糕数量会越来越多。

表 3-3　雪糕的价格与供给量

价格	供给量
0	0
0.5	0
1	1
1.5	2
2	3
2.5	4
3	5

将表 3-3 的数字转换为图来说明供给原理，如图 3-3 所示。同样，纵轴代表雪糕的价格，而横轴代表雪糕的供给量。把价格与供给量联系在一起的曲线被称为供给曲线。供给曲线向右上方倾斜是因为在其他因素不变的情况下，更高的价格意味着更多的供给量。

由于假设其他因素不变，当这些因素中的一个因素变动时，该曲线将发生移动。例如，假设奶油的价格下降了。奶油是生产雪糕的一种投入品，所以，奶油价格下降使销售雪糕更有利可图，这就增加了雪糕的供给量。在任何一种既定价格水平下，卖者均愿意生产更多的雪糕，其供给曲线向右移动。

图 3-4 说明了供给曲线的移动。使每一种价格水平下的供给量都增加的任何一种变动，都会使供给曲线向右移动，我们称之为供给增加。同样，使每一种价格水平下的供给量都减少的任何一种变动，都会使供给曲线向左移动，我们称之为供给减少。

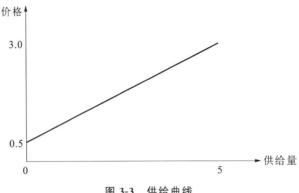

图 3-3　供给曲线

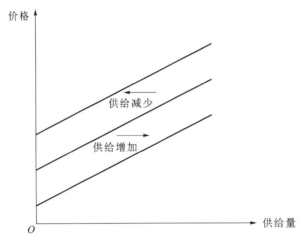

图 3-4　供给曲线的移动

有许多变量会使供给曲线移动。为了生产雪糕，厂商使用各种投入品：奶油、糖、香料、机器设备和厂房，以及搅拌各种材料并操作机器的工人的劳动。当这些投入品中的一种或几种价格上升时，生产成本就会上升，生产雪糕就变得不那么有利可图，企业供给就会变少。如果投入品价格大幅度上升，企业可能会停止营业，根本不再供给雪糕。因此，一种物品的供给量与生产这种物品所用的投入品的价格负相关。

把各种投入品变为产品的技术也是供给量的另一个决定因素。自动化生产雪糕机器的发明减少了生产雪糕所必需的劳动量，我们现在去甜品店买一个现做的甜筒只需等待不到一分钟的时间。这一技术进步通过降低企业的生产成本进而增加了雪糕的供给量。

企业现在的供给量还取决于其对未来的预期。例如，如果预期未来房价会上升，企业就会把现在购买的一些土地囤起来，将来再来开发，而减少当前的市场供给。

除了以上影响单个卖者行为的因素以外，市场供给还取决于这些卖者的数量。如果很多厂商退出了市场，市场供给将减少。

供给曲线表示在其他所有影响卖者的变量保持不变的情况下，一种物品的价格变动时，该物品的供给量发生的变动。当这些变量中的一个变动时，供给曲线就会发生移动。表 3-4 列出了影响生产者出售物品数量的变量。

表 3-4　影响生产者出售物品数量的变量

价格	沿着供给曲线移动
投入品价格	使供给曲线移动
技术	使供给曲线移动
预期	使供给曲线移动
卖者的数量	使供给曲线移动

供给原理表明，价格上升将使供给量增加。供给价格弹性是衡量供给量对价格变动的反应程度。如果供给量对价格变动的反应很大，就说这种物品的供给是富有弹性的；如果供给量对价格变动的反应很小，就说这种物品的供给是缺乏弹性的。

供给价格弹性取决于卖者改变他们所生产的物品量的灵活性。例如，锂矿供给短期缺乏弹性，是因为锂矿的开采量在短期内赶不上新能源汽车对锂电池的需求量，锂矿的价格即使翻番，其产量也很难在短期内提升。决定供给价格弹性的一个关键因素是所考虑的时间长短，供给在长期中的弹性通常都大于短期。在长期下，高昂的锂矿石价格将会极大地刺激企业更多地进行矿产勘探和开发。因此，在长期中，供给量可以对价格变动做出相当大的反应。

第四节　均衡形成

在分别分析了需求和供给之后，现在我们把它们结合起来说明其如何决定产品的价格和销售量。图 3-5 中同时给出了市场供给曲线与市场需求曲线。可以注意到，供给曲线和需求曲线相交于一点，这一点被称为市场的均衡。这两条曲线相交时的价格被称为均衡价格，而相交时的数量被称为均衡数量。均衡一词来源于牛顿力学——牛顿第一定律，是指经济事物中有关的变量在一定条件的相互作用下所达到的一种相对静止的状态。一种商品的均衡价格是指该种商品的市场需求量和市场供给量相等时的价格。在均衡价格水平下，相等的供需数量称为均衡数量。

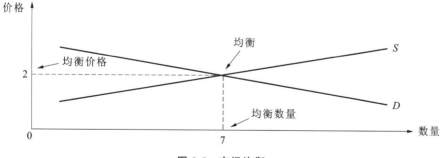

图 3-5　市场均衡

在均衡价格时，买者愿意且能够购买的物品量正好与卖者愿意且能够出售的数量相平衡。均衡价格有时也被称为市场出清价格，因为在这一价格水平下，市场上的每一个人都得到了满足：买者买到了他想买的所有东西，而卖者卖出了他想卖的所有东西。买者与卖者的行为自然而然地使市场向供给与需求的均衡变动。为了说明原因，我们来看一下当市场价格不等于均衡价格时会出现什么情况。

首先假设市场价格高于均衡价格，如图3-6（a）所示。在每个东北大板的价格为2.5元时，物品的供给量（10个东北大板）超过了需求量（4个东北大板）。此时存在物品的过剩：在现行价格下，供给者不能卖出他们想卖的所有物品。过剩有时也被称为超额供给状态。当东北大板市场存在过剩时，东北大板卖者会发现，他们的冰箱装满了越来越多的他们想卖却卖不出去的东北大板。他们对过剩的反应是降低其价格。反过来，价格下降增加了需求量，并减少了供给量。这种变化表现为沿着供给和需求曲线的变动，而不是曲线的移动。价格会持续下降，直到市场达到均衡时为止。

假设现在市场价格低于均衡价格，如图3-6（b）所示。在这种情况下，每个东北大板的价格是1.5元，物品的需求量超过了供给量。此时存在物品的短缺：在现行价格下，需求者不能买到他们想买的所有物品。短缺有时也被称为超额需求状态。当东北大板市场出现短缺时，买者不得不排长队等候购买现有的几个东北大板。由于太多的买者抢购太少的物品，卖者可以抬高自己的价格而不会降低销售量。价格上升引起供给量增加，需求量减少。这种变化又一次表现为沿着供给和需求曲线的变动，并推动市场走向均衡。

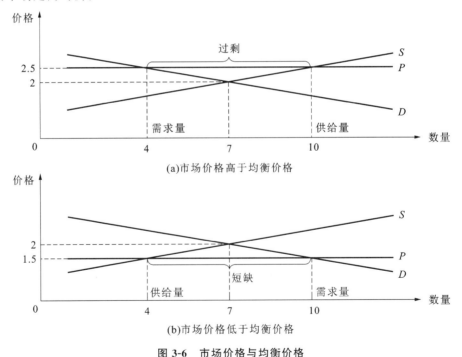

图3-6 市场价格与均衡价格

因此，无论初始价格太高还是太低，许多买者与卖者的交易活动都会自发地使市场价格向均衡价格移动。一旦市场达到其均衡价格，所有买者和卖者都得到满足，也就不存在价格上升或下降的压力。不同市场上达到均衡的速度是不同的，这取决于价格调整的速度。在大多数自由市场上，由于价格最终要变动到其均衡水平，所以，过剩与短缺都只是暂时的。实际上，这种现象非常普遍，因此被称为供求定理：任何一种物品的价格都会自发调整，使该物品的供给与需求达到平衡。

到现在为止,我们已经明白了供给与需求如何共同决定市场均衡,市场均衡又决定了物品价格,以及买者所购买和卖者所生产的该物品的数量。均衡价格和均衡数量取决于供给曲线和需求曲线的位置。当某些事件使其中一条曲线移动时,市场上的均衡就改变了,从而在买者和卖者之间产生新的均衡价格和均衡数量。

当分析某个事件如何影响一个市场上的均衡时,我们按三个步骤进行:首先,我们确定该事件是使供给曲线移动还是使需求曲线移动,还是使两种曲线都移动;其次,我们确定曲线是向右移动,还是向左移动;最后,我们用供求图来比较原来的均衡与新均衡,以说明这种移动如何影响均衡价格和均衡数量。

需求曲线移动时,市场均衡会产生变化。假设某一年夏季,天气特别炎热,这种情况将如何影响冰淇淋市场呢?为了回答这个问题,我们遵循以上三个步骤进行分析。

(1) 天气炎热通过改变人们对东北大板的爱好而影响需求曲线。这就是说,天气改变了人们在任何一种既定价格水平下想购买的东北大板的数量。供给曲线不变,因为天气并不直接影响销售东北大板的企业。

(2) 由于天气炎热使人们想吃更多的东北大板,所以,需求曲线向右移动。图 3-7 表示随着需求曲线从需求 D_1 移动到需求 D_2,需求增加了。这种移动表明,在每种价格水平下,东北大板的需求量都增加了。

(3) 在原有价格为 2 元时,对东北大板有了过剩需求,而且这种短缺引起企业提高价格。如图 3-7 所示,需求增加使均衡价格由 2 元上升到 2.5 元,均衡数量由 7 个增加到 10 个。换句话说,天气炎热提高了东北大板的价格,增加了东北大板的销售量。

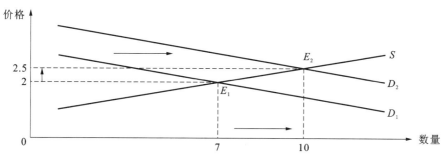

图 3-7 需求曲线移动

曲线的移动与沿着曲线的变动使我们注意到,当天气炎热使东北大板的需求增加,并使其价格上升时,尽管供给曲线仍然相同,但企业供给的东北大板数量增加了。在这种情况下,经济学家会说,"供给量"增加,但"供给"不变。

供给指供给曲线的位置,而供给量指供给者希望出售的数量。在这个例子中,供给没有改变,因为天气炎热并没有改变在任何一种既定价格水平下企业的销售愿望,而是改变了在任何一种既定价格水平下消费者的购买愿望,从而使需求曲线向右移动。需求增加引起均衡价格上升。当价格上升时,供给量增加了。这种供给量的增加表现为沿着供给曲线的变动。

总结一下:供给曲线的移动被称为"供给变动",而需求曲线的移动被称为"需求变动"。沿着一条固定供给曲线的变动被称为"供给量的变动",而沿着一条固定需求曲线的变动被称为"需求量的变动"。

下面我们分析由于供给移动引起的市场均衡变动。假设在另一个夏季，台风摧毁了部分甘蔗田，并使糖的价格上升。这一事件将如何影响市场呢？

（1）作为投入品之一，糖的价格上升影响了东北大板供给曲线。它通过增加生产成本，减少了企业在任何一种既定价格水平下生产并销售的东北大板数量。需求曲线没变，因为投入品成本的增加并没有直接改变家庭希望购买的东北大板数量。

（2）供给曲线向左移动，因为在任何一种价格水平下，企业愿意并能够出售的总量减少了。图3-8表明，随着供给曲线从供给S_1移动到供给S_2，供给减少了。

（3）在2元的原有价格水平上，存在对东北大板的超额需求，这种短缺促使企业提高东北大板的价格。如图3-8所示，供给曲线的移动使均衡价格从2元上升到2.5元，使均衡数量从7个减少为4个。由于糖价上升，东北大板的价格上升了，而销售量减少了。

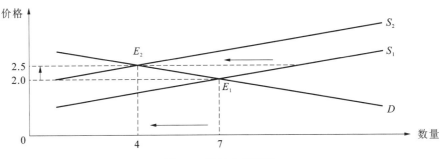

图 3-8　供给曲线移动

供给和需求曲线可能也会同时移动，现在假设天气炎热和台风发生在同一个夏季。为了分析两个事件的共同影响，我们仍遵循三个步骤进行分析。

（1）我们确定，两条曲线都应该移动。天气炎热影响需求曲线，因为它改变了家庭在任何一种既定价格水平下想要购买的东北大板的数量。同时，当台风使糖价上升时，它改变了东北大板的供给曲线，因为它改变了企业在任何一种既定价格水平下想要出售的东北大板的数量。

（2）这两条曲线移动的方向与我们前面的分析中它们的移动方向相同：需求曲线向右移动，而供给曲线向左移动，如图3-9所示。

（3）根据需求和供给移动幅度的相对大小，可能会出现两种结果。在这两种情况下，均衡价格都上升了。在图3-9（a）中，需求大幅度增加，而供给减少很少，均衡数量增加了。与此相比，在图3-9（b）中，供给大幅度减少，而需求增加很少，均衡数量减少了。因此，这些事件肯定会提高东北大板的价格，但它们对东北大板销售量的影响是不确定的。

在学习了供求的均衡之后，我们再来看看政府是如何参与到这个市场中来的。政府可以通过多种方式参与市场，但是本章我们只重点考察政府对商品的限价行为如何影响市场。由于任何一种物品的买者总希望价格更低，而卖者总希望价格更高，所以，这两个群体的利益会产生冲突。如果政府对东北大板销售设置法定最高价格，由于不允许价格上升到这个水平之上，法定最高价格被称为价格上限；与此相反，如果东北大板制造商在游说中成功了，政府就对东北大板设置法定最低价格，由于不允许价格下降到这个水平之下，法定最低价格被称为价格下限。现在我们依次来考察这些政策的影响。

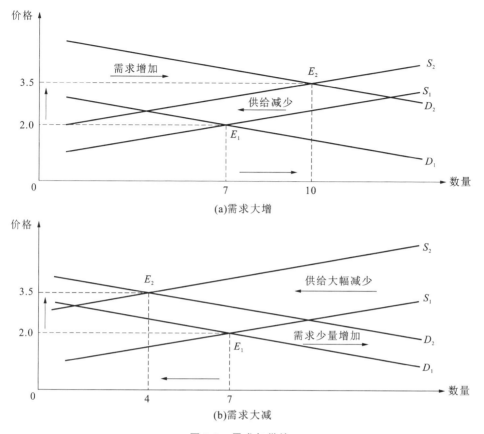

图 3-9 需求与供给

当政府对东北大板市场实行价格上限时，可能有两种结果。在图 3-10（a）中，政府实行每个东北大板 4 元的价格上限。在这种情况下，由于使供求平衡的价格（3 元）低于上限，价格上限是非限制性的。市场力量自然而然地使经济向均衡变动，而且，价格上限对价格或销售量没有影响。

图 3-10（b）表示的是另一种更为有趣的可能结果。在这种情况下，政府实行每个东北大板 2 元的价格上限。由于均衡价格 3 元高于价格上限，所以，价格上限对市场有一种限制性约束。供求力量趋向于使价格向均衡变动，但当市场价格达到上限时，根据法律就不能再上升了。因此，市场价格等于价格上限。在这种价格时，东北大板的需求量（图中的 100 个）超过了供给量（50 个），因此，存在东北大板短缺：在这种价格时，有 50 个想以现行价格购买东北大板的人买不到。这个时候，限制性价格上限引起了短缺。

当由于这种价格上限而出现东北大板短缺时，一些配给东北大板的市场机制自然就会出现。这种机制可能是排长队：那些愿意提前来到并排队等候的人得到一个东北大板，而另一些不愿意等候的人得不到。另一种方法是，卖者可以根据他们自己的个人偏好来分配东北大板，只卖给朋友、亲戚或同一种族或民族的成员。要注意的是，即使设置价格上限的动机是为了帮助东北大板买者，也并不是所有买者都能从这种政策中受益。一些买者尽管不得不排队等候，但他们确实以较低的价格买到了东北大板，而另一些买者根本买不到东北大板。

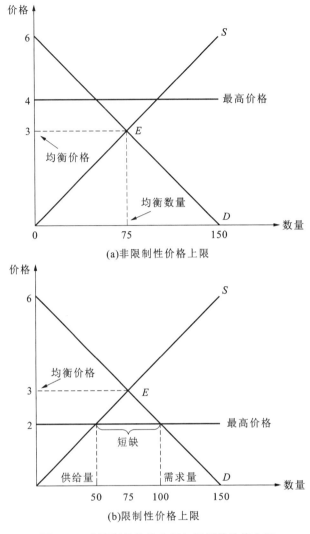

图 3-10 非限制性价格上限与限制性价格上限

东北大板市场上的这个例子说明了一个一般性的结论：当政府对竞争市场实行限制性价格上限时，就产生了物品的短缺，而且，卖者必须在大量潜在买者中配给稀缺物品。这种在价格上限政策下产生的配给机制很少是合意的。排长队是无效率的，因为这样做浪费了买者的时间。基于卖者偏好的歧视既是无效率的（因为该物品并不一定会卖给对它估价最高的买者），也可能是不公平的。与此相比，一个自由竞争市场中的配给机制既是有效率的又是客观的。当东北大板市场达到均衡时，任何一个想支付市场价格的人都可以得到一个东北大板。自由市场用价格来配给物品。

为了考察另一种政府价格控制的影响，我们再次回到东北大板市场。现在设想政府被全国东北大板制造商组织的理由说服了，认为 3 元的均衡价格太低。在这种情况下，政府将制定价格下限。价格下限和价格上限一样，也是政府为了使价格保持在与均衡价格不同的水平上而制定的。价格上限是为价格设置一个法定的最高值，而价格下限是为价格设置一个法定的最低值。

当政府对东北大板市场实行价格下限时，可能有两种结果。当均衡价格是3元时，如果政府确定的价格下限是2元，我们可以从图3-11（a）中得出结果。在这种情况下，由于均衡价格高于价格下限，价格下限没有限制作用。市场力量自然而然地使价格向均衡变动，价格下限没有影响。

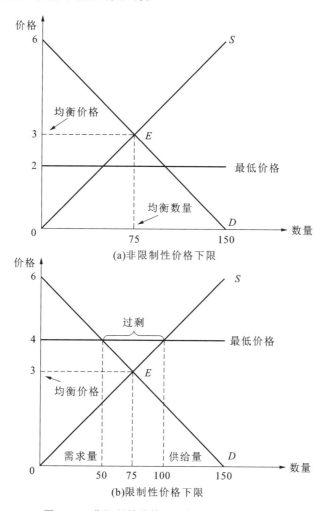

图3-11　非限制性价格下限与限制性价格下限

图3-11（b）表示当政府实行每个东北大板4元的价格下限时出现的情况。在这种情况下，由于均衡价格3元低于价格下限，价格下限对市场有限制性约束。供求力量使价格向均衡价格变动，但当市场价格达到价格下限时，就不能再下降了，此时的市场价格等于价格下限。在这种价格下限时，东北大板的供给量（100个）超过了需求量（50个）。一些想以现行价格销售的人卖不出他们的东北大板。因此，限制性价格下限引起了过剩。

正如价格上限引起的短缺会导致不合意的配给机制一样，价格下限导致的过剩也会带来同样的后果。那些由于买者的个人偏好而受买者青睐的卖者能比其他卖者更容易地出售自己的产品。与此相比，在一个自由市场中，价格起到配置机制的作用，卖者可以以均衡价格卖掉他们想卖的所有东西。

专栏 3-3

房价决定的供求因素

过去的 20 多年时间里,由于城市化进程的不断加速,中国城市房价不断上涨。一方面,一二线的大城市具有较好的教育和医疗资源,以及良好的职业发展空间和经济增长前景,人口快速流入带来的住房需求不断增加。另一方面,土地出让金也是地方财政来源最为重要的组成部分。地产研究机构中指研究院综合全国主要城市 2017—2021 年的土地出让金占一般公共预算收入的比例,对全国主要城市对土地财政的依赖度进行了分析,其中杭州、佛山、南京、武汉、广州、西安等城市的数值均超过了 100%,成都、郑州、三亚、厦门等城市的数值则超过了 80%。这意味着即使在城镇化进程的后期,土地出让金仍远远超过税收收入,是地方财政的主要来源。

对于地方的土地依赖性,中国人民大学经济学院院长刘守英在接受《财经》记者采访时指出,在过去数十年中,急剧膨胀的"土地财政"帮助政府以前所未有的速度积累起原始资本。同时,土地出让金支撑了中国数百座城市的基础设施建设,有力推动了中国经济发展和城镇化、工业化进程。但是,随着城镇化速度减缓以及"以地谋发展"模式下诸多的潜在问题不断累积,土地作为经济增长发动机的功能将难以延续。

三四线城市也曾在棚户区改造的货币化安置方案下,其住房需求得以快速提升,当地房价不断上涨。但从需求侧来看,2022 年年末全国常住人口城镇化率为 65.22%,进一步提升城镇化率的空间有限。随着经济增长的速度放缓,以及人口出生率的降低,房价在近几年也开始出现了下降的趋势。

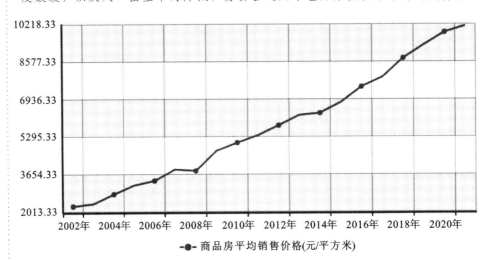

资料来源:《土地出让收入降三成,催促地方经济快转型》,《财经》,2022 年 7 月 28 日。

> **专栏 3-4**
>
> **春节涨价中的经济学**
>
> 新春伊始，涨价成了不少消费者的初体验。理发、餐饮等服务尤为明显，少则翻一倍，多则三四倍，也就是我们平常说的"春节价格"。
>
> "春节式涨价"背后的经济学道理是什么呢？我们来一同探究。
>
> 其最根本的原因，是供求不平衡，准确来说是供小于求。临近过年，大家都想回家陪伴亲人过个好年。随着当地劳动力的转移，导致供给减少，人力成本提高。再加上消费者除旧迎新，想要整理好个人形象迎接新春，洗车、理发、购物等的需求不断增加，此时供小于求。在市场的调节作用下各种生活服务便纷纷涨价。
>
> "春节式涨价"是市场作用下的正常现象，年后价格会自动恢复，消费者对涨价表示理解。可有些商家借机坐地起价，趁节"打劫"，这是非常不理性的行为，这些只看见眼前的利益而忽视长期规律的商家终究会被市场淘汰。

第五节 要素市场的供求与均衡

在完成了产品市场的学习之后，我们将阐述并分析要素市场的基本理论。生产要素是用于生产物品与服务的投入。劳动、土地和资本是三种最重要的生产要素。在许多方面，要素市场类似于我们前面分析的产品市场，但两者在一个重要的方面有所不同：生产要素的需求是派生需求，也就是说，企业的生产要素需求是从它向另一个市场供给物品的决策派生出来的。对电脑程序员的需求与电脑软件的供给有着不可分割的联系，而对加油站服务员的需求与汽油的供给同样密不可分。

我们来观察一个典型的企业，比如一家珍珠奶茶店，如何决定劳动的需求量。该企业每周必须决定雇用多少工人来做奶茶。在企业做出它的雇用决策以后，工人就尽可能多地做奶茶。然后企业出售奶茶，支付工人工资，剩下的就是利润。现在我们做出两个关于企业的假设。第一，假设我们的企业在奶茶市场上和做奶茶的工人市场上都是竞争性的，企业接受市场条件决定的价格和工资，它唯一要决定的是出售多少奶茶和雇用多少工人。第二，我们假设，企业是追求利润最大化的，企业的奶茶供给和工人需求都产生于其利润最大化这个首要目标。图 3-12 横轴是做奶茶的工人数量，纵轴是奶茶产量。这个图阐释了生产函数。

理性人考虑边际量，这是理解企业如何决定雇用多少劳动量的关键。要注意的是，随着工人数量的增加，劳动的边际产量是递减的。也就是说，生产过程表现出边际产量递减的规律。

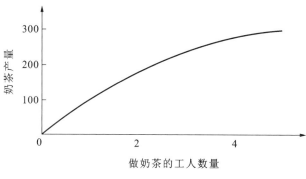

图 3-12 生产函数

利润最大化企业关注生产和销售奶茶所带来的财富。因此，在决定雇用多少工人时，企业会更多地考虑每个工人能带来多少利润。由于利润是总收益减总成本，因此，增加的一个工人的利润是工人对企业收益的贡献减去工人的工资。

在分析了劳动需求后，我们转向市场的另一面来考虑劳动供给。经济人面临权衡取舍。在人的一生中，也许没有一种权衡取舍比工作和闲暇之间的权衡取舍更重要。劳动与闲暇之间的权衡取舍隐藏在劳动供给曲线的背后。

劳动供给曲线反映了工人如何根据这一机会成本的变动做出"劳动-闲暇"权衡取舍的决策。向右上方倾斜的劳动供给曲线意味着，工资上升使工人增加他们供给的劳动量。由于时间是有限的，工作时间越多意味着工人享受闲暇的时间越少。值得注意的是，劳动供给曲线并不一定是向右上方倾斜的。假定你的工资从每小时100元上升到200元，闲暇的机会成本将变大了，但你也比以前更富有了。有了这笔额外的财富，你现在可能会选择去享受更多的闲暇。这就是说，在高工资时，你会选择少工作几小时。如果是这样的话，你的劳动供给曲线会向后弯曲。但是现在我们暂时不考虑向后弯曲的劳动供给曲线的可能性，并假设劳动供给曲线向右上方倾斜。

图 3-13 表示劳动市场均衡。工资和劳动量的自发调整使供求达到平衡。当市场处于这种均衡时，每个企业都已购买了其在均衡工资时有利可图的最大劳动量。

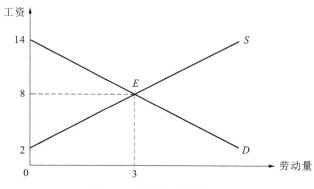

图 3-13 劳动市场的均衡

我们由此得出一个重要的结论：改变劳动供求的任何事件都必定使均衡工资和边际产量值等量变动，因为这两个量必定总是相等的。为了说明这一点如何发生作用，我们考虑几个使这些曲线移动的事件。

假定增加了做奶茶工人的供给。如图 3-14 所示，劳动供给曲线从供给 S_1 向右移动到供给 S_2。现在，在最初的工资时的劳动供给量大于需求量。这种劳动过剩对做奶茶工人的工资产生向下的压力，使得工资下降。工资下降又使企业更多地雇用工人。

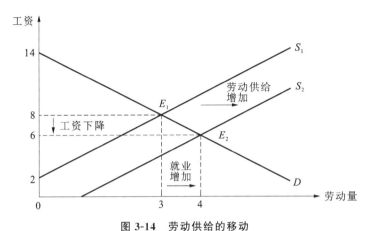

图 3-14　劳动供给的移动

现在假定奶茶受欢迎程度的提高引起了价格上升。在奶茶价格较高时，雇用更多做奶茶工人就变得有利可图了。如图 3-15 所示，当劳动需求从需求 D_1 向右移动到需求 D_2，均衡工资上升，均衡就业量增加。

这种分析表明，一个行业中企业的繁荣程度往往与这个行业中工人的繁荣程度是密切相关的。当奶茶价格上升时，奶茶生产者赚到了更多利润，做奶茶工人也得到了更多的工资。当奶茶价格下降时，奶茶生产者赚到的利润变少了，做奶茶工人的工资也变少了。

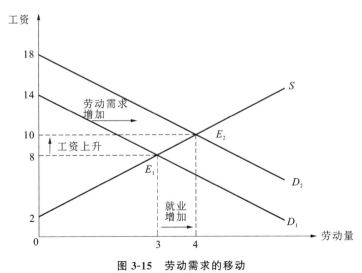

图 3-15　劳动需求的移动

专栏 3-5

数据要素市场

随着信息技术的发展,数字经济成为继农业经济、工业经济后的主要经济发展形态,全球主要国家积极抢占数字经济发展的制高点。数据要素是数字经济发展的关键。数据要素是指参与社会生产经营活动、为使用者或所有者带来经济效益、以电子方式记录的数据资源。

数字经济时代,数据作为全新的、关键的生产要素,与技术、资本、劳动力和土地这些传统生产要素深度融合,能够提升生产效能,促进生产力发展,这些生产要素也成为数字经济深化发展的新引擎。

数据不仅是一个经济学问题,更是一个政治经济学问题。2022年4月,国务院首次将数据要素升格为生产要素;2022年12月,财政部正式将数据要素作为资产处理,开启数据要素市场先声;同期由中共中央、国务院发布的"数据二十条",进一步完善数据产权界定、数据市场体系建设等,推动数据要素市场由量变到质变。

2023年3月,中共中央、国务院印发了《党和国家机构改革方案》,其中提出组建国家数据局,负责协调推进数据基础制度建设,统筹数据资源整合共享和开发利用,以解决跨部门统筹协调难度较大的问题,为数据要素基础制度的建设提供组织保障和机构支撑。

丰富的数据资源能够为千行百业的数字化转型赋能。随着5G高速网络的普及、万物互联场景的实现,大数据有望迎来"喷井期"。据Statista预测,到2025年全球数据流量有望达到181ZB,2021—2025年复合增速为23.03%。中国国内方面,预计到2025年数据量有望达到48ZB,2021—2025年复合增速高达64.22%,大幅高于全球平均水平。同时,国内数据量占全球数据量的比重也将从2021年的8.35%大幅提升至2025年的26.52%。快速增长的数据资源,为我国数字经济高速发展奠定了坚实的基础。

资料来源:《政策密集落地,数据要素万亿市场方兴未艾》,览富财经网,2023年7月25日。

本章小结

本章分析了产品市场和要素市场上的需求与供给。需求曲线表示一种物品的需求量如何取决于价格。根据需求原理,当一种物品价格下降时,需求量增加。因此,需求曲线向右下方倾斜。除了价格之外,决定需求量的其他因素包括收入、偏好、预期，以及替代品和互补品的价格等。如果这些其他决定因素中的一种改变了，需求曲线移动。供给曲线表示一种物品的供给量如何取决于价格。根据供给原理，当一种物品价格上升时，供给量增加。因此，供给曲线向右上方倾斜。除了价格之外，决定供给量的其他因素包括投入价格、技术，以及预期等。如果这些其他决定因素中的一种改变了，供给曲线移动。供给与需求曲线相交的位置决定了市场均衡。在均衡价格时，需求量等于供给量。买者与卖者的行为自然而然地使市场趋向于均衡。当市场价格高于均衡价格时，存在超额供给，这引起市场价格下降；当市场价格低于均衡价格时，存在超额需求，这引起市场价格上升。

思考题

1. 请用供求定理分析在过去的二十多年里，中国一二线城市房价为何不断上涨？三四线城市又为何上涨？最近两年房价为何开始下跌？未来的房价变化趋势会如何？
2. 人工智能越来越能准确预测消费者的需求，未来有没有可能取代市场，直接由一个超级人工智能来决定全世界产品的供给和需求的数量，为什么？
3. 从收益和成本决定供给来看，为什么中国的年轻人越来越不愿意生育，导致出生人口不断下降？
4. 为什么到了节假日，火车票一票难求，但机票却相对容易购买到，只是折扣较少？
5. 为什么超市里的普通盐几乎不会打折促销，而豪华品牌汽车却经常大幅度打折促销？
6. 人工智能会对劳动力市场产生什么样的短期和长期影响？人工智能的兴起会增加还是减少未来的就业？

名词索引

◆ 需求：一种商品（或服务）的需求源于家庭或者消费者的欲望，表现为对该商品有支付能力的需要。消费者对某种商品的需求可以用需求表、需求曲线和需求函数三种形式表示。

◆ 需求规律：在其他条件不变的情况下，需求量与价格之间呈反方向变动关系。

◆ 需求的价格弹性：在一个特定时期内，一种商品的需求量相对变动对该商品价格相对变动的反应程度。

◆ 供给：在某一特定时期内，对于一个给定的价格，生产者愿意并且能够提供的商品数量被称为该价格下的供给量。供给也可以由供给表、供给曲线和供给函数三种形式表示。

◆ **供给规律**：在其他条件不变的情况下，某种商品的价格越高，生产者对该商品的供给量就越大；反之，商品的价格越低，供给量就越小。

◆ **均衡**：经济系统中的某一特定经济单位、经济变量或市场等，在一系列经济力量的相互制约下所达到的一种相对静止并保持不变的状态。

◆ **均衡价格和均衡数量**：市场均衡是指市场供给等于市场需求的一种状态。当一种商品的市场处于均衡状态时，市场价格恰好使得该商品的市场需求量等于市场供给量，这一价格被称为该商品的市场均衡价格。换句话说，市场处于均衡的条件是，市场需求量等于市场供给量，此时的价格为均衡价格。对应于均衡价格，供求相等的数量被称为均衡数量。

◆ **生产函数**：在技术水平不变的条件下，企业在一定时期内使用的各种生产要素数量与它们所能生产的最大产量之间的关系。

◆ **劳动供给与闲暇需求**：劳动供给问题可以看成是消费者如何决定其固定的时间资源中闲暇所占的份额，或者如何决定其全部资源在闲暇和劳动供给两种用途上的分配。

3-1
课堂讨论

第四章

竞争与垄断

■ 第一节 引言

当我们想要为晚饭购买食材时,同一种食材可以在多家超市和菜场中找到;当我们想签订手机通话合约时,市面上却只有三家移动服务公司供我们选择;当我们购买个人计算机时,有诸多品牌供我们选择,而安装操作系统时往往只有微软公司的Windows操作系统。为什么超市、菜场甚至街边摊点可以售卖几乎相同的蔬菜水果?为什么市面上却没有产生如菜场一般多的移动服务公司?为什么生产计算机的厂商繁多,却没有更多独立开发的操作系统?

想要回答以上问题,我们就必须了解更多市场的知识。在本章中,我们将学习如何描述市场,了解一系列的市场结构,理解不同市场结构与企业市场势力的关系,认识企业的市场势力如何影响价格和生产。

市场势力(market power)是产业经济学的核心概念,指企业能够将价格水平维持在显著高于成本之上或提供劣质服务却不会丢失众多客户的能力。自亚当·斯密开始,经济学家就意识到当企业拥有市场势力时,可能会通过勾结、协议等手段限制其所在行业的竞争,获取高额利润。由于竞争是市场机制顺利运行的关键,市场势力的存在可能会导致市场失灵。因此,政府需要通过设立市场竞争规则,鼓励市场竞争,打击滥用市场势力的行为。

本章的主要任务是:首先基于对生活现象的观察,了解如何描述市场;其次,分析不同市场结构与企业市场势力的关系,探讨在不同市场结构中,市场价格、社会福利和生产效率的变化;再次,进一步分析竞争的目的和作用;最后,探讨政府如何通过产业政策鼓励竞争,打击垄断行为,维护市场秩序。

第二节 市场的定义

商界人士、记者、政治人物和普通消费者经常讨论各种市场,如石油市场、房地产市场、债券市场、劳动力市场,以及各种商品和服务市场。然而,"市场"一词经常被赋予模糊或带有误导性的含义。在经济学中,市场占据着核心位置,这促使经济学家在定义市场及其特征时,力求清晰准确。

要了解什么是市场以及市场如何运作,最简单的方法就是根据功能将单个经济单位分为两大类——买方和卖方。买方既包括购买商品和服务的消费者,也包括购买用于生产商品和服务的劳动力、资本和原材料的企业。卖方包括出售商品和服务的企业、出售劳动服务的工人,以及向企业出租土地或出售矿产资源的资源所有者。显然,大多数人和大多数公司既是买方也是卖方,为了方便起见,当他们买东西时,我们把他们简单地视为买方,而当他们卖东西时,把他们简单地视为卖方。

从一般意义上来说,市场是买方和卖方的集合,双方一起互动形成市场。在市场中,买卖双方通过实际或潜在的交互,决定一种产品或一组产品的价格。例如,在个人计算机市场上,买方是商业公司、家庭和学生;卖方是联想、戴尔、苹果和其他一些公司。因此,定义市场可以从特定商品出发,确定其中应该包括哪些买家和卖家。

然而,确定市场并非易事。为了确定应该包括哪些买家和卖家,我们还需要确定市场的范围,即其地理边界和应该包含的产品范围。对于一些商品来说,应该在非常有限的地理范围内描述其市场。房地产是一个很好的例子。大多数在武汉工作的人会寻找通勤距离近的住房,即使房屋价格再便宜,他们也很少会考虑襄阳或者宜昌的房屋。因此,武汉的房地产市场与宜昌、襄阳的房地产市场是分开的,且是不同的。同样地,零售汽油市场虽然在地理上不受限制,但由于长距离运输汽油的费用较高,它们仍然是地区性的。因此,湖北省的汽油市场与黑龙江省的汽油市场是不同的。

除了地理边界,我们还应仔细考虑市场中应包含的产品范围。例如,在单反相机市场中,很多品牌和厂商推出多款产品进行竞争。为了方便携带,微单相机如今大行其道。那么,微单相机是否可以与单反相机视为同一个市场?也许可以,因为两者的功能存在一定的可替代性。但是,点拍式"傻瓜"数码相机是否也应该与单反相机视为同一个市场呢?也许就不应该了,因为二者通常用于不同的消费目的,意图购买单反相机的消费者往往不会考虑"傻瓜相机",二者之间不存在竞争关系。我们再来看看汽油的例子。92 号、95 号和 98 号汽油可以被视为同一个市场的一部分,因为大多数消费者可以使用其中的任何一种。然而,柴油燃料不属于这个市场,因为使用普通汽油的车辆无法使用柴油燃料,反之亦然。

第三节　最小市场势力：完全竞争市场

企业在进入一个市场之前，通常会进行市场调研，了解现有市场中的产品及其区分度、买方和卖方数量、市场准入要求等。这些条件决定了一个市场中的竞争激励程度，不仅影响企业的经营决策，也与每一位消费者的生活息息相关。为了更好地了解不同的市场结构对经济活动的影响，经济学家设想了一个完美的虚拟市场——完全竞争市场。

一个完全竞争市场具备以下三个特征，作为基准。

（1）市场中存在数量众多的，规模相对较小的卖家和买家提供和需求相同的商品，因此买卖双方都是价格的接受者。

（2）市场中卖方可以自由进入或退出市场，不存在任何市场准入限制。

（3）市场中所有参与者（买方和卖方）对市场的相关因素都有完全的信息，可以对买卖产品做出合理的决定。

因为许多企业在市场上竞争，每家企业都面临着大量针对其产品的直接竞争对手。由于每个单独的企业销售的总市场产量比例相对较小，其决策对市场价格没有影响。因此，每家企业将市场价格视为已经给定。简而言之，在完全竞争市场中，企业是价格接受者。举例来说，假设你是一家蔬菜分销公司的老板。你从经销商购买蔬菜，并以批发价将其转售给小型超市和零售摊点。不幸的是，你只是众多分销商中的一员。因此，你发现你与你的客户几乎没有谈判的空间。如果你不提供由市场决定的竞争价格，你的客户将会选择去其他地方购买。此外，你知道你售出的蔬菜数量对蔬菜的批发价格几乎没有影响。因此，在完全竞争市场中，企业没有随意制定价格的权力，即卖方没有市场势力。

价格接受的假设也同样适用于消费者。在一个完全竞争的市场中，每个消费者购买的产品总产量比例非常小，对市场价格没有影响，因此也将价格视为给定的。

价格接受行为通常出现在企业生产完全相同或几乎相同的产品市场上。当市场上所有企业的产品都可以完全彼此替代，即它们是同质的，那么任何企业都不能将其产品价格提高到其他企业的价格以上，否则将失去大部分或全部的生意。完全竞争市场是非常罕见的，实际上，大多数企业都有一定自由设定自己的价格。在现实生活中，标准化的农产品市场可以看作是近似完全竞争市场的一个典型例子。虽然小麦、大豆、马铃薯等农作物产自不同的产区，甚至不同的国家，但经过农业标准化分级后，同一级别的农作物被视为完全相同的产品。除农产品外，石油、汽油、铜、铁、木材、棉花和钢板等原材料也是相对同质的。经济学家将这种同质性的产品称为商品（commodities）。

在后面的分析中我们会看到，当产品是异质的时候，每个企业都有机会将其价格提高到竞争对手之上，而不必担心失去所有销售额。例如，冰激凌品牌钟薛高使用了不同的原料，被部分消费者认为是高品质的产品，因此钟薛高便以更高的价格出售。在完全竞争市场中，同质性的假设非常重要，因为它确保存在一个单一的市场价格。

完全竞争市场的第二个特征——企业可以自由的进入和退出一个市场，意味着没有特殊成本使得新企业难以进入一个产业并从事生产，或者在无法盈利时难以快速退出。限制进入的特殊成本是指一个新进入市场的企业需要承担的成本，而已经在生产的企业不需要承担。例如，制药行业是不完全竞争市场，因为默沙东、辉瑞等公司拥有独家生产的药品专利权。任何新的企业想要进入市场，要么研发属于自己的药物，要么就必须向市场上已有的一家或多家企业支付大量的许可费用。而研发支出或许可费用可能限制新企业进入市场的能力。

自由进出的假设对于竞争的有效性非常重要。它意味着如果一个企业看到了盈利机会，它可以自由地进入一个产业；如果企业亏损，它也可以自由地退出。因此，一个企业可以根据需要雇用劳动力，购买资本和原材料，并且如果想要关闭或迁移企业，可以释放或调动这些生产要素。在这个假设下，如果一个产业内存在价格高于生产成本，即正的利润率，那么更多的企业就会进入到市场中，直到价格降低到与经济中的平均投资回报相同的水平。因此，完全竞争市场中的企业经济利润为0。

虽然完全竞争市场的假设中包括数量众多的卖方，但现实生活中并不是企业数量众多的市场就是完全竞争市场，同样，一个市场中企业数量少也不代表竞争不充分。例如，即便是在仅有几家企业的市场中，如果企业的产品之间可替代性很强，那么企业之间面临的竞争也会十分地激烈。

一、完全竞争市场的优势

经济学家往往不遗余力地赞美市场竞争。由于商品是同质的，商品之间存在完全替代性，因此企业之间的竞争达到最大。这种竞争的特性使得完全竞争市场成为效率最高、社会福利最大的市场结构。

首先，完全竞争市场中的竞争性可以促使微观经济保持高效率运行。完全竞争市场中，没有任何企业有市场势力可以左右市场运行，因此所有的分配和生产决策都是由亚当·斯密提出的"看不见的手"——市场机制来进行调节。生产效率低下的企业会在竞争中被迫退出市场，只有生产效率高的企业得以留下。同时，拥有更高效率的企业随时可以进入市场参与竞争。在这样的过程中，企业只有不断发挥积极性和创造性，提高生产效率，才能在市场竞争中存活下来。

其次，完全竞争市场可以促进生产效率最大化。完全竞争市场中，商品以最低的成本生产和销售。由于企业都是价格的接受者，如果企业想要获得最大化利润，就必须以最低的成本进行生产。同时，企业的产量也需要位于平均成本处于最低点时对应的产量，即长期中最优的产量值。生产者以最低的成本生产出最高产量的产品，这是一种最佳规模的生产，没有浪费任何资源和生产能力，实现了生产效率的最大化。

再次，完全竞争市场提高了资源的配置效率。配置效率是指企业生产的产品能够最大限度满足社会的喜好。在完全竞争市场中，由于商品之间的可替代性，如果某个供应商的产品不符合大众的喜好，那么消费者可以自由地选择其他供应商的产品。因此，资源能够源源不断地自由流向最能满足消费者需要的生产企业，在资源的不断流动过程中也实现了资源在不同用途间、不同效益间和不同生产过程中的有效选择,实现了资源的有效配置。

最后,对于消费者和企业双方而言,完全竞争市场可以最大化社会福利。社会福利包含两个方面:消费者的福利和生产者的福利。对于消费者而言,完全竞争市场使得消费者的净收益达到了最大。每个消费者对于一个产品,其内心都有一个愿意支付的最高价格,这个价格与消费者实际支付的价格之差就是一个消费者对这个产品的净收益,也称为"消费者剩余"。由于完全竞争市场中价格已经等于成本,因此消费者可以获得最大的消费者剩余。同时,一个企业在销售一个产品时,会有一个最低要求价格,即生产产品的机会成本。实际市场价格与最低要求价格之间的差值被称为"生产者剩余"。由于市场中存在数量众多的消费者,因此能够在完全竞争市场存活的企业也不必担心产品的销路。所以,完全竞争市场可以提供最大的生产者剩余。完全竞争市场既能提供最大化的消费者剩余,也可以提供最大化的生产者剩余,那么二者结合,我们可以得知,社会福利(社会总剩余)也在完全竞争市场中实现了最大化。

在完全竞争市场中,充分的竞争和消费者的选择权使得企业追求最高的生产效率,同时市场价格等于边际成本,实现了最高的配置效率。这使得完全竞争市场成为产出最优且资源配置最有效的市场结构。因此,经济学家通常将完全竞争市场作为标准,分析其他市场结构与行为。

专栏 4-1

完全竞争市场的福利分析

完全竞争市场对社会福利的影响可以通过"需求-供给曲线图"进行表示。图 4-1 中 Q 代表数量,P 代表价格,需求曲线(D)代表了边际消费者最高的支付意愿,供给曲线(S)代表了生产者的最低要求价格。需求曲线与供给曲线的交汇处即为市场均衡的价格。因此,横线阴影三角形(CS)代表了消费者的剩余,斜线阴影三角形(PS)代表了生产者的剩余。因此在完全竞争市场中,社会福利得到了最大化。

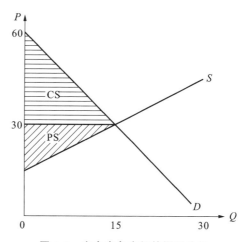

图 4-1 完全竞争市场的福利分析

第四节　最大市场势力：完全垄断

完全竞争市场的假设要求同时存在大量的企业和大量的消费者。在这里，我们将转向另一个极端，考察垄断的市场结构，即市场中存在大量的消费者，但仅有一个企业进行生产、提供产品。

"垄断"一词并非近现代才有。早在两千多年前，就出现了垄断现象并被记录于册。《孟子》中有载："必求垄断而登之，以左右望而网市利。"该记录概括了"垄断"一词的核心内容，即通过独自把控市场来获取更大利润。这种左右市场的能力在历朝历代均有出现，例如历史上国家对盐的专营可以追溯至春秋时期，管仲相齐，开中国盐法之始，官收、官运、官销。这种中国古代政府对某些商品实行专卖的行为被称为禁榷。此后，除了盐之外，茶叶和铁也相继被纳入禁榷的范围。两宋时期，禁榷制度空前发展，茶叶、药品、酒、香料、铁、煤炭等都在禁榷之列，政府从中攫取厚利，补贴国库。

为什么古代政府要对盐、铁、茶叶等物品实行垄断呢？

在前面的学习中，我们知道完全竞争市场中的企业没有任何的市场势力，仅能做市场价格的接受者。在垄断市场中，情况恰恰相反。因为仅有一个企业进行生产、提供市场上所有的产品，这时企业拥有最大的市场势力，于是企业从价格的接受者变成了价格的制定者。

当然，即使垄断企业拥有了自主定价的权力，也仍旧无法随意制定价格。价格制定太高，很多消费者就没有能力购买产品；价格制定太低，卖出的产品利润就会减少。所以，垄断企业也要遵守利润最大化的原则，最优化选择生产数量和相应的市场价格。

让我们从一个例子中分析垄断企业的定价原则。假设某企业成功开发了时空旅行穿梭机，现在需要决定生产数量和市场价格。根据调研团队的分析，市场上共有 5 个潜在的购买者，最高支付意愿分别是 1000 万元、800 万元、600 万元、300 万元和 100 万元。在这里我们假设垄断企业只能制定一个市场价格，那么为了企业能够实现最大利益，该企业的 CEO 应如何选择？

假设时空穿梭机的生产成本为 200 万元，如果将价格设定为 1000 万元，那么公司只能卖出一台，获利 800 万元。这时，如果企业愿意将价格降低至 800 万元，那么可以销售 2 台，获利 1200 万元。企业是否有动力再继续降低价格至 600 万元，甚至 300 万元呢？答案是否定的。当价格为 600 万元时，生产企业的获利也是 1200 万元，而价格降至 300 万元时，利润反而降低到只有 400 万元。因此，垄断企业为了利润最大化，只会生产并销售 2 台时空旅行穿梭机。

如果上述市场是一个完全竞争市场，价格会发生什么变化呢？根据我们前面学过的知识，在完全竞争的市场中价格等于产品的边际成本，因此市场价格会降低至 200 万元，共有 4 台时空旅行穿梭机出售，而企业的利润这时是 0。

从这个例子中，我们可以看到，在完全竞争市场中，企业接受市场价格，获得的经济利润为 0；而在垄断市场中，由于可以自由定价，企业能够通过生产更少的产品，制定更高的价格来获取最高的利润。因此，中国古代政府通过垄断盐、铁、药品等市场，获取高额的利润，充盈国库。

一、垄断市场的产生

中国古代政府的盐铁官营垄断是通过政府的强制命令实现的。在现代社会中，是否存在垄断市场？垄断市场又是怎样产生的呢？

要鉴别一个市场是否是垄断市场，最直接的方法就是看产品是否由单一企业提供，且产品没有相近的替代品。垄断市场中的高额的利润应当会吸引投资者试图进入市场，但由于进入壁垒的存在使得其他企业无法参与市场竞争。而产生壁垒的原因主要包括专利权、网络外部性、政府管制、关键资源被单个企业拥有或控制，以及生产上具有巨大的规模经济。

1. 专利权

是指发明者在一段时间内（当前国际惯例是 20 年）独家销售产品的权力。例如，很多药品企业获得的药品专利权。复兴凯特公司的阿基仑赛注射液，就是依靠其专利带来的垄断地位卖出了 120 万元一针的天价。

2. 网络外部性

当某个产品对一个消费者的价值随着使用这个产品的消费者数量的增加而增加时，这个产品就具有了网络外部性。例如，使用同一种计算机系统的用户越多，分享文件和代码的机会就会越大。网络外部性使得企业具有强大的优势，可能会阻止新的企业进入市场。拥有平台的企业往往成为垄断商，拥有巨大的市场势力。

3. 政府管制

政府管制创造垄断。正如古代社会的政府垄断，如果政府给予某个企业排他性地生产某种产品或服务的权利，那么企业就获得了垄断市场的权利去垄断资源。

4. 关键资源被单个企业拥有或控制

如果生产产品所需的资源被一家企业所拥有，那么企业也可以垄断市场。例如南非钻石公司戴比尔斯，曾经一度控制全世界钻石产量的 90%，对全球钻石价格产生了巨大影响。

5. 巨大的规模经济

当生产上存在巨大的规模经济，自然垄断就可能会产生。自然垄断指的是某一种商品或服务的生产和销售过程中，由于技术、经济或法律等方面的原因，只能由一家或少数几家企业有效地提供，而其他企业难以进入或无法在市场上取得足够的竞争地位的情况。在自然垄断下，单一或少数几家企业可以在市场上实际享有垄断地位，因为高度集中的生产和供应能力使得新进入者难以进入市场，也难以在成本和效率上与现有企业竞争。自然垄断通常出现在以下情况。

（1）高固定成本：在某些行业中，初始的投资和固定成本非常高，例如电力、水务、铁路等领域。这些高成本会让新进入者难以在短期内达到规模经济，从而难以与现有企业竞争。

（2）规模经济：自然垄断行业的生产规模经济效益非常强。随着产量的增加，单位成本会逐渐下降。这使得大企业可以以更低的成本生产，从而排挤了小规模竞争对手。

（3）技术优势：有些领域的技术和专业知识对于提供服务是必要的，新企业可能无法轻易获取这些技术和知识。

（4）基础设施：一些领域需要建立广泛的基础设施，如交通运输、通信等。这些基础设施需要大量的投资和时间，新企业可能难以快速建立起具有竞争性的基础设施。

专栏 4-2

电力行业与自然垄断

中国电力行业长期以来一直存在自然垄断现象，这主要源于电力生产和分配的特殊性质，以及相关的市场和技术条件。20世纪初期，中国电力行业刚刚起步，各地方电力公司独立发展，形成了分散的电力产业格局。由于电力生产需要大规模的投资和基础设施，初期电力公司主要集中在大城市和工业区域，形成了一种局部性的垄断现象。随着国家对电力行业的重视，中国政府开始逐步实施对电力行业的集中管理和控制。到20世纪中叶，中国政府逐步建立了国家电力公司，对电力行业进行了整合和垄断控制。这种垄断控制有助于提高电力供应的稳定性和安全性，但也导致了行业内缺乏竞争，可能出现服务质量不足和效率低下的问题。电力生产需要大规模的基础设施，如发电厂、输电线路和变电站等，以及稳定的电力网络来保障供电。由于这些基础设施的建设和运维成本较高，新进入者难以迅速进入市场竞争。此外，电力供应也涉及公共利益和安全问题，需要进行有效的监管和规划，因此具有自然垄断的特征。随着中国市场经济的发展，电力行业逐渐进行了市场化改革。在20世纪90年代，中国电力体制进行了分业改革，将电力的发电、输电、配电等环节进行了分离，引入了竞争机制。然而，由于电力行业的特殊性质，分业改革仍然存在一定的困难和挑战。随着市场化改革的推进，中国电力行业逐步引入了竞争元素，允许民营和外资企业参与电力生产和分配。政府也加强了对电力市场的监管，确保公平竞争和维护消费者权益。

> **专栏 4-3**
>
> ### 计划经济中的垄断——农产品统购统销政策
>
> 1953 年,中国正式实施第一个五年计划,这标志着大规模的工业化建设的开始。然而,工业化的迅速发展引发了一个严峻问题,即粮食供应不足。为了解决这一问题,政府在农村地区采取了一项被称为"统购统销政策"的举措。
>
> 具体而言,统购政策规定农民需要将满足政府购买任务要求的一定数量的粮食和棉花交售给国家,然后才能将剩余的产品卖向农村的农贸市场。由于国家成为唯一的购买者,因此可以自由定价。最初,统购政策只涉及粮食和棉花,但从 1954 年开始,几乎所有的农产品,如芝麻、花生、鸡蛋等,都纳入了统购范围。同时,城市也实行了统销制度,即国家统一计划销售对象和销售企业,同时通过粮票、布票、油票等方式实行必需品的统一购买计划。
>
> 这一政策使政府成为农产品市场中唯一的买家和卖家,从而获得了巨大的市场影响力,形成了对农产品的国家垄断。这种统购统销制度背后的动机源自我国计划经济时期实施的重工业优先发展战略。通过强制降低粮食等农产品的收购价格,政府创造了工农产品价差,为重工业的资本积累提供了基础。然而,国家统一价格的统购统销政策严重影响了农民的生产积极性,进而影响了粮食产量,阻碍了农业经济的发展。

二、垄断市场的危害

垄断是否是一种好的市场组织模式呢?

《大富翁》是一款陪伴很多人的童年的桌游。在游戏中,玩家需要通过购买、交易地产获取资本,以期最终成为游戏中最大的资本家。《大富翁》游戏的英文名字就是垄断的英文翻译"monopoly"。在玩大富翁游戏时,每个人代入的是垄断企业的视角,不断扩大的市场势力(例如,集齐游戏中相同颜色的所有产业)允许玩家收取高额租金,这让作为玩家的垄断方十分合意。但如果我们作为普通居民生活在游戏中,那么垄断的世界就不那么美妙了。

我们可以从前面的时空旅行穿梭机的例子中看到,与完全竞争市场中的企业相比,垄断企业收取高于边际成本的价格,市场中产品的数量也小于完全竞争市场中的均衡数量。因此,存在一部分消费者在完全竞争市场时可以购买产品,但是在垄断市场中就无法负担垄断商给出的价格的情况(想象一下,原本你可以购买的房子,在《大富翁》的世界里变得遥不可及了)。这导致了原本可以存在的交易,在垄断市场中消失了。这部分消失的交易造成的社会损失被称为"无谓损失(deadweight loss)"。无谓损失的存在意味着垄断市场的社会福利小于完全竞争市场。

无谓损失的存在意味着社会福利的缺失。对于垄断企业而言，一部分市场交易因为自己单一的定价模式而未能实现，也就造成了利润的流失。但狡猾的垄断商马上就会想到，如果自己可以根据客户群体制定不同的价格，也许就可以减少无谓损失，提高企业效益。可是，这应该如何做到呢？

一种简单而直接的思路就是"看人下菜碟"，对不同的顾客收取不同的价格，这种行为被我们称为"价格歧视"。在日常生活中，我们经常遇到价格歧视。例如，一个电子产品刚刚问世时，往往价格很高；但随着时间推移，产品价格就会慢慢下降。又如，当我们购买第二杯饮品的时候，可以享受半价；工作日去看电影学生票可以半价等。垄断企业根据消费者的地域、年龄、性别、时间偏好等特征设定价格，从而获取比单一价格更多的市场份额。

垄断市场的另一个危害是企业会运用各种方式寻求垄断地位。因为垄断带来的丰厚利润，企业会不惜重金游说政府以获取特许经营权等，并设立市场进入的壁垒，从而获得市场垄断势力。我们将这种行为称为寻租（rent seeking），即利用公共政策获取经济利润的行为。寻租是无效率的，它使得原本可以用于生产或消费的资源被浪费了。例如，从事游说行业的人可以从事制造或者发明。在很多发展中国家经济建设初期，寻租行为往往较为常见，政府官员将建设许可权交给经济租金最高的企业，而非最有效率的企业，造成了社会资源的浪费。

当然，垄断也并非完全负面。专利是一种政府赋予的垄断权力。从社会的角度看，通过专利给予公司垄断权力是有益的。正是因为专利下垄断势力带来的高额利润，使得原本因为研发成本较高而无法生产的产品得以面世。

第五节　在垄断和完全竞争之间：垄断竞争

当你想要购买一杯奶茶时，同一条街道上往往有多家奶茶店：蜜雪冰城、茶颜悦色、一点点、茶百道等。每一家奶茶店的产品都有些相似，但又有各自的不同。那么，奶茶市场属于哪一种市场结构呢？一方面，奶茶市场是有竞争性的。制作一杯奶茶的成本、技术和资金要求并不是很高，企业可以较为容易地进入市场，所以单杯奶茶的利润空间并不是很大。另一方面，奶茶的市场又是垄断的。因为每家奶茶店都有自己相应的特色，各家的奶茶产品在口感、用料和风味等方面都各有不同，奶茶店在某种程度上可以自由决定价格，而非接受价格。因此，奶茶市场既不是完全竞争市场，也不是完全垄断市场。

在日常生活中，我们很少见到真正的由一家企业垄断生产全部产品的市场，也很少见到企业在市场中完全没有任何市场势力。更多的时候，我们见到的是介于完全垄断与完全竞争之间的市场结构。在这些市场结构中，企业都具有一定的市场势力，但同时也面临其他企业的竞争。像这种介于完全竞争与垄断之间的市场结构，经济学家统称为不完全竞争。

在不完全竞争市场中，如果市场内只有几家企业，每家企业都提供与其他企业相似或相同的产品，市场集中率很高，那么这样的市场结构就称为寡头市场。在我国经济中，电信行业是典型的寡头市场，中国移动、中国联通和中国电信三家运营商控制了绝大多数的市场份额。市场高度集中的行业还包括在线支付行业、快递物流行业和近年来兴起的电商行业等。

专栏 4-4

市场集中率

市场集中率是一个用于衡量市场竞争程度的指标，它描述了市场上一小部分企业或参与者在市场总体中所占的比重。市场集中率越高，说明市场上的少数企业或参与者控制了更大比例的市场份额；反之，市场集中率越低，控制的市场份额就越分散。

市场集中率通常通过一些常用的计算公式来衡量，其中最常见的是"四大企业集中率"和"赫芬达尔指数"。

(1) 四大企业集中率（four-firm concentration ratio）：衡量市场上前四家企业在市场总销售额中所占比例的指标。当四大企业集中率高于一定阈值（通常为40%或50%）时，表示市场具有相对较高的集中度。

(2) 赫芬达尔指数（Herfindahl-Hirschman index，HHI）：这是一个更为广泛使用的指标，它考虑了市场上所有企业的份额，越大的企业份额对HHI的影响越大。HHI的取值范围从0到1，当市场完全竞争时，HHI为0，而当市场完全集中于一个企业时，HHI为1。较高的HHI值表示市场集中度较高，较低的HHI值表示市场竞争较为激烈。

市场集中率对经济分析和政策制定具有重要意义。较高的市场集中率可能表明市场存在垄断或寡头垄断情况，可能导致价格扭曲、消费者权益受损等问题。相反，较低的市场集中率可能表明市场竞争激烈，有助于保护消费者权益，促进创新和效率提升。根据市场集中率的不同情况，政府和监管机构可以采取相应的政策措施，维护市场竞争的健康和公平。

如果不完全竞争市场中存在许多企业，每家企业出售相似但不完全相同的产品，因此具有一定的市场势力，与此同时，企业可以无限制地进入或者退出市场，那么这样的市场结构被称为垄断竞争。垄断竞争是我们日常生活中最常见的市场结构，从早餐店的早餐到超市里的饮料，都具有垄断竞争市场的特征。

一、垄断竞争市场与无谓损失

在前面的学习中，我们知道垄断市场是由于企业具有市场势力，会造成无谓损失。垄断竞争市场中企业也存在一定的市场势力，作为价格的决策者，也会采取垄断市场模式里的定价方式，因此垄断竞争市场中价格也会高于边际成本，从而造成无谓损失。但是由于垄断竞争市场中同时存在竞争，因此无谓损失会比垄断市场中的小一些。

由于企业在垄断竞争市场中可以自由的进入和退出市场，因此从长期来看，企业在垄断竞争市场中获得零利润。当一个企业带着新产品进入垄断竞争市场时，还会同时产生正负两个效应：一方面带来了产品的多样性，消费者可以从新产品的引进中得到更多的效用，这是一个正面的效应；另一方面，市场份额随着新企业的不断加入而被挤压，对市场中现有的企业带来了负面影响。因此，垄断竞争市场中产品数量可能会太多，也可能会太少，这取决于哪一个效应占据上风。

总的来说，垄断竞争市场不是一个完全有效率的市场结构。在垄断竞争市场中，"看不见的手"并不能确保社会总剩余最大化。由于这种市场中的无效率是模糊的，因此政府也很难有简单易行的解决和改善方法。

第六节　竞争的利与弊

经济学家一般认为竞争是市场高效运行必不可少的一个条件，而垄断势力的存在会影响资源的有效配置，造成市场的失灵。那么竞争会带来什么好处呢？是不是竞争就总是有益的呢？

首先，竞争最明显的好处是降低了消费者的支付价格。通过前面的学习，我们知道垄断企业可以不断抬高价格，但会损失一部分客户。主导企业中，无论是追逐利润的私有企业，还是以营收冲抵生产成本的公有企业，都不会放过利用高价攫取利润的机会。这样的结果就是导致消费者的购买力下降，消费也相应减少。但市场中随着竞争企业的进入使得消费者很难被垄断锁定，市场价格也不会被垄断者一味抬高。

其次，竞争的好处不仅仅体现在更低的价格上，还会促进企业更高效地生产和创新。企业必须在研发和创新上投入更多，以推出更具吸引力的产品和服务。这种创新激励可以引发技术进步、产品改进和商业模式创新，从而推动整个行业的发展。与此同时，竞争可能导致低效企业被高效企业取代，这种现象被称为创造性破坏。当新的、更高效的企业进入市场时，它们可以通过创新和更优越的业务模式取代传统的低效企业。虽然这对低效企业可能带来压力，但它有助于推动整个行业朝着更高效的方向发展。竞争还鼓励企业不断尝试不同的方法和实验，带来更多的产品多样性和选择。消费者可以从各种各样的产品中挑选出最适合自己需求的，从而提高了市场的多样性。

最后，竞争的另外一个好处在于促进市场的公平。垄断市场往往会导致企业通过操控价格和市场条件来获取额外的利润，这种行为被称为寻租活动。寻租可能涉及政府关系、政治影响力等。然而，在竞争激烈的市场环境中，企业不再能够轻易地通过操纵市场获取额外利润，因此他们更加倾向于将资源用于提供更好的产品和服务上，以满足消费者需求。在竞争激烈的市场中，企业需要通过提供更好的产品、创新和良好的客户服务来吸引消费者。这种竞争方式基于企业实力和市场表现，而不是利用不正当手段来获得竞争优势。因此，竞争促使企业在市场中公平竞争，减少了不正当竞争的现象。

当然，竞争也不总是好的。例如竞争可能会带来重复建设。在中国电信行业，曾经存在着光纤网络的重复建设问题，这在一定程度上阻碍了资源的有效利用和行业的健康发展。在 2000 年左右，中国电信运营商们在不同地区积极部署光纤网络，以满足快速增长的宽带需求，提供更好的网络服务。然而，由于缺乏充分的协调和规划，一些地区可能出现了不同电信运营商在同一区域内进行光纤网络的重复建设。有一句话很好地描述了当时的场景：一个小镇两个发射塔并立、一条马路四五条光缆。这造成了大量的资源浪费。据估算，仅是一座铁塔就浪费了约 240 亿元。由于缺乏设施资源共用机制，当时每家电信运营商都有自己的网络，而建设一张干线网往往需要投资 200 亿元以上，当时并行了五六张网络，分别属于中国电信、移动、联通、网通、铁通，总投资额已经超过 1000 亿元。不仅浪费了建设资源，还可能导致光纤网络的过度拥挤，影响网络的性能和服务质量。

为了解决这个问题，工信部于 2008 年发布《关于推进电信基础设施共建共享的紧急通知》，要求已有铁塔、杆路必须共享，新建铁塔、杆路必须共建，禁止租用第三方设施时签订排他性协议等。

第七节　反垄断

因为垄断带来的高利润，企业会千方百计寻求获得垄断的机会。通过研发创新获得的垄断地位，例如获得专利，通常是为了鼓励企业在技术和产品方面投入更多努力，从而产生创新。这种类型的垄断可以被视为一种奖励，因为它是通过努力和创新赢得的，同时也有一定的法律保护，以鼓励更多的创新投入。但是，如果企业采取不正当的手段获取市场垄断权，则会破坏市场竞争，影响市场效率与公平。例如，为了避免竞争造成的整体利益下降，联合其他企业形成垄断集团——卡特尔，通过协议以限制竞争、减少产量或提高价格等方式获取垄断利润。这一类的行为会对市场和消费者带来严重的危害。石油输出国组织（OPEC）是一个典型的卡特尔，成员国通过联合行动来协调和控制全球石油市场的供应和定价。当 OPEC 成员达成协议减少产量时，油价通常会上涨，从而使得石油进口国面临更高的能源成本，这可能导致消费者支付更高的油价，影响全球经济。

除了形成卡特尔，企业为了寻求垄断势力，也可能将大量资源投入寻租行为，通过游说政府，甚至贿赂官员等方式，一方面获取进入市场的权力，另一方面限制其他企业进入市场。很多发展中国家在建设初期都出现过官商勾结的腐败。官员在招商引资的过程中，将项目批给关系户企业，企业在私底下给官员好处。由于这些腐败发生在招商引资过程中，而投资和建设可以促进经济短期的增长，所以腐败在一定时期内会与经济增长并存。但从经济的长期发展来看，垄断寻租行为会造成市场的各类扭曲，例如投资和信贷资源配置扭曲、经济结构的扭曲等。权钱交易也会带来贫富差距拉大，社会动荡等危害。垄断的存在严重影响了市场秩序，因此政府和监管部门需要采取措施，打击垄断行为，维护市场竞争的公平性。

19 世纪末，美国政府最先对垄断和卡特尔做出回应。世界上第一部反垄断法

《谢尔曼反托拉斯法案》奠定了反垄断法律的基础，后来的一系列法律都在此基础上进一步加强了对垄断行为的监管和打击，包括《克莱顿法》（Clayton Act）、《联邦贸易委员会法》（Federal Trade Commission Act）等。反垄断政策通常包括三类：拆分垄断企业、阻止企业合并和规制商业行为。

拆分垄断企业是指将一家垄断企业拆分成为多个企业。反垄断史上一个经典案例是洛克菲勒的标准石油托拉斯，该托拉斯控制了美国石油市场90%的份额。1911年美国政府下令对标准石油托拉斯进行了拆分，分成了34家独立的公司，包括埃克森公司、莫比尔公司、雪佛龙公司和美国国际石油公司等。

企业合并是指两家或者多家企业合并为一家企业的行为。企业合并会减少市场内企业的数量，同时会增加合并后企业的市场份额。因此，阻止企业合并的目的是防止企业通过合并来削弱市场竞争，以免形成过大的市场势力。例如，2021年斗鱼和虎牙的合并被市场监管总局叫停，因为两家公司在直播和短视频市场存在横向重叠，而且其母公司腾讯在游戏直播上游从事运营服务。两家公司合并后将扩大腾讯在游戏直播市场上的市场势力。

当一项商业行为会使已经比较高的市场集中率进一步上升时，政府可能会采取规制商业行为政策。一种常见的行为是捆绑销售。捆绑销售通过强迫消费者购买一种产品的同时必须购买另外一种产品的方式，从而提高企业的市场集中率。另一种常见的行为是掠夺式定价（predatory pricing）。采取掠夺式定价的企业会以低于生产成本的价格销售产品，目的是将竞争对手驱逐出市场。一旦竞争对手退出市场，该企业将制定远高于成本的垄断价格。

我国反垄断历史可以追溯到21世纪早期，自加入世界贸易组织（WTO）后，为了适应国际贸易规则和保护市场竞争，我国开始着手加强反垄断法律的建设。2008年，《中华人民共和国反垄断法》正式生效，成为我国第一部全面规范垄断行为和促进市场竞争的法律。2010年后，我国的反垄断法执法力度显著加强。国务院设立的国家发展和改革委员会和国务院反垄断委员会，作为两个主要的反垄断执法机构，积极调查和处罚垄断行为，涵盖了多个行业，包括电信、汽车、医药等。近年来，中国继续加强反垄断执法，尤其在科技和互联网领域。2020年，我国发起了一系列反垄断调查，包括对阿里巴巴、腾讯等科技巨头的调查。此外，我国还在不断完善反垄断法律体系，加强对市场竞争和消费者权益的保护。

专栏 4-5

自然垄断行业的市场化：我国电力行业的市场化改革

根据国务院发布的《"十四五"市场监管现代化规划》，我国计划推进自然垄断行业竞争性环节的市场化改革，以解决自然垄断行业在竞争性环节中的问题。

在电力行业中，国家骨干输电网属于自然垄断业务，而电网相关的装备制造、设计、施工，以及电力生产和供应等属于竞争性业务。当前我国的电力存在供应紧张情况，主要原因是燃煤发电不足，这与长期存在的"市场煤"和"计划电"之间的矛盾有关。煤炭价格上涨导致燃煤发电成本增加，但发电价格不能随之提高，这给煤电企业带来经营压力。

煤电上网电价改革采用放开全部煤电发电量进入市场、提高煤电上网电价浮动比例等措施，缓解煤电企业的成本压力，保障电力供应。这一改革也是电力行业市场化改革的一个缩影，电力企业竞争性业务的剥离和放开有助于引入市场竞争机制，类似的改革在电信、铁路、石油、天然气等重点行业也将实施，进一步推动市场竞争和经济发展。

我国电力行业的市场化改革是为了解决自然垄断行业中竞争性环节的问题，提高市场效率和服务质量。通过放开竞争性业务，引入市场竞争机制，推动电力供应的稳定和可持续发展。同时，这也是我国全面深化市场改革的一部分，为其他自然垄断行业的改革提供了经验。

专栏 4-6

阿里反垄断案

阿里反垄断案是中国近年来备受瞩目的一个案例，涉及阿里巴巴集团在电商领域的市场地位和反竞争行为。阿里巴巴是中国最大的电子商务和零售平台之一，其在电商领域占据着垄断地位。由于其庞大的市场份额和影响力，阿里巴巴的市场行为引起了监管机构的关注。阿里巴巴被指控在两个方面进行了反竞争行为。第一，平台垄断：阿里巴巴被指控滥用其电商平台的市场地位，限制了卖家选择其他平台的权利，从而损害了竞争对手的利益。第二，独家交易：阿里巴巴被指控要求卖家在其平台上签订独家供应协议，限制了卖家与其他竞争平台的合作，削弱了市场竞争。

2020年底，中国国家市场监管总局对阿里巴巴进行了反垄断调查，指控其滥用市场地位。调查结果显示，阿里巴巴存在一些反竞争的行为。2021年4月，中国国家市场监管总局对阿里巴巴集团罚款人民币18.228亿元（约合2.8亿美元），并要求其进行整改。

阿里反垄断案引发了社会广泛的关注和讨论。此案不仅在中国备受关注，也在全球范围内受到瞩目。该案件对于电商行业的监管和竞争环境产生了深远影响，也促使阿里巴巴等科技巨头更加注重合规和市场竞争。

本章小结

在本章的学习中，我们深入探讨了完全竞争、完全垄断以及垄断竞争等不同市场形态，理解了它们对资源配置和福利最大化的影响。在完全竞争市场中，市场效率和福利最大化得以实现。然而，进入不完全竞争市场，企业的市场势力导致垄断行为的产生，价格不再由市场决定而是由企业决策，这可能损害消费者和社会的整体福利，并且总产量低于完全竞争市场下的均衡水平。

不完全竞争中的效率和福利损失促使我们必须积极推动竞争，以维护市场公平。然而，竞争也需谨慎应对，因为过度竞争可能会引发重复性建设等问题。市场的健康发展需要政府介入，一方面需要通过法律手段打击垄断行为，另一方面需要协调市场秩序，防止过度竞争带来的效率损失。

随着数字经济的蓬勃发展，新的市场形态、生产模式和竞争关系不断涌现。在反垄断和促进竞争方面，我们面临新的挑战。解决这些挑战需要广泛的探讨和深入的研究，以确保市场竞争与垄断的平衡，推动经济的可持续发展。

通过本章的学习，我们更深入地理解了市场竞争和垄断对经济的影响，也认识到在不同市场形态下如何平衡竞争与垄断之间的关系。在未来，我们应继续关注和研究市场发展的动态，以更好地应对新的挑战和机遇。

思考题

1. 如何描述一个市场？常见的市场结构包括哪些？
2. 什么是完全竞争市场？为什么完全竞争市场中福利实现了最大化？
3. 什么是完全垄断市场？垄断市场是如何形成的？对比竞争市场，垄断有什么危害？
4. 什么是垄断竞争市场？垄断竞争市场与完全竞争市场有什么异同？
5. 为什么要鼓励竞争？过度的市场竞争可能带来哪些危害？
6. 政府可以采取哪些反垄断政策和措施？
7. 数字经济时代，反垄断面临着什么样的挑战？平台在市场竞争中应当发挥什么样的作用？

名词索引

◆ 市场势力：企业能够将价格水平维持在显著高于成本之上或提供劣质服务却不会丢失众多客户的能力。

◆ 市场结构：在某个特定市场中，供应和需求之间的组织和互动方式以及参与者之间的竞争程度。描述了市场中各个企业或参与者之间的关系，以及市场中商品或服务的定价和分配方式。不同市场结构可以影响市场的竞争性质、价格水平、生产效率和资源配置。主要的市场结构包括：(1) 完全竞争市场；(2) 垄断市场；(3) 寡头垄断市场；(4) 垄断竞争市场。

◆ 完全竞争：是指一个行业中有非常多的生产、销售企业，它们都以同样的方式向市场提供同类的、标准化的产品（如粮食、棉花等农产品）的市场。卖者和买者对于商品或劳务的价格均不能控制。在这种竞争环境中，由于买卖双方对价格都无影响力，只能是价格的接受者，企业的任何提价或降价行为都会导致对本企业产品需求的骤减或利润的不必要流失。因此，产品价格只能随供求关系而定。

◆ 完全垄断：市场上只存在一个生产企业和众多需求者，该生产企业的产品没有任何接近的替代品，其他生产者进入该行业都极为困难或根本不可能进入。在完全垄断市场中，生产企业具有最大的市场势力。

◆ 垄断竞争：如果不完全竞争市场中存在许多企业，每家企业出售相似但不完全相同的产品，因此具有一定的市场势力，与此同时，企业可以无限制地进入或者退出市场，这样的市场结构被称为垄断竞争。

◆ 寡头市场：在不完全竞争市场中，如果市场内只有几家企业，每家企业都提供与其他企业相似或相同的产品，市场集中率很高，这样的市场结构为寡头市场。

◆ 自然垄断：某一种商品或服务的生产和销售过程中，由于技术、经济或法律等方面的原因，只能由一家或少数几家企业有效地提供，而其他企业难以进入或在市场上难以取得足够的竞争地位的情况。

◆ 寻租：利用公共政策获取经济利润的行为，例如企业不惜重金游说政府以获取特许经营权等。

4-1
知识分享

4-2
竞争与垄断之
反垄断的理解1

4-3
竞争与垄断之
反垄断的理解2

第五章

外部性及其规制

■ 第一节 引言

在前面的章节里我们看到了竞争市场蕴含的强大力量。自工业革命以来,市场作为资源配置的有效手段极大地推动了社会经济发展。然而在经济发展的同时,一系列问题也随之凸显,其中最突出的问题当属人类活动对环境的破坏。空气污染、雾霾、灯光污染、噪声污染、交通拥堵等是人们经常面临的问题;赤潮、微塑料、土壤污染、海洋污染、物种濒危乃至灭绝,尽管和多数人的日常生活距离较远,但是其负面影响也绝不容忽视。而全球变暖则是当今社会全人类所共同面临的巨大风险,全球变暖导致的气候异常、冰川融化等给人类社会的可持续发展带来了巨大的挑战。

人类活动对自然环境的影响自古有之,然而只有在近现代社会,人类对自然环境的破坏程度才如此逼近临界值。这与科技发展密切相关——直到近现代,人类才拥有了如此强大的改造自然的生产力。然而,当下社会的严峻形势无疑意味着人类改造自然的能力并没有得到妥善使用,市场机制在推动经济发展和科技进步的同时也带来了严重的环境问题。这些问题背后的原因是什么,人类又应该如何应对,是本章将要探讨的问题。在本书一开始我们讲过经济学思维的一个重要原理是激励相容,即理性人会对激励做出反应。本章将展示,在面对上述这类问题时,经济学如何从激励入手来诊断原因并给出对策,以及从这类问题里抽象出来的重要概念——外部性——将如何有助于我们观察和理解身边以及社会上的众多现象。

笔记

全球变暖的事实和危害

全球变暖是近几十年来地球气温逐步上升的一种现象,主要由人类活动如化石燃料燃烧、森林砍伐等导致的温室气体浓度增加所致。美国国家航空航天局(NASA)与美国国家海洋和大气管理局(NOAA)数据显示,自20世纪末以来,全球平均气温已上升约1.2摄氏度,升温速度空前迅猛。

全球变暖带来的危害广泛且深远。极端天气事件如热浪、洪涝、飓风和干旱频发,严重危及人类安全。世界气象组织(WMO)报道,自1980年以来,极端天气相关灾害导致的经济损失翻了三倍。同时,冰川和极地冰融化加速,导致全球平均海平面升高。联合国政府间气候变化专门委员会(IPCC)数据显示,自1993年以来,海平面每年上升3.3毫米,威胁沿海地区发展,危及数亿人生命安全。此外,海水温度升高和酸化使珊瑚礁大规模白化和死亡,严重影响海洋生态。

全球变暖还对生态系统、农业和粮食安全影响巨大。气温升高导致生态系统失衡,物种分布改变,植物和动物面临灭绝风险。同时,干旱和洪涝频发,影响农作物产量。联合国粮食及农业组织(FAO)报告称,全球变暖可能使粮食产量减少约25%,威胁数十亿人的粮食安全。

第二节　外部性及其特征

一、负的外部性与正的外部性

我们将视野收窄,来看一个简单的例子。在一条河流的上游有一家染布厂,下游有一家渔场,两家都高度依赖水资源。不幸的是,染布厂在生产过程中产生大量污水,污水流经河道,降低了渔场的鱼苗品质。在这个例子里,染布厂的排污行为给渔场带来了损失,但是染布厂并不承担相应成本。我们说染布厂的行为具有负的外部性。抽象来说,某个行为具有负的外部性指的是该行为给他人造成了损失,但是行为主体不承担相应成本。

我们可以在生活中的很多场合找到负外部性的影子。例如,二手烟——吸烟人群的二手烟可能对周围的非吸烟者带来健康损失,而这些损失通常不由吸烟者承担,吸烟者在做吸烟决策时也未予以考虑;宿舍噪声——有些同学在宿舍里放音乐或者打游戏,而不考虑他们的活动会干扰室友的学习和休息、影响他人的健康和生活质量,这些同学通常也不会因此受到惩罚;网络语言暴力——施暴者的行为可能导致受害者产生焦虑、抑郁等心理健康问题，对受害者造成长期的负面影响，并助长仇恨、偏见和恶劣的社会氛围，而在很多情况下，施暴者并不承担任何责任。

本章开头我们提到了诸多环境问题，破坏环境的主体绝大多数时候也并没有承担或者是没有完全承担相应的成本，因此这些主体的行为具有负的外部性。此外，在大多数环境问题中，产生负外部性的行为主体数量往往很多，例如温室气体的排放就和每个个体、每家企业都脱不开干系。那么为什么环境问题是产生负外部性的重灾区？为什么解决环境问题的难度如此之大？这些疑问将在后文中得到解答。

既然有负的外部性，是不是也有正的外部性呢？答案是肯定的。正的外部性指的是某些行为给他人带来收益，但是行为主体并没有获得相应报偿。同样在环境领域，一些具有前瞻性和社会责任感的企业已经开始建设"零碳工厂"，通过采用清洁能源、提高能源效率、研发碳捕获技术等，将其碳足迹降至最低。全社会都将因为这些企业减少碳排放的行为而受益。同样地，作为个人，我们在日常生活中减少资源消耗、降低碳排放的种种措施，例如节约水电，乘坐公共交通，使用环保袋，垃圾分类回收等，都会使得全社会受益。

在环保领域之外的很多领域，我们都可以观察到正的外部性的例子。例如我们接种疫苗不光可以保护自己，还可以减缓流行病传播，降低他人的健康风险；我们受到良好的教育，不光会给自己带来收益，也会使我们生活和工作的社区乃至整个社会受益；高校及企业进行的基础研发和科技创新，其成果不仅使其自身受益，还可以推动整个行业的技术升级和社会的技术进步。

专栏 5-2

慕课的正外部性

慕课，英文缩写为 MOOC（massive open online courses），即大型开放式网络课程。从 2012 年开始，以在线课程为核心的互联网公司纷纷涌现并获得飞速发展，包括 Coursera、edX 等公共网络教学平台集合了诸多国际名校大量免费、高质量的课程，为学习者提供在线服务，包括课程任务布置、学习评估，以及"师-生"和"生-生"之间的互动交流。

慕课突破了传统课程时间、空间的限制，学生足不出户就可学到众多高校的课程。慕课作为网络科技支撑下的新型教育方式，丰富了个人学习渠道和学习内容，推动了优质教育资源在全社会范围内的共享，具有极大的正外部性。目前我国已有近 12500 门慕课上线，超过 2 亿学习者，慕课数量和应用规模居世界第一。

我们定义了正的外部性和负的外部性，它们是外部性的两种类型。在我们学过的完全竞争市场中，可以发现外部性并不存在。所有的成本和收益，都充分反映在市场价格中——给他人带来成本的人付出价格，给他人带来收益的人得到价格。然而完全竞争市场是一种理论上的抽象概念，在现实中，外部性存在于方方面面，下面我们将看到，外部性的存在如何使市场不再有效。

二、外部性导致的效率损失

外部性会造成什么问题呢？在不同的例子里，负的外部性似乎导致了不同的问题：例如温室气体排放导致了气候变暖，污水排放导致了下游渔场的鱼苗受损。而在正外部性存在的场合里，个人或是企业的行为为他人和社会带来了收益，当事主体之间似乎不存在明显的冲突，那正外部性的问题又在哪儿呢？换句话说，从经济学的角度来看，这些结果有没有什么共通之处呢？

我们在之前的章节中讲过，经济学思维的前提是资源的稀缺性，经济学关注的核心问题是稀缺资源的分配。如何判断资源分配是有效率的呢？我们使用成本收益来分析：只有当资源在某个项目使用的边际成本等于边际收益时资源分配才是有效的，如果边际成本大于边际收益，那么资源在该项目的使用就过多；反之，则资源使用太少。外部性的存在会如何影响效率？当某类行为存在负的外部性时，由于行为主体的私人成本小于社会成本，和社会最优的情形相比较，行为主体倾向于过多地实施这类行为；当某类行为存在正的外部性时，由于行为主体的私人收益小于社会收益，和社会最优的情形相比，行为主体倾向于过少地实施这类行为。因此，不管是正的外部性还是负的外部性，都会导致效率损失。

我们可以用前面学到的供需曲线将以上分析具体表示出来。如图 5-1 所示，染布厂的供给曲线是生产布料的边际成本。这一成本仅仅反映了由染布厂承担的部分，而没有反映出污水给渔场造成的损失，因此布料供给的社会边际成本要大于私人边际成本。染布厂在竞争市场下的产量将大于社会最优的产量 q^*，染布厂的排污量自然也就大于社会最优的排污量。类似地，在存在正的外部性的情况下，社会收益大于私人收益，市场均衡数量将小于社会最优的数量。

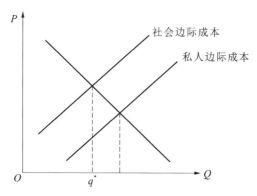

图 5-1 负外部性的效率损失

在本节最后，我们来想一想外部性造成效率损失的原因是什么。为什么染布厂不减少污水排放呢？因为污水排放导致的成本不需要由它来承担。私人成本和社会成本的差距，导致了过量的排污。为什么垃圾分类的推广困难重重？因为分类收益不完全由行为主体拥有，私人收益和社会收益的差距导致现阶段个人和家庭采取垃圾分类的意愿远远不及社会所需。理性人对激励做出反应,正是外部性造成的激励扭曲,导致了效率的损失。

第三节 外部性的私人解决方案

当存在外部性时,市场的结果往往不是最优的,那么这是不是意味着政府的干预是必要的呢?在很长一段时间里,经济学家都认为政府对于纠正外部性导致的市场失灵是必要的。20世纪中期关于外部性的一场著名的辩论,使得经济学家对外部性的本质有了更好的理解。著名的科斯定理就诞生于这场辩论之中,它为外部性问题提供了不同于传统的解决方案。

专栏 5-3

科斯定理的由来

罗纳德·科斯(1910—2013),芝加哥经济学派代表人物,1991年诺贝尔经济学奖得主。科斯关于交易成本和生产结构的灼见是半个世纪以来经济学里最成功的两个新兴领域——法经济学和新制度经济学的起源。同时,科斯又是一个坚定的改革者和现代经济学的坦率批评者。他长期以来一直批判主流经济学过于形式主义、僵化且与现实世界脱离。

科斯对外部性问题的贡献来源于他对现实问题的深刻观察。1959年,科斯写了一篇关于美国联邦通信委员会分配广播频段的文章。两家广播电台假如在同一个频段进行广播,便可能互相干扰,而管理者则必须将各个频段以最有效率的方式分配给不同的广播电台,从而消除电台之间的干扰。科斯批评了委员会分配广播频段的制度,提出财产权是更有效率的频段分配方案。科斯认为,只要对频段的产权界定清楚,那么无论频段在初始阶段如何分配,市场最终都会达到最有效率的状态。过程如下:在两家存在争议的电台之间,假如电台甲在具有争议的频段中可以获得更大利益,但他在该频段没有产权,那么他也有足够的诱因向另一家电台乙购买或租用该频段的使用权,因为甲为了拿到频段而愿意付出的金额必定大于乙为了放弃频段而愿意接受的金额。因此,频段的初始分配会影响到两家电台的盈亏状况,却改变不了频段可以达到最有效率的分配状态的必然结果。

他将文章投往由芝加哥大学法学院阿隆·迪雷克托(Aaron Director)新创立的《法和经济学杂志》。迪雷克托很欣赏这篇文章,并计划将其作为杂志第二期的首篇论文发表。但是他和芝加哥大学的经济学家认为科斯的文章可能有一处错误,并邀请科斯前往芝加哥解释他的观点。

在迪雷克托的欢迎晚宴上，科斯与包括米尔顿·弗里德曼（Milton Friedman）、格雷格·刘易斯（Gregg Lewis）、乔治·斯蒂格勒（George Stigler）等在内的知名经济学家进行了长达两个小时的辩论，辩论的焦点集中在经济学对外部性的分析上，科斯认为传统的分析存在很大的缺陷。弗里德曼不仅没能"击倒"科斯，而且在半途中首先被科斯说服，然后科斯在弗里德曼的帮助下说服了所有的反对者。这次辩论之后，科斯应邀把这些观点写出来，于是在1960年便有了《社会成本问题》一文，该篇文章作为《法和经济学杂志》第三期的首篇论文而发表。科斯在文中的论点后来被乔治·斯蒂格勒归纳为"科斯定理"。

在传统观点里，涉及负外部性的当事双方被视为损害方和被损害方，而科斯认为更合适的视角是将外部性涉及的双方都视为稀缺性资源的争夺者。例如在染布厂和渔场的例子里，染布厂和渔场实际上是在争夺河水的使用权——染布厂使用河水排污将损害渔场，反过来如果渔场阻止染布厂使用河水排污，那么渔场将损害染布厂。科斯认为，外部性导致效率损失的根本原因在于产权不明晰。在染布厂和渔场的例子里，产权不明晰表现在并没有明确的法律规定河水使用权到底归属染布厂还是渔场——如果产权明晰且谈判成本足够低，不管初始产权如何分配，都可以通过交易来达成有效的结果。我们可以将科斯的观点总结如下：

如果产权明晰且交易成本较低，那么不管初始产权如何分配，当事人总是可以通过交易来达到资源的有效配置。

如何理解科斯定理呢？我们还是用染布厂和渔场的例子来说明。假设不经处理排放污水给染布厂带来的收益是100万元，而给渔场带来的损失是200万元。从社会最优的角度来看，染布厂不应当不经处理就排放污水。考虑以下两种河水排污权归属情况：一种是排污权属于染布厂，即染布厂可以随意排放污水；另一种是排污权属于渔场，即染布厂需要经渔场允许才能排放污水。在第一种情况下，如果渔场从染布厂那里购买排污权，它的最大支付意愿是200万元，而染布厂的保留价格是100万元。因此双方可以协商一个价格，从而达成交易。此时染布厂将放弃排污，从而达到社会最优结果。在第二种情况下，染布厂也可以尝试从渔场购买排污权，然而它的最大支付意愿是100万元，渔场的保留价格是200万元。因此双方无法达成交易。此时染布厂无法排放污水，这一结果同样是社会最优的。

科斯定理告诉我们，要解决外部性导致的效率损失，政府只需要明晰产权以及降低交易成本，外部性涉及的当事方将自行交易来达到有效结果，这就是外部性的私人解决方案。科斯定理让我们重新思考市场有效的边界——市场可能比人们原先判断的要更有效。科斯定理有助于我们更深刻地理解外部性的本质，也为我们提供了解决外部性问题的重要手段。

专栏 5-4

黄河对赌协议——科斯定理的创造性应用

2021年4月，山东、河南两省签订《黄河流域（豫鲁段）横向生态保护补偿协议》（简称《补偿协议》），协议实施范围为河南省、山东省黄河干流流域。《补偿协议》明确最高补偿资金规模达1亿元，分为水质基本补偿和水质变化补偿两部分。

根据协议，若水质全年均值达到Ⅲ类标准，山东省、河南省互不补偿；水质年均值在Ⅲ类基础上每改善一个水质类别，山东省给予河南省6000万元补偿资金；每恶化一个水质类别，河南省给予山东省6000万元补偿资金。

自鲁豫两省补偿协议签署以来，黄河入鲁水质持续保持在Ⅱ类标准以上，主要污染物指标稳中向好。山东作为受益方，共兑现河南省生态补偿资金1.26亿元。对赌协议共同推动并形成了黄河上下游两省政府同心协力保护黄河生态的新格局。

黄河对赌协议是对科斯定理的创造性应用。山东省和河南省通过谈判确定了产权及交易条件：通过确定互不补偿的基准水质标准，两省明确划分了初始产权，通过确定双方的各自赔偿标准，使得产权流向更有效的方向，从而使两省都从中获益。

对赌协议不局限于省际黄河流域，2021年9月，山东又将这项改革经验拓展应用到省内，率先在全国实现县际流域横向生态补偿全覆盖。截至2022年5月底，2021年度县际生态补偿资金兑付工作全面完成，共兑付横向生态补偿资金3.24亿元。其中，下游补偿上游2.17亿元，上游赔偿下游1.07亿元，补偿金额大幅超出赔偿金额，反映了上游治理成效凸显，流域水质整体持续向好。

在现实中，科斯定理的应用范围有其局限性。因为在很多问题里，产权的清晰界定往往是困难的；即使产权得以清晰界定，交易成本往往是高昂的。下面我们来说明这两种情况如何使得外部性的私人解决方案不再有效。

在染布厂和渔场的例子里，河水排污权的归属往往是不明晰的，染布厂排放污水，渔场无法要求染布厂对它的损失进行赔偿，反过来染布厂停止排放污水，也无法要求渔场对染布厂的治污成本进行补偿。染布厂和渔场的例子来源于真实案例，在现实里，由于染布厂和渔场分属不同的省域，双方在产权问题上争执不下，形成尖锐对峙，并导致了极大的效率损失。

即使产权得以清晰界定，如果双方谈判成本过高，最终的结果也可能是无效的。例如在染布厂和渔场的例子里，不经处理排放污水给染布厂带来的收益是100万元，而给渔场带来的损失是200万元。如果初始产权分配给染布厂，而双方的谈判成本是150万元，那么它们也无法通过谈判来使得产权得到有效转移。因为产权转移能够得到的社会价值的增加是 100 万元，低于双方必须支付的谈判成本，所以双方不会有动力进行谈判。在现实中，如果外部性涉及的主体众多，哪怕是产权界定清晰，谈判成本往往也十分高昂。

第四节　外部性治理的公共政策

一般来说，当产权涉及的主体较多且难以清晰界定时，政府干预是必需的。在本章开始我们提到的环境问题中的大气、土壤、水域、物种等，都涉及众多利益相关方且很难清晰界定产权。因此在自然环境领域，外部性极其常见，并导致了很多不理想的结果。这一节我们将对政府规制外部性的措施进行介绍。政府可以直接进行规制，也可以借助市场的力量，如通过污染税、污染许可证等方式来规制外部性。我们将看到，尽管市场不能自动解决外部性问题，但与政府直接规制相比，借助市场力量的规制手段往往具有更低的执行成本。

一、政府直接规制

我们回到染布厂和渔场的例子。为了纠正负外部性导致的过量排污，政府可以通过制定相关法规条例，直接限制污水厂的排污量。但要如何限制才能达到社会最优呢？我们来看染布厂的供需曲线（见图 5-1），下方的供给曲线代表的是染布厂的供给曲线，反映的是染布厂的私人成本，上方的供给曲线代表的是社会成本，社会成本和私人成本之间的差距是染布厂排污给下游渔场带来的成本，即负的外部性。q^* 是社会最优的染布厂产量，政府可以计算在该产量下染布厂总的排污量，并严格禁止排污总量超过这一数量。

在现实生活中，通过直接规制来治理负外部性的例子还有很多，如为解决交通拥堵问题，北京、上海等地采取了一系列数量限制措施，如限量分配车牌号以减少新增车辆数目，对于已有车辆实行限行措施等；为解决二手烟的负外部性问题，许多地方采取了室内公共场所禁烟的限制政策，以减少二手烟对健康的负面影响；为了保护海洋生态系统和鱼类资源，我国制定了一系列限制或禁止捕鱼活动的政策，如《长江十年禁渔计划》，以及覆盖我国管辖范围内的渤海、黄海、东海、南海 4 大海域的海洋伏季休渔制度等（每年 5 月 1 日开始休渔，休渔时间为 3～4.5 个月），以维护渔业的可持续发展。

直接规制政策虽然简单易于操作，但是在有些场合，为达成政策目标，直接规制可能面临高昂的执行成本。以染布厂和渔场为例，如果染布厂数量较多且排污成本差异较大，直接的数量规制可能是不合意的。我们用数值来举例说明这一点。

假设上游有两类染布企业，每类企业各 10 家。一类是减排成本高的企业，减排的边际成本为 $3x$ 元，其中 x 是排污量；另一类是减排成本低的企业，减排的边际成本为 y 元，排污量是 y。政府希望每周减少 400 吨排污。我们考虑最简单的排污分配方案是：每家企业每周减少排污 20 吨。那么每周总减排成本将是 $10\int_0^{20} 3x\,dx +$

$10\int_0^{20} y\,dy = 8000$ 元（总成本等于边际成本曲线围成的三角形的面积，对于不熟悉积分的读者，这里计算的实际上就是两个三角形的面积之和）。

是否可以通过改变减排量在企业之间的分配来降低减排成本呢？我们尝试下面这个方案：高减排成本企业每家减少 10 吨排污，低减排成本企业每家减少 30 吨排污。此时总减排量仍然为 400 吨，而总减排成本为 $10\int_0^{10} 3x\,dx + 10\int_0^{30} y\,dy = 6000$ 元。比之前的安排降低了 25%。注意在这个分配下，不管是第一类还是第二类企业，每家企业的边际减排成本都是一样的，都达到了 30 元。读者可以尝试验证一下以下结论：如果不同企业减排的边际成本不相等，那么总是可以通过调整减排量分配来降低总成本。实际上，每家高成本企业减排 10 吨、每家低成本企业减排 30 吨正是使得总减排成本最低的分配。

要实施这一方案，政府需要知道每家企业的减排成本。然而在现实中，政府很难获得减排成本的真实信息，例如低减排成本的企业很有可能伪装成高减排成本企业，从而降低它的减排任务。如何才能在不清楚企业减排成本的情况下，实现总减排成本的最小化呢？我们可以借助市场和价格的力量。政府可以使用以下两种方案：一种是征收污染税，另一种是建立污染许可证市场。

二、污染税

污染税也叫庇古税，是经济学家庇古（Pigou）最早提出来的解决负外部性的一个方案。污染税规定企业为每单位污染物的排放上缴一定量的税收给政府。和直接限定污染量一样，政府可以通过征收污染税来达到社会最优的结果。

专栏 5-5

庇古和福利经济学

阿瑟·庇古（Arthur Cecil Pigou，1877—1959），英国著名经济学家，英国剑桥学派创始人。庇古的作品涵盖了经济学的众多领域，特别是在福利经济学领域着力最深。福利经济学考察各类决策所带来的社会总体效益，包括个人在购买、工作方面的决策，以及企业在生产和销售方面的决策。

庇古最突出的贡献是他于 1920 年出版的《福利经济学》一书，书中他引入了外部性的概念，并提出通过征收庇古税来纠正外部性问题。外部性的概念仍然是现代福利经济学，特别是环境经济学的核心内容。以他的名字命名的庇古俱乐部是一个由现代经济学家组成的协会，该协会的经济学家支持通过征收碳税来应对气候变化。

我们用图 5-2 来说明这一点。污染税增加了染布厂的生产成本，它会使得供给曲线向上移动，也就是在同样的价格下，企业愿意供给的数量将会降低。政府可以选择一个合适的税收水平，使得移动后的供给曲线和需求曲线相交于社会最优数量处的一点上。我们之前讲过，外部性产生的根源在于激励的扭曲，在存在负外部性的场合，私人成本低于社会成本。污染税的作用就是增加私人成本。当私人成本等同于社会成本时，个体的选择自然就会和社会最优的选择一致。我们把这种矫正外部性的方法称为将外部性内部化。

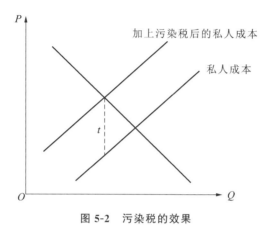

图 5-2　污染税的效果

在前面讨论的两类染布企业的例子里，假设政府对排污征税，如何征税才能使得总减排量为 400 吨，且总减排成本最低呢？为了回答这个问题，我们首先来看税收如何影响企业的减排选择。假设污染税为 t 元，即对每一家企业，每吨污水排放需要交给政府 t 元税收。每家企业在排污并付出污染税和减排并付出减排成本之间进行选择。有 10 家高成本企业，每家将减排 $t/3$ 吨污水，此时它减排的边际成本是 t 元，刚好等于需要支付的污染税。有 10 家低成本企业，每家将减排 t 吨污水，此时它减排的边际成本是 t 元，也相当于需要支付的污染税。因此总的减排量是 $40t/3$ 吨。要使得总减排量达到 400 吨，污染税需要设定为 30 元/吨。

在 30 元/吨的污染税下，每家高成本企业将减排 10 吨，每家低成本企业将减排 30 吨，刚好是使得总减排成本最低的排污量分配。这并不是巧合。污染税起作用的方式和价格起作用的方式是一样的，它使得企业自发选择减排量，并达到相同的边际减排成本。也就是说，对于每家企业来说，它的边际减排成本都等于污染税的数值。而我们前面已经说过，每家企业边际减排成本相等时总减排成本最低。

以上污染税的计算仍然依赖于企业的成本信息，似乎并没有比上面提到的直接分配方式更高明。然而，在不知道企业成本信息的时候，政府可以通过简单的尝试来确定合适的税收。政府首先确定某个税收水平，在观察到企业的总减排量情况后再调整税收。如果减排量高于目标值的话政府调低税收，反之则增加税收。这样的调整能使政府在较短的时间内找到合适的税收水平，而且在这一过程中，政府不需要获取企业的成本信息。

污染税不仅可以纠正效率损失，还可以给政府带来收入。这些收入可以用于支持绿色环保技术的开发，以及补偿因为污染而受到损害的群体。污染税例子在现实中有广泛的应用。例如我国征收的环境保护税，征税范围包括直接向环境排放的大气、水、固体和噪声等污染物；其他一些国家征收的碳税，征税范围为直接向环境排放的温室气体等。

专栏 5-6

国际碳税现状

碳税的纳税义务人是排放温室气体的所有单位和个人。当下的国际实践中碳税征收主要分为三类。第一类是在化石燃料供应端，对化石燃料生产商、进口商和经销商征税。这种模式方便征管，能够减少稽征成本和社会阻力，是大部分新兴经济体（如阿根廷、哥伦比亚、墨西哥下加利福尼亚州）的选择。第二类是在化石燃料消费端，对排放设施和家庭、个人征税。多数发达经济体采用这种模式，如新加坡、智利向二氧化碳年排放 2.5 万吨以上的设施的运营商征收碳税；丹麦、日本、美国博尔德市对居民、商业和工业用户同时课税；英国气候变化税则豁免了自然人的纳税义务，只针对工商业企业和公共服务部门征收。该模式将碳价信号传导给消费者，有利于唤起企业和个人消费者节能减排的意识。但纳税人较为分散和多元，不便于管控，因而只有经济发达、税制成熟的司法管辖区采用。第三类是同时对化石燃料的供应端和消费端征税，目前只有少数应用案例。

不同司法管辖区的税率水平存在明显差异，从低于 5 美元/吨碳（如日本、波兰、墨西哥等）到超过 130 美元/吨碳（瑞典、瑞士、乌拉圭、列支敦士登等）不等，但总体还是以低税率为主。从国际经验看，税率的制定贯彻"低起点、动态性、差异化"的立法理念。大部分国家在碳税开征初期都选择了较低的税率水平，以降低经济扰动和弱化社会阻力。随后根据国民经济形势和社会发展状况，循序渐进地提高碳税税率，直至高于企业减排的边际成本。芬兰在碳税推行之初，仅设置了 1.2 欧元/吨碳的税率，经历多次税制改革后，目前已大幅提升至 77 欧元/吨碳。新加坡 2019 年开征碳税时税率为 5 新元/吨碳，计划在未来十年分阶段提高税率，分别上调至 2024—2025 年的 25 新元/吨碳，2026—2027 年的 45 新元/吨碳，以及 2030 年的 50~80 新元/吨碳。加拿大魁北克省建立了周期性动态调整机制，税率水平会根据每年燃料销售量和通货膨胀率重新调整。

征收碳税为许多国家带来了"双重红利"，一方面增加财政税收，另一方面减少温室气体排放，实现经济发展与生态环境之间的协同推进。

资料来源：《碳税——从理论到现实的演进》，妙盈碳资产管理团队。

三、污染许可证市场

在两类染布企业的例子里，如果政府想要减少 400 吨排污，减排成本最低的方法是让低成本企业多减排，高成本企业少减排，然而政府难以获得企业减排成本的具体信息，从而难以有效分配减排额度。实际上，政府可以要求每家企业都减排 20 吨，同时允许企业自由交易减排份额——卖出一单位的减排份额意味着企业需多减排一单位，买入一单位的减排份额意味着企业可少减排一单位。只要企业之间的谈判成本较低，根据科斯定理，不管初始产权如何分配，企业间的自由交易会使最终的减排份额分配达到最优——低成本企业替代高成本企业完成一部分减排份额，并由高成本企业对它进行补偿，这样的安排对于两者而言都有利可图。

然而当企业的数量较多时，即使允许企业之间交易减排份额，交易要达成所需要的谈判，其成本很可能是较高的。如何才能够进一步降低交易成本呢？政府可以建立一个减排份额交易市场，当市场中的买卖双方足够多时，市场自发形成的价格可以大大降低交易的成本，因为企业不再需要和其他企业谈判，只需要按通行价格进行购买或支付即可。

我们还是以两类染布企业为例。如果每家企业的初始减排量是 20 吨，并且企业可以在减排市场上自由地买卖减排量，那么最终市场的均衡价格和均衡分配方案分别是什么？假设市场价格是 p，即每家企业都可以以价格 p 购买或者出售减排份额。对于每家高成本企业来说，减排至 20 吨的边际成本是 60 元。如果价格低于 60 元，那么它将购买减排份额直到减排边际成本和市场价格相等；如果价格高于 60 元，那么它将出售减排份额直到减排边际成本和市场价格相等。对于每家低成本企业来说，减排至 20 吨的边际成本是 20 元。如果价格低于 20 元，那么它将购买减排份额直到减排边际成本和市场价格相等；如果价格高于 20 元，那么它将出售减排份额直到减排边际成本和市场价格相等。

显然价格如果低于 20 元，那么两类企业都想要购买减排份额，市场供小于求，无法出清；而如果价格高于 60 元，那么两类企业都想要出售减排份额，市场供大于求，同样无法出清。均衡价格只能位于 20 元到 60 元之间，此时高成本企业将购买减排份额，低成本企业将出售减排份额。当价格是 30 元的时候，每家高成本企业将购入 10 单位排污量，而每家低成本企业将出售 10 单位排污量。当企业愿意购买的总份额刚好等于企业愿意出售的总份额时，就达到了市场均衡。

均衡时高成本企业减排 10 吨，低成本企业减排 30 吨。各家企业的排污量刚好等于最小化排污总成本的排污分配量——这不是巧合。排污份额的市场价格对于每家企业是一样的，因此各家企业通过购买或是出售排污份额，最终达到相同的边际排污成本，从而使得总排污成本最低。从这个意义上看，排污市场所起的作用和排污税的作用一样。不同的是，排污税是政府确定价格，企业自行确定减排数量；而在排污市场中是由政府确定每家企业的排污份额，再由市场来确定价格。不管政府如何分配排污份额，只要排污市场是竞争市场，即每家企业都是价格接受者，那么市场均衡的结果就是有效的分配。

在我们的例子里，企业交易的是排污份额。在现实中，相比于减排量，企业的排污量更容易监测。因此政府一般建立的是污染许可证市场，也就是规定各家企业的初始排污份额，再由企业在市场交易。政府可以给每家企业无偿发放初始额度，也可以通过拍卖来分配额度。后一种方式和污染税一样，也可以为政府创造收入。

污染许可证市场是人为建立的市场，在现实中有着广泛的应用。几乎每一种主要污染物都有相应的许可证市场，而最广为人知的许可证市场当属碳排放市场。截至2023年3月，全球正在运行的33个碳交易市场已经形成"1个超国家级、8个国家级、18个省级或州级、6个城市级"的全球市场层级，覆盖了全球约55%的GDP和17%的温室气体排放。

专栏 5-7

中国碳排放市场发展报告

碳排放权交易机制因其灵活性高、减排成本低的特点，已经被越来越多的国家和地区采纳为主要的碳定价机制。在气候危机愈加凸显的大背景下，中国也在不断探索温室气体减排路径与适宜国情的碳排放权交易市场机制，目前已经经历了三个主要发展阶段：2005年开始的CDM项目推行阶段，2011年启动的区域碳交易试点市场建设与运行阶段，以及2014年推出、2021年7月16日正式启动的全国碳市场建设与运行阶段。目前中国呈现全国碳市场与区域试点市场同步发展的局面。

全国碳市场的正式启动象征着中国成为全球覆盖温室气体排放量规模最大的碳市场。发电行业作为突破口率先进入全国碳市场的第一个履约周期，涉及企业2225家，覆盖二氧化碳排放量超40亿吨。

从整体运行情况看，我国碳市场启动不到两年时间，在改善环保绩效的同时，也存在一些问题，其中较为突出的问题是有效性不足，这是由多方面原因造成的：(1) 从碳配额总量和分配机制来看，我国碳配额总量是基于纳管企业碳排放强度设定的，存在配额核算滞后且供应量不稳等问题。分配机制方面，由于配额分配及上缴存在时滞，提前持有碳配额将承担碳价波动风险，因此纳管企业更倾向于临近履约期时根据核定配额总量进行交易。(2) 参与主体方面，全国碳市场参与主体有限，就行业而言目前只纳入了电力行业2000余家企业，主体只有企业，投资机构等主体尚未被允许入场交易，因此企业参与交易主要以完成履约为目标，交易频次低。(3) 企业的认知和准备不足。企业风险管理意识不强，在现货市场交易不足的情况下，缺乏对碳金融产品创新的需求，进一步限制了相关产品的推出。(4) 市场监管制度有待完善。目前全国碳市场监管部门是生态环境部，但金融交易产品的监管归证监会，部门之间的制度差异也是影响创新，进而影响市场流动性的原因之一。

资料来源：《低碳发展蓝皮书：中国碳排放权交易市场报告（2021～2022）》，社会科学文献出版社，2022年版。

四、应对正外部性的相关政策

这一节的最后,我们来简要讨论一下政府如何弥补正外部性带来的效率损失。和负外部性一样,在某些场合政府可以通过直接规制的方式来强制增强主体的行为,如义务教育法规定的最低教育年限。然而,通常来说,在正外部性存在的场合,政府直接规制将面临较大的争议,甚至无法实施。在这些场合,政府可以通过呼吁、鼓励等方式来影响个人行为,如提倡疫苗接种、节约水电等,或者是通过货币激励来影响个人行为。

和税收相对,政府可以采用补贴的方式来纠正正外部性导致的无效率。政府可以补贴使用清洁能源或环保技术的企业,以鼓励企业减少污染物排放;政府可以补贴文化、艺术等领域,鼓励创意产业的发展,增加文化活动和艺术品的供给;政府还可以提供公共交通系统的补贴,以鼓励人们减少驾车,降低交通拥堵和空气污染等。

此外,政府也可以通过一系列制度明确收益权从而纠正正外部性导致的无效率,这些制度包括专利法、版权法的保护以及知识产权的强化。例如,专利法赋予发明者一定的专有权,鼓励他们投入研发并分享其创新成果,从而促进技术进步和经济增长。同样,版权法的保护可以鼓励艺术家和创作者创作原创作品,为社会提供文化和娱乐价值。

专栏 5-8

"蚂蚁森林"的激励之道

"蚂蚁森林"是蚂蚁金服 2016 年 8 月在支付宝上启动的一项旨在推动公众低碳减排的公益项目。它巧妙地将个人的绿色低碳行为转化为真实存在的树林,极大地激发了公众的行动热情。尽管这个项目的发起者是私人部门,但它仍然具有标志性的意义,并于 2019 年获得了联合国最高环境荣誉——"联合国地球卫士奖"和"联合国全球气候行动奖"。

蚂蚁森林的运作方式和小游戏类似。每个人的低碳行为在蚂蚁森林里被计为"绿色能量"。能量积累依据的是步行或骑共享单车、线上办公、电子支付、免餐具的外卖订单等可被各种 App 记录的带有减少资源消耗和碳排放的作用的个体行为。支付宝账户中的虚拟树随着能量的积累长大到一定程度后,用户就能选择在现实中种一棵树,或守护相应面积的保护地。程序根据梭梭树、柠条、樟子松等树木的种植难度与消耗计算出能量值,用户使用相应的能量值就可以种植,并获得象征着环保成就的电子证书。种树环节由蚂蚁森林出资,联合地方政府、专业机构和公司及当地农牧民进行种植与维护。

蚂蚁森林也有一定的社交游戏属性。用户的绿色能量被设置为会在产生的 72 小时后消失。用户要及时点击能量"收集",也可以帮好友收取即将消失的能量、"浇水"等。对于用户来说,低碳生活从形而上的概念变成了真实存在的林木,蚂蚁森林也因此获得了中国亿万网民的喜爱。

截至 2019 年 8 月,蚂蚁森林及其合作伙伴已经在内蒙古、甘肃、青海和山西等中国最干旱的一些区域种植了约 1.22 亿棵树木,树木总计覆盖 11.2 万公顷(168 万亩)土地,总计减少 790 万吨碳排放。蚂蚁森林项目展示了如何通过技术和巧妙的设计激发个人的正能量和创新行动,从而改变我们的世界。

第五节 公共品和公共资源

第四节我们回答了如何利用公共政策来解决外部性带来的效率问题,这些政策针对的是产生外部性的行为主体。事实上,正如科斯定理所揭示的,外部性问题通常发生于一些难以清晰界定产权的物品的使用上。在本章的最后一节,我们就把视角转到物品上来。我们来看一类天然且具有外部性的物品,这类物品的特征是它们的使用具有非排他性,也就是说我们很难甚至是完全无法将一部分人排除在该物品的消费之外。大部分的自然资源都具有这样的特征,如空气、河流、海洋等。还有一部分物品虽然是人工制造品,但是由于特殊的物理性质或者是技术限制,也具有类似的非排他性,如海港的灯塔、广播的信号等。

这类物品我们不称之为商品,因为它们无法进行交易——交易的前提是确定的产权,而产权是排他性的权利。根据这类物品是否具有竞争性,我们又把它们分为两类:公共品(public good)以及公共资源(public resource)。竞争性意味着一个人使用该物品时将对另一个人的使用造成负面影响。如果某物品既具有非排他性又具有非竞争性,我们就称之为公共品;如果某物品既具有非排他性又具有竞争性,我们就称之为公共资源。公共品和公共资源将引发不同类型的外部性,其应对政策也不尽相同。

> **专栏 5-9**
>
> **不同类型的物品**
>
> 根据物品及服务是否具有排他性及竞争性,经济学将它们分为四类:具有排他性和竞争性的物品是私人物品,如我们平时吃穿住行所涉及的商品和服务;具有排他性而不具有竞争性的物品是俱乐部产品,例如有线电视,以

及各类付费软件；不具有排他性但是具有竞争性的物品是公共资源；而既不具有排他性又不具有竞争性的物品是公共品。

四种物品分类是相对的，现实中有时不存在严格的边界。如要判断公路的性质，我们需要对公路的使用情况做出更多界定，收费公路具有排他性，免费公路则不具有排他性；拥挤的公路具有竞争性，而完全不拥挤的公路则不具有竞争性。将这两个方面特性的公路排列组合，我们就可以得到四种情形的公路，分别对应上述四种分类。

一、公共品

公共品是具有非排他性和非竞争性的物品。很多基础设施都具有公共品属性。如国家的国防建设保障的是每一个国民的安全；城市的绿化建设、市容改善等为所有市民提供了更舒适的环境；农村的道路修缮、农业技术普及为所有村民都提供了更好的致富机会。这些设施以及服务可以为大众共同享有，它们所带来的社会收益是非常大的。

然而，谁来提供这类物品呢？毕竟这些设施和服务都是需要真金白银来置办或是提供的。我们在生活里需要使用的物品种类繁多，光是衣食住行，每一项服务之下的门类更是数不胜数，而每一类都有众多的供给商，这些供给商可能是跨国的大企业，也可能是家门口的小作坊。在这众多的企业中，有没有一家企业是提供国防服务，或者是城市建设服务，并由消费者购买的呢？没有。例如没有人买过城市里的林荫树种植维护服务。这背后的原因是什么呢？

假设有一家企业决定提供林荫树种植这项服务，谁会来购买呢？只要有一个人购买，所有每天经由城市道路上下班或者是去吃饭、看电影的人都会受益。也就是说这个购买行为具有极大的正外部性。考虑到城市道路的车流量和人流量，假设林荫树种植的社会总收益是每年5000万元，林荫树木种植维护成本是每年1000万元，注意这绝不是个夸张的估计。我们的购买者需要从购买行为中获得至少等价于1000万元的效用，这笔交易才可能发生。很显然这样的购买者是不存在的，因此这样的企业和市场也都是不存在的。

私人市场无法提供公共品的原因就在于这类物品的非排他性——每个人都可以搭便车，即免费享受公共品带来的收益。企业无法通过向每个人收费的方式来回收成本。因此在绝大多数国家，政府都是公共物品的提供者，因为政府可以通过税收等强制性方式来筹集资金，覆盖公共物品的成本。

然而，由政府提供公共品也并不是没有任何难题的。政府的资金来源于个人，为了享受公共品带来的效用，个人实际上放弃了一部分私人消费，并将这部分资源交给政府，由政府代为决策。因此政府面临一个权衡取舍问题，提供什么样的公共品，其种类和数量是最优的？为了回答这个问题，政府需要知道公共品提供的成本，还需要知道公共品相对于私人物品的效用。成本信息可以从市场上获取，因为提供公共品所需的人力、物力都有市场价格；而效用信息的获取就不那么容易了，因为人们并不会为公共品支付价格。要避免政府误用、滥用公共资金，公开透明的预算、充分的公众讨论、项目完工后的审计是必不可少的。

二、公共资源

公共资源是具有非排他性而又具有竞争性的物品。从公共资源的名称就可以看出这两个特点：公共意味着非排他性，而资源必然具有稀缺性，稀缺性则意味着竞争性。很多自然资源都具有公共资源的属性，如河流海洋里的鱼类，山林里的植被、干净的空气等。在日常生活里也存在着公共资源，如你和你的室友共同生活的宿舍空间，对于你和你的室友来说就是公共资源；公共广场、草地、沙滩等，都是公共资源。

公共资源可以无偿使用，一个人的使用又将减少其他人的可用资源的数量，因此公共资源的使用具有负的外部性。我们前面讲过，在存在负的外部性的场合，行为主体倾向于过多地实施行为。在公共资源使用上，我们经常听到的一个词是"公地悲剧"，其描述的就是公共资源容易被滥用的情况。

"公地悲剧"一词来源于美国生态学家加勒特·哈丁（Garrett Hardin）于1968年在《科学》期刊上发表的同名文章。在文章中他举了一个牧羊人与牧场的例子来解释悲剧发生的原因：作为理性个体的牧羊人从自己利益最大化的角度出发，考虑是否增加他的羊群。每增加一头羊，都会带来正面与负面的影响。正面影响是牧羊人可以从增加的羊身上获得所有的利润，而负面影响是牧场的承载力因为额外增加的羊而有所耗损。然而这两者并非平等地加诸牧羊人身上。牧羊人获得了所有的利益，但是资源的亏损却是转嫁到所有牧羊人的身上。因此，每一位牧羊人衡量所获利润和所付出的成本后的决定是继续增加放养数量。而所有的牧羊人都做出如此的反应必将导致牧场负载力的过度耗损。哈丁将这样的结果称为"悲剧"——"持续进行、永无休止的悲剧"。

公地悲剧这一概念极具洞察力，当今社会面临的大量环境问题，如在本章开头提到的所有问题，都可以称之为公地悲剧。在我们生活中的很多现象，如公共泳池、公共卫生间糟糕的卫生状况，甚至是公用洗碗池的经常性堵塞，都可以说是公地悲剧的缩小版。

如何避免悲剧的发生呢？既然悲剧背后的原因是负的外部性，那么我们可以使用第四节讲过的治理负的外部性的方法。政府可以通过直接规制，即限制每个人使用的资源数量来避免公共资源的滥用。例如在牧羊人与牧场的例子里，政府可以规定每户牧民最多可以放牧的羊群数量。政府也可以通过征收资源使用税来限制资源使用数量，如政府可以规定每放牧一只羊需要缴纳一定数量的牧场使用费等。

在某些涉及自然资源的场合，还有一种方法也能有效地防止资源的滥用，那就是将自然资源的使用权转移到个体，让自然资源的使用不再具有非排他性。如将集体所有的自然资源，如林地、草地、池塘等承包给个人。特别是在长期承包合同下，由于个人在激励作用下会倾向于让自然资源产生最大的价值，因此，类似于杀鸡取卵、涸泽而渔等滥用自然资源的现象将会大大减少。

而在另一些自然资源的使用权无法转移到个体的情况下（例如河流、湖泊的使用权），类似于"河长制"这样的创新制度同样大大减少了自然资源的滥用。"河长制"最初在江苏省无锡市出台，起因是2007年的太湖蓝藻事件。"河长"由当地政府的一把手担任，是辖区内水域保护的第一责任人。"河长制"的建立将环境绩效与对政府官员的考核密切联系起来，极大地促进了太湖生态改善。目前"河长制"已经推广至全国，在诸多公开水域都可以看到河长的信息牌。"河长制"的实践取得了积极成效，在促进了河湖生态环境改善的同时，也倒逼了经济结构的调整和发展方式的转型。

专栏 5-10

有关拖鞋问题的问题

作家李元岁在《有关拖鞋问题的问题》一文中讲述了一个公共资源治理的故事。故事发生在改革开放初期，某县机关修了一个澡堂，解决了职工的洗澡问题。这原本是件大快人心的事，随之却出现一个令人"挠头"的问题——据不完全统计，自澡堂修建以来，机关每年要买近300双拖鞋。尽管采取了一系列措施，譬如在鞋底上用红油漆写上"县澡"二字，或烫几个窟窿眼儿，或剪几个豁口等，但都无济于事。拖鞋照样丢！于是，职工们因为洗完澡穿不着拖鞋而破口大骂。年轻的小王科长上任后，发给每位职工一双拖鞋，供大家洗澡用，规定所有权属政府，使用权归个人，且宣布三年之内，后勤科不再买拖鞋。故事的结果是三年过去了，除一位职工的拖鞋坏了外（之后洗澡便带自己的拖鞋来），再没有发生一起丢拖鞋事件。

尽管这是一篇文学作品，但它反映出来的问题在当时无疑是真实存在的，而小王科长的解决对策则是充满了经济学的智慧。在当代社会，个人私有不再被视为洪水猛兽，拖鞋问题也消失在历史的尘埃里。然而在现实生活中，类似的问题是否还依然存在呢？

本章小结

外部性的存在是市场失灵的一个重要原因，也是一系列危及人类生存、发展的环境问题背后的共同推手。本章介绍了外部性的定义，展示了外部性导致效率损失背后的激励扭曲，同时讨论了解决外部性问题的两类方法：私人方案和公共政策。尽管市场在很多情况下不能自动解决外部性问题，但是政府可以使用市场化的方法，如污染税、污染许可证市场等来更好地规制外部性问题。

思考题

1. 在日常生活里有哪些负外部性或正外部性的例子？
2. 外部性导致效率损失的原因是什么？请你用类似于图 5-1 的供需曲线分析方法将正的外部性所导致的效率损失表示出来。
3. 科斯定理的内容是什么？它如何帮助我们更好地理解外部性的本质？
4. 举出一些你认为外部性问题存在且并未得到治理的例子，你认为可能的原因是什么？
5. 你过去如何处理日常生活里的外部性问题？学习了本章的内容后，你是否有了新的解决思路？

名词索引

◆ 负的外部性：某个行为损害了他人的福利，但是行为主体并不为此付出成本，这一行为就具有负的外部性。

◆ 正的外部性：某个行为增加了他人的福利，但是行为主体并不因此获得收益，这一行为就具有正的外部性。

◆ 科斯定理：如果产权明晰且交易成本足够低，那么不管初始产权如何分配，当事人总是可以通过交易来达成资源的有效配置。

◆ 非排他性：无法将部分消费者排除在对某一物品的使用之外，这样的物品具有非排他性。

◆ 竞争性：消费者对某个物品的使用将对他人对这一物品的使用造成负面影响，这样的物品就具有竞争性。

◆ 公共品：具有非排他性和非竞争性的物品称之为公共品。

◆ 公共资源：具有非排他性又具有竞争性的物品称之为公共资源。

◆ 搭便车：得到一种物品的利益而没有为之付费的行为即是搭便车。

◆ 公地悲剧：所有的公共牧地容易被过度放牧，这是用来说明从社会的角度看公共资源为何容易被滥用的一个寓言。

5-1
知识分享

第六章

博弈行为与不对称信息

■ 第一节　引言

正如我们在之前的章节学到的，作为理性人对个人决策进行优化分析，在不同选择中做出当下收益最大化的决策是经济学基本的思维之一。但是，在面临真实世界中的决策时，我们可能无法只考虑自己，因为我们每个人既以个体而存在，同时又作为群体中的一员而存在，而群体中的成员又会产生相互影响。

当今的社会热词"内卷"相信大家都不陌生。在教育中，你是否经历过或者观察到，为争取优质的教育资源，课外辅导越来越多，课业负担越来越重，而最终的结果依然难以达到预期？在职场中，你是否体验或者听说过，当有员工急于表现主动加班，其他员工哪怕不情愿也会纷纷被迫开启"加班"模式？当"内卷"带来无休止的负担，却没有带来相应的回报时，你是否会反思，人们究竟为何而"卷"？要想从经济学视角认识"内卷"，以及家庭关系、团队协作、公司竞争、国家外交等诸多经济、社会乃至军事问题，我们就需要具备博弈思维，理解博弈行为。

在人与人之间发生互动和博弈时，有时我们可以掌握自己和对方的所有信息，但有时我们会观察到人与人之间存在信息差距。一个人对正在发生或将要发生的事情可能知道的比另一个人更多、更准确，同时一个人也无法完全了解另一个人心中的真实想法，或是一个人的真实特性。这些信息的不平衡、不对等将会影响人们的行为决策，使得人与人之间的关系与影响变得更加复杂，甚至会让人们最终的决策和市场结果出人意料。

在劳动力市场中我们常常会观察到，在高校毕业生搜寻工作的过程中，面对几个待遇条件相似的雇主，毕业生们是否会因为无法准确判断最优的工作环境、团队氛围，以及发展前景而纠结？如果准备进入职场的新人能够向企业老员工了解更多的信息，是否可以帮助他们做出更好的选择？换一个角度思考，作为求职者，如何说服完全不认识自己的企业人力资源总监，自己是能够胜任该职位的好选择？在精心设计的求职简历和个人材料中，是否会将自己不擅长的一面表现出来？要想理解这些现象并给出合理的应对方案，我们需要学习不对称信息及其对人们行为决策的影响。

综上，本章将对博弈行为以及不对称信息进行介绍，在系统学习不对称信息概念的基础上，进一步梳理道德风险和逆向选择这两类典型的不对称信息，结合理论对委托代理问题和柠檬市场进行分析，并探讨在经济社会中，人们如何通过机制设计来应对不对称信息带来的影响。之后我们将介绍经典的囚徒困境及其他的博弈模型来展示人与人之间的相互影响与意想不到的均衡结果，最终揭示人们是否可以建立和维持合作的博弈论原理。

第二节 博弈行为及其均衡

人与人之间如何相互影响是经济学科的核心研究内容之一，而博弈论则是思考个体之间的社会互动关系，以及分析最终可能达到的均衡状态的重要理论和思维方式。在本章引言中，我们提到博弈思维方式可以解释很多人际交往问题以及社会经济问题。下面我们来思考一个很常见的生活现象，或者说是一种企业行为：做广告。

为传递给消费者商品质量过硬的信号，或者扩大企业品牌的影响力，广告是一种经常被使用的方式，企业通过电视、网站、报纸等媒体，或是制作各种类型的广告牌，将其安放在大楼、体育场、地铁、车站等地点，来介绍商品特性并说服消费者购买，甚至斥巨资请著名歌手或演员担任商品代言人以达到吸引消费者的目的。除了试图传递更多的商品信息给消费者外，企业投入巨额广告费还有一个重要的原因，就是为了增强自身与生产较为相近产品的企业之间的竞争力。我们可以将这种策略称为广告博弈。某个企业投入大量广告有减少其利润的可能性，但是如果其竞争对手选择投放广告而该企业没有，竞争对手就有可能会挤占大量市场份额。那么在无法准确了解竞争对手的广告策略的情况下，该企业是否应该选择做广告呢？

为了回答上述问题，本节将首先通过讲述博弈论经典故事——囚徒困境，来引入博弈论基本术语和常规分析思路，解释占优策略均衡和纳什均衡的定义和异同，并在此基础上对人们在博弈中是否会达成合作进行经济学视角的分析，即介绍合作经济学的基本研究内容。合作经济学会深入考察人与人之间的合作虽是合意的但难以达成的原因，以及在何种条件下人们可以达成合作。

一、囚徒困境

囚徒困境是一个关于两名被警察抓住的罪犯的故事。现在，警察已有足够证据证明两名罪犯张某和李某都犯有持有枪支弹药的罪行，因此每人要在狱中度过 1 年。同时，警察还怀疑两名罪犯曾合伙入室抢劫，但他们缺乏有力的证据证明该项重罪。为获得有效口供，警察分别审问了两名罪犯，并向他们提出如下条件：现在我们有足够证据判处你 1 年有期徒刑。但如果你承认银行抢劫案，并供出合伙者，你就可以被免除监禁获得自由，而你的同伙如果拒不承认，他将在狱中度过 20 年。如果你们两人

笔记

都承认罪行，让我们节省了审讯成本，这样我们就采取一种折中的方式，给你们每人判8年有期徒刑。为了更加直观地厘清警察的谈判策略和两名罪犯所面对的所有选择，我们将这些信息汇总在表6-1中。

表6-1 囚徒困境博弈模型

囚徒模型		罪犯李某	
		供认	沉默
罪犯张某	供认	张某判8年；李某判8年	张某释放；李某判20年
	沉默	张某判20年；李某释放	张某判1年；李某判1年

我们发现在这两名罪犯的博弈中，每个人得到的刑期既取决于自己的个人决策，又取决于另一个人所做的决策，同时我们还需要假设两名罪犯并不是讲义气的好兄弟，他们都只关心自己的刑期长短，那么最终他们将会如何决策呢？我们可以首先从李某的选择及其对应结果来观察和思考（首先从张某的选择开始分析会得到相同的结论），当张某选择供认的时候，供认对李某而言会是更有利的选择，因为选择供认时，李某会被判8年而不是20年。而当张某选择沉默时，李某应该选择供认，这一选择对他更有利，因为他会因此获得自由而不是1年有期徒刑。接下来，我们再来分析张某的选择，当李某选择供认时，张某应该选择供认，因为8年有期徒刑比20年有期徒刑对他更有利。当李某选择沉默时，张某为了获得自由，也应该选择供认，这也显然比1年有期徒刑更好。综上所述，我们发现，无论对方如何选择，李某和张某都应该选择供认以得到更好的结果。

在了解囚徒困境这个故事的基本框架后，我们可以引入几个博弈论的专业术语来描述它。一个或者几个理性的参与者，在制定好的规则下，在各自允许选择的策略中进行选择，并从中各自取得相应结果或收益的过程就是博弈。上述我们讲的囚徒困境故事就是一个完整的博弈。在这个过程中，博弈的参与者可能采取的行动或者计划就是策略，在这里，两名罪犯有供认或者沉默的两种策略。而选择不同策略将带来相应的收益或者结果，例如囚徒困境中有期徒刑的年数，就是该博弈中的收益。可以最大化预期收益的策略被定义为最优策略，例如张某和李某最终都会选择供认来尽可能减少他们判刑的年数，供认是他们当下的最优策略。对不同场景下的博弈进行分析，试图找出每个参与者的最优策略和均衡结果就是博弈论这门学科的核心内容。

在囚徒困境的博弈分析中我们已经得出一个结论，即无论对方如何选择，供认都是李某和张某的最优策略，而且他们两人没有任何动机将其策略从"供认"更改到"沉默"。为进一步确认我们的判断，我们可以假设下列场景并回答问题：如果他们更改了"供认"的决策而重新选择沉默，会发生什么？如果两人事先约好沉默，会有人反悔吗？首先，在李某和张某选择供认后，其中一人反悔重新选择沉默，那么该罪犯将从8年有期徒刑增长为20年。此外，如果两人事先约好沉默而同时被判1年，李某和张某都有动机从保持沉默反悔至选择供认的策略，因为他们会受到无罪释放的诱惑。由此可见，两名罪犯是不会轻易更改他们的供认策略的，双方都供认就是本次博弈的均衡。

> **专栏 6-1**
>
> **教育"双减"政策**
>
> 　　教育"双减"指的是，在我国教育领域中需要有效减轻义务教育阶段学生过重的作业负担和校外培训负担，具体而言该政策要求学校布置的作业需要适量、注重质量，达到课堂教学活动的补充作用，该政策将对校外的培训机构进行合理的管控，尽量给学生留足正常的锻炼、休息和娱乐时间，让学生能够更健康地学习和成长。2021年7月24日，中共中央办公厅、国务院办公厅印发《关于进一步减轻义务教育阶段学生作业负担和校外培训负担的意见》（以下简称《意见》），要求各地区各部门结合实际认真贯彻落实。《意见》要求切实提升学校育人水平，持续规范校外培训（包括线上培训和线下培训），有效减轻义务教育阶段学生过重的作业负担和校外培训负担。对全面规范校外培训机构进行了明确的规定，释放了营造良好教育生态的信号。2021年8月，国务院教育督导委员会办公室印发专门通知，拟对各省教育"双减"工作落实进度每半个月通报一次。
>
> 　　从经济学视角来看，"内卷"困境是人们对有限的教育资源进行博弈的均衡结果，而"双减"这一公共政策的制定则希望调动当前社会政治、经济、文化等多元力量来减少青少年儿童教育竞争压力，营造轻松、自由、健康的教育环境。从长期来看，利用政策手段缓解教育内卷，可以减轻社会焦虑，促进教育领域高质量发展，有助于降低生育、养育决策成本，推动建设生育友好型社会，促进人口长期均衡发展。
>
> 　　资料来源：中国政府网。

二、占优策略均衡

　　在对囚徒困境的分析中，我们已经得出了该博弈的均衡是两名囚犯均选择供认，也就是说李某和张某二人在达到该均衡状态时，都不会再有动机改变他们的选择。同时我们也会发现，他们选择供认策略还有一个明显的特征，那就是无论对方作何选择，选择供认都比选择沉默要更好。

　　接下来我们将介绍博弈论中"占优策略"的概念：在一个博弈中，无论其他参与者选择什么策略，如果某策略是该参与者的最优策略，那么这个策略就是他的"占优策略"。在囚徒困境的故事中，两名囚犯的占优策略都是供认。当博弈的每个参与者都有自己的占优策略时，那么这次博弈的结果就一目了然——所有参与者占优策略的组合是这次博弈的均衡，同时这个均衡也叫占优策略均衡。但我们要注意的是，并不是每一个博弈的每个参与者都有"占优策略"，如果存在某个参与者没有占优策略，那么他的最优策略将取决于其他参与者选择的策略。

三、纳什均衡

"夫兵形象水,水之形避高而趋下,兵之形避实而击虚。水因地而制流,兵因敌而制胜,故兵无常势,水无常形,能因敌变化而取胜者,谓之神",取自我国春秋时期古典军事著作《孙子兵法·虚实篇》,这说明我国古代军事思想就已经对博弈和策略做出了深入的探讨。我们已经提到,并不是每一个博弈的每个参与者都有"占优策略",那么当博弈的参与者之间产生相互影响,每个人的最优策略可能会根据其他参与者决策的变化而变化时,我们该如何厘清寻找博弈均衡的思路呢?是否可以在占优策略均衡的基础上推广出更加一般的均衡概念?

下面我们引入一个更加一般的均衡概念——纳什均衡(Nash equilibrium)来代表不是"占优策略均衡"的均衡。一个博弈中的"纳什均衡"指的是,博弈中每个参与者都在给定其他参与者策略的情况下,选择了自己的最优策略。之前我们所介绍的"占优策略均衡"是"纳什均衡"的一种特殊情况,也就是说"占优策略均衡"是一种"纳什均衡",但并不是所有的"纳什均衡"都是"占优策略均衡"。"纳什均衡"是由著名数学家、经济学家约翰·纳什首次提出,并以他的名字命名的一个均衡概念。

专栏 6-2

约翰·纳什与纳什均衡

约翰·纳什(John Nash,1928—2015),是著名数学家、经济学家、曾任麻省理工学院助教,后任普林斯顿大学数学系教授,主要研究博弈论、微分几何学和偏微分方程。纳什在他以"非合作博弈"(Non-cooperative Games)为题的博士论文中提出了纳什均衡的概念和均衡存在定理,证明了非合作博弈及其均衡解,揭示了博弈均衡和经济均衡的内在联系,奠定了现代非合作博弈论的基石,彻底改变了人们对于竞争和市场的看法,影响了经济学的体系与结构,拓展了经济学研究问题的范围。由于他与另外两位数学家在非合作博弈的均衡分析理论方面做出了开创性的贡献,对经济学研究产生了重大影响,约翰·纳什获得了1994年诺贝尔经济学奖。

约翰·纳什的一生充满传奇与坎坷,在他刚取得麻省理工学院终身职位时,他却因为幻听和幻觉的症状被确诊为严重的精神分裂症,之后的几项重要荣誉奖项都因为他的病状而与他擦肩而过。20世纪80年代末期,纳什逐渐从病魔的折磨中康复,同时也迎来了另一个好消息,1994年他和其他两位博弈论学家约翰·海萨尼(John Harsanyi)和莱因哈德·泽尔腾(Reinhard Selten)共同获得了诺贝尔经济学奖。2001年上映并一举获得8项奥斯卡提名奖的影片《美丽心灵》（A Beautiful Mind），正是以纳什为原型，以他的人生经历和他的妻子、朋友、同事的真实感人的故事为题材，用艺术的方式重现了这个天才的传奇故事。电影改编自同名传记《美丽心灵》，该传记主要记述了纳什从事业的顶峰滑向精神失常的低谷，再奇迹般逐渐恢复的故事。

资料来源：约翰·纳什（博弈论创始人）百度百科、电影《美丽心灵》百度百科；《回顾纳什生平》，搜狐观察者网。

我们在前面的章节探讨过企业广告竞争的话题，下面我们使用企业的广告博弈来深入分析一个博弈参与者不存在占优策略的例子。天猫和京东是目前国内最知名的两家电商平台，两家企业在很多方面，包括用户口碑、商品价格、营销推广以及物流配送等方面都存在着激烈的竞争，现在我们假设京东和天猫两家电商巨头需要对下一个季度是否进行广告竞争做出决策。一般而言，广告营销的大量投入会带来更多的销量，扩大企业知名度并占领更多的市场份额，但同时也将产生一笔不菲的成本。在寡头或者垄断竞争市场中，是否做广告的决策以及相应的利润收益既取决于自己的决策也取决于竞争对手的决策，两家企业的广告策略以及最终利润如表6-2所示。

表6-2 广告竞争博弈模型

广告模型		天猫	
		做广告	不做广告
京东	做广告	京东60亿元；天猫50亿元	京东90亿元；天猫20亿元
	不做广告	京东25亿元；天猫85亿元	京东100亿元；天猫70亿元

根据我们对两家企业是否进行广告竞争及相应最终利润的观察和分析，我们发现京东在该次博弈中没有占优策略，它是否要做广告将取决于天猫的广告策略。根据表6-2中我们模拟出来的数据，当天猫选择做广告，京东参与广告竞争将得到60亿元的利润，比不做广告的25亿元要高；当天猫不做广告时，京东不做广告的利润100亿元则比做广告的90亿元更高。但是对天猫来说，无论京东是否做广告，天猫都应选择做广告（50亿元好于20亿元；85亿元好于70亿元），因此做广告对于天猫来说是占优策略。那么如果不是每一个博弈的每个参与者都有"占优策略"，我们该如何找到均衡策略集呢？

这里可以采用博弈论分析中的反向推导法寻找答案，如果京东的企业管理层相关决策人员学习过博弈论的相关知识，那么他们会通过分析博弈模型发现天猫在是否参与广告竞争上存在占优策略，无论京东如何选择，天猫都会选择做广告。因此京东可通过提前预测竞争对手的策略来选择自己的最优策略，既然天猫一定会选择做广告，那么根据天猫的占优策略，京东就可以选择做广告来获得60亿元的最终利润。天猫和京东在各自选择参与广告竞争后，他们是没有动机改变决策的，因为一旦改变，他们的利润会下降。综上所述，本次博弈不存在占优策略均衡，两家企业均选择做广告是一个纳什均衡，本次广告博弈的参与者都在给定其他参与者策略的情况下，选择了自己的最优策略。

四、纳什均衡的其他例子

在我们分析的几个博弈案例中,都只找到了一个纳什均衡,那么我们可能会产生一个疑问,每个博弈中只能找到一个纳什均衡吗?下面我们通过两个小龙虾餐厅的故事来分析并回答这个问题。小龙虾是近年来非常受人们欢迎的美食,小龙虾产业链也是湖北十大重点农业产业链之一。湖北省小龙虾产量占据了全国近"半壁江山",2021年,全省小龙虾养殖面积897万亩、产量108万吨,占全国的小龙虾产量4成以上,综合产值1325亿元、同比增长26.5%,产量、产值、出口均居全国第一(参考《中国小龙虾产业发展报告2021》)。湖北小龙虾产业布局坚持以市场为导向、创新为引领,带领产业链探索新模式、新技术、新产品,统筹小龙虾产业上下游各环节,着力实现从"卖资源"向"卖产品"转变,为湖北农业现代化做出了巨大贡献。现假设在武汉非常受欢迎的两家小龙虾餐厅,靓靓蒸虾和巴厘龙虾在推出小龙虾主菜口味选择上进行博弈,其策略和营业额如表6-3所示。

表6-3 主菜口味博弈模型

口味模型		巴厘龙虾	
		油焖口味	蒜蓉口味
靓靓蒸虾	油焖口味	靓靓0.5亿元;巴厘0.8亿元	靓靓0.9亿元;巴厘1.2亿元
	蒜蓉口味	靓靓1.2亿元;巴厘0.9亿元	靓靓0.8亿元;巴厘0.5亿元

经过对表6-3的分析我们发现,在对于主菜口味选择的博弈中,两家餐厅均不存在占优策略,当其中一家龙虾餐厅口味选择改变时,另一家龙虾餐厅的最优策略就需要调整。例如靓靓蒸虾选择油焖为主打口味时,巴厘龙虾就应该选择蒜蓉,因为1.2亿元的总营业额显然好于0.8亿元。另外,当靓靓蒸虾选择蒜蓉口味时,巴厘龙虾就应该选择油焖以获得0.9亿元的营业额。当然,这样的结果也是符合消费者选择逻辑的,因为大家可能会更偏好食物口味的多样性,当两家餐厅的主打口味不同时,可能会吸引更多的消费者。我们发现,当两家餐厅对于主菜口味选择的博弈如果同时进行,就可以找到两个纳什均衡:靓靓蒸虾选择油焖口味,而巴厘龙虾选择蒜蓉口味;以及靓靓蒸虾选择蒜蓉口味,而巴厘龙虾选择油焖口味。

为验证我们找到的均衡是否准确,我们可以以第一个纳什均衡为例反过来推导一遍,当靓靓蒸虾选择油焖口味获得0.9亿元营业额,巴厘龙虾选择蒜蓉口味获得1.2亿元营业额时,是否有餐厅存在更改决策的动机?这时如果靓靓蒸虾改变决策选择做同样的蒜蓉口味,其总营业额会减少至0.8亿元;当巴厘龙虾改变决策选择与靓靓推出同样的油焖口味,总营业额会从1.2亿元降至0.8亿元,由此可见两个餐厅均没有动机改变策略,同理可证第二个纳什均衡的正确性。不过值得一提的是,这两个纳什均衡存在一个很重要的前提条件,就是两家餐厅会就主打口味的选择同时进行博弈,但如果决策有顺序,即两家餐厅在口味选择上存在先后顺序,那么本次博弈的纳什均衡结果会发生变化吗?

为了回答这一问题,接下来我们补充一个"序贯博弈"的概念。如果现在两家小龙虾餐厅按先后次序进行主菜口味的选择,如果靓靓蒸虾先选择,巴厘龙虾后选择,那么我们可以通过绘制一个策略路线图来分析:如果靓靓蒸虾先选择了油焖口味,那么巴厘龙虾就会接着选择蒜蓉口味,因为这样可以获得1.2亿元的营业额而不是0.8亿元,而靓靓蒸虾最终获得0.9亿元营业额;相反,如果靓靓蒸虾首先选择了蒜蓉口味,那么巴厘龙虾接下来将选择油焖口味,以获得0.9亿元而不是0.5亿元的营业额,该选择会使得靓靓蒸虾得到1.2亿元营业额。如果靓靓蒸虾的店长是学习过博弈论的理性人且该店有先做决策的优势,那么可以使用倒推法来得到最佳答案,那就是率先选择蒜蓉口味,这样他可以预料到巴厘龙虾将只能选择油焖口味,而靓靓蒸虾因此会获得1.2亿元营业额。因此,靓靓蒸虾选择蒜蓉口味而巴厘龙虾选择油焖口味将成为本次博弈的纳什均衡,因为没有任何人有动机改变这一决策。更准确地说,由于本次博弈存在决策顺序,因此这里的纳什均衡也叫作"序贯纳什均衡"。但细心的读者可能会发现,如果巴厘龙虾是那位可以优先做决策的博弈参与者,故事的结局又会发生变化。

第三节 人们是否合作的博弈原理

无论是在处理人与人之间的关系,企业与企业的关系,还是国家与国家间的关系,我们都希望能够达到一种"合作共赢"的局面,但我们在本章中讨论的囚徒困境以及广告博弈的结果都表明,最终的博弈均衡并不是一眼看上去最优的决策。例如在囚徒困境中,两名囚犯如果都选择沉默,那么每人只获得1年的刑期,但最终在一番博弈后,两人却均选择了供认(当然从社会公众和司法治安的角度看,这是令人满意的结果)。在广告博弈中,最终均选择广告竞争的两家企业可能并未创造更大的市场份额以及收益总量,反而因为巨额广告投入产生了高昂成本。如果在做出博弈决策前,参与博弈的双方可以坐下来商讨,并制定合作策略,结局是否会发生改变呢?拟定合作计划后如何避免双方私下违反协议?或者换句话说,在什么样的条件下,博弈的参与者存在达成合作的可能性?

一、不合作的原因:单次博弈

我们在学习第四章时,已经知道了垄断市场的商品相较于完全竞争市场的商品而言,其价格大于边际成本,产量低而利润为正。同时我们也了解到石油输出国组织(OPEC)是一个非常典型的垄断组织(卡特尔组织)。世界石油市场大部分石油(约占3/4)是由少数国家(中东国家)生产的,伊朗、伊拉克、科威特、沙特阿拉伯、阿联酋等国家组成的石油卡特尔组织,力图通过协调减少产量来提高产品价格,并努力确定每个成员国的产量水平。在学习了本章内容后,我们就可以使用博弈论相关知识来分析卡特尔组织中各个石油生产国对于石油产量的决策。

石油输出国组织面临的主要问题之一是:每个成员国都受到增加生产可以得到更

大份额的总利润的诱惑，因此 OPEC 成员就减少产量达成协议后又各自私下违背协议，从而进入"维持合作低产高价—发生争议—合作无效—价格波动"的反复循环过程中，最终石油价格在更大程度上被石油的供给和需求驱动，更难以被 OPEC 成员国操控，这一博弈的结果虽然会使得成员国利润受损，但广大的石油消费者会从中受益。为了更清晰地展示这一结果背后的博弈原理，我们假设现在有两个 OPEC 成员国 A 和 B，两个国家对于目前石油产量的决策取决于钻一口油井还是钻两口油井。它们的决策和对应的利润如表 6-4 所示。

表 6-4 两个 OPEC 成员国的博弈模型

两国油井模型		B 国	
		钻两口油井	钻一口油井
A 国	钻两口油井	A4 亿美元；B4 亿美元	A6 亿美元；B3 亿美元
	钻一口油井	A3 亿美元；B6 亿美元	A5 亿美元；B5 亿美元

根据表 6-4 所示，A 国和 B 国如果按照成员国产量协议所约定的那样，只钻一口油井将产量维持在低水平，那么两个国家都将因为石油的低产高价而获得更高的利润。但在本次产量选择的博弈中，纳什均衡并不是两个国家分别钻一口油井，而是分别钻两口油井。因为当两国签订低产量协议后，双方都有私下多钻一口油井的动机，因为一旦违背协议增加产量，利润就能从 5 亿美元升高到 6 亿美元。最终两个国家会在分别钻两口油井这一决策上实现均衡，而不再有其他动机改变行为，因为一旦改变，该国利润会从 4 亿美元下降到 3 亿美元。

博弈论不仅可以解释很多社会经济问题，在军事上的运用也非常广泛，正如我们之前提到的《孙子兵法》。下面我们来看一个以美苏冷战为背景的简单博弈模型。军备竞赛是指和平时期敌对国家或潜在敌对国家互为假想敌，在军事装备方面展开的质量和数量上的竞赛。各国之间为了应对未来可能发生的战争，竞相扩充军备，增强军事实力，这是一种预防式的军事对抗。第一次世界大战以前，主要是英国和德国之间在进行海军竞赛。第二次世界大战以后军备竞赛主要在美国、苏联两国之间进行，可分为常规武器竞赛、核武器竞赛、太空武器竞赛三个阶段。20 世纪 90 年代，随着世界经济不断国际化、各国间相互依存关系的加强，以及美、苏政治战略的调整带来了国际局势的缓和，使得军备竞赛的势头趋缓。1991 年苏联解体，持续 40 多年的美、苏军备竞赛终于结束。

在这里，我们将使用博弈论方法来简要分析军备竞赛，具体的策略和收益如表 6-5 所示。当一个国家选择军备竞赛，而另一个国家选择裁军时，前者会安全且强大而后者会陷入危险；两国均选择军备竞赛时，两国都会有爆发战争的风险；最后两国均选择裁军时，两国都会安全但会失去霸主地位。通过分析和比较，我们会发现两国进行军备竞赛且承担战争风险是这个博弈的纳什均衡，当双方都开始军备竞赛时，两国是缺乏裁军的动机的，因为此举会使得国家陷入危险且弱小的局面。而两国裁军握手言和虽然看起来是很好的选择，但两国均有动机撕毁和平协议转而扩充军备来达到国家既安全又强大的目的。

表 6-5　两国军备竞赛博弈模型

两国军备模型		A 国	
		军备	裁军
B 国	军备	B 国危险；A 国危险	B 国安全且强大，A 国危险且弱小
	裁军	B 国危险且弱小，A 国安全且强大	B 国安全；A 国安全

二、合作的可能性：重复博弈

在我们上述讨论的绝大多数博弈案例中，无论是囚徒困境、垄断协议，还是军备竞赛，其纳什均衡结果都表明，合作往往是难以建立和维持的。但是从现实的观察来看，并不是所有的囚犯都出卖同伙，大部分时候卡特尔组织或者垄断企业之间也能维持勾结性的协议，并且世界上绝大多数国家都主张制止军备竞赛，争取全面彻底裁军，以确保世界和平。2022 年 1 月 3 日，中国、俄罗斯、美国、英国、法国五个核武器国家领导人共同发表《关于防止核战争与避免军备竞赛的联合声明》。因此合作并不是不可能的，合作往往是建立在重复多次博弈的基础之上的，而不是一次性博弈。重复博弈是重复进行多次同样结构的博弈的过程，参与者不断地选择策略并得到收益，而最优策略的选择取决于总收益的大小，而不是其中某一次的收益。在重复博弈中最重要的假设之一是，参与博弈的双方会相互惩罚不合作的行为，只要一方违约，另一方就永远违约。那么在重复博弈中我们的纳什均衡就会发生改变，只要参与者关心未来的利润，他们将放弃违规带来的一次性好处，可能达到合作性的结果。

以 OPEC 成员国博弈模型为例，如果博弈的次数有无穷多次，而参与者关心所有利润的总和，那么该重复博弈的纳什均衡就不再是两国均钻两口油井。因为一旦一国选择背弃合约，那么另一国在遭受利润损失后，就不会在下一次博弈时继续保持低产量合作，而会选择钻两口油井来提高产量抢占市场份额。这意味着先背弃合约的国家只能取得一次性的 6 亿美元高利润，而在未来无限次的博弈中都只能取得 4 亿美元的低利润。在这样的情况下将每次博弈所得利润相加，最终总利润会低于当两个国家均遵守协议、维持低产量合作，并每次都获得 5 亿美元利润的总和。

专栏 6-3

中国国际合作和战略伙伴、和平倡议、长期和平的重要性

和平有利于经济的可持续发展、有利于保障人权和人的生命财产安全；和平的环境有利于人民幸福指数的提高，有利于人民安居乐业，为人民创造更加美好的生活。世界和平是促进各国共同发展的重要基础，只有在和平的国际环境中，世界各国才能保持正常的经济交往，顺利实现本国的发展计划。

当前世界之变、时代之变、历史之变正以前所未有的方式展开，给人类提出了必须严肃对待的挑战。在这样一个关乎世界和平发展的关键时刻，习近平主席在博鳌亚洲论坛 2022 年年会开幕式上发表题为《携手迎接挑战，合作开创未来》的主旨演讲，首次提出了全球安全倡议。这一重大倡议明确回答了"世界需要什么样的安全理念、各国怎样实现共同安全"的时代课题，充分彰显了习近平主席心系世界和平发展事业的国际主义情怀和大国领袖风范，为弥补人类和平赤字贡献了中国智慧，为应对国际安全挑战提供了中国方案。全球安全倡议植根于新中国独立自主的和平外交政策与实践，来源于独具中国特色的外交传统与智慧。

中国始终坚持和平发展理念，坚定做世界和平的建设者。新中国成立以来，中国奉行独立自主的和平外交政策，坚持走和平发展道路，从未主动挑起过一场战争，从未侵略过别国一寸土地，从来不搞代理人战争，不参加或组建任何军事集团，是全世界在和平与安全问题上纪录最好的大国。目前，中国依然是世界上唯一一个将"坚持和平发展道路"载入宪法的国家，也是五个核武器国家中唯一承诺不首先使用核武器的国家。无论发展到什么程度，中国永远不称霸、不扩张、不谋求势力范围、不搞军备竞赛，始终做守护人类和平安宁的中坚力量。

中国始终坚持履行国际责任，坚定做国际秩序的维护者。中国是第一个在联合国宪章上签字的创始会员国，始终坚定维护联合国宪章宗旨和原则，历来主张尊重各国的主权和领土完整，是迄今安理会常任理事国中派遣维和人员最多的国家和联合国第二大维和摊款国。中国积极参与国际军控、裁军和防扩散进程，已签署或加入包括《不扩散核武器条约》《武器贸易条约》在内的 20 多个多边军控、裁军和防扩散条约，反对军备竞赛，维护全球战略稳定。合作应对各种非传统安全挑战，向国际社会提供超过 21 亿剂疫苗，为弥合"免疫鸿沟"作出积极努力。宣布"双碳"目标，为应对气候变化作出中国贡献。发起《全球数据安全倡议》，为全球数字治理提供中国方案。

资料来源：《王毅：落实全球安全倡议，守护世界和平安宁》，中国政府网。

第四节 不对称信息下的人类行为

我们经常在新闻媒体上读到经济事件的相关报道，其中通常会涉及不少陌生的专业术语，例如货币供应量、关联交易、国际收支、远期利率协议等，这使得不熟悉该术语的普通读者可能无法正确理解该新闻内容，而有经济学背景的读者则可以较好地解释其中的经济学故事，甚至根据新闻所传递的信息调整自己的投资决策。不仅经济学，所有的学科都有自己的专业术语，甚至可能比经济学领域的更加晦涩难懂。以医学诊疗为例，一名普通患者看到自己的身体检查报告单时，会发现其中不乏大量具有较强专业性和技术性的专有名词，同时其对医务人员给出的诊断结果也不具备准确的判断能力；相反，医务人员或有医学背景的患者对于该医疗信息则具有垄断优势。

因此，不对称信息指的是人们在获得或者掌握相关信息上存在的差异，通俗来说就是："我知道一些你不知道的事情，你也知道一些我不知道的事情。"在个人日常生活和经济社会活动中，不对称信息的例子比比皆是。例如，在劳动力市场中，工作搜寻者和用人单位之间就普遍存在不对称信息。工作搜寻者对于潜在工作单位的劳务信息、工作环境以及发展潜力等都可能存在了解不充分、信息沟通不畅等问题。反之，用人单位对于求职者的工作能力、个人性格以及与工作岗位的匹配程度也很难有全面深入的认识。在商品市场中，由于拥有产品的更多信息或者更多专业知识，产品卖方对于其销售的产品的性能和质量等的了解和认识一般来讲是优于消费者的。在公共政策领域，政策制定者和社会科学研究者相较于普通民众而言，对于政策内容以及政策效果的了解会更加地全面、深入。

由于不对称信息的存在非常普遍，并对人们的生活和社会的发展有着深远的影响，若干重要的经济学研究分支应运而生，例如信息经济学，主要研究不对称信息对人们行为以及社会经济产生的影响。当存在不对称信息时，决策各方的行为发生相互影响时各自如何决策，以及这些决策所能达到的均衡，则是不对称信息博弈论的重点研究内容。本节将介绍不对称信息的定义，梳理在日常生活和社会经济活动中常见的不对称信息类型，分析不对称信息的存在对人们行为和决策的影响，并探讨人们是如何通过合理的机制设计来缓解不对称信息问题。

一、道德风险

道德风险是一种极具代表性的不对称信息。我们提到过，不对称信息是指"我知道一些你不知道的事"，在本节，我们将进一步加深对不对称信息的理解。当人们在信息获取存在差异时，便会出现一种情况：没有信息的一方想知道，但有信息的一方有着掩盖这些信息的激励。我们可以掩盖不同的信息类型，例如在信息不对称条件下，有信息一方如果没有受到完全监督，或不承担其行动的全部后果，而从事不诚实或不合意行为倾向的，我们把此类掩盖信息的行为称之为隐蔽行为。在信息经济学中，我们将这种隐蔽行为称之为道德风险。

为了更好地理解道德风险的含义以及它对人们行为决策的影响，我们来思考一个问题：当消费者购买了一辆豪华轿车并为此购买了全额保险之后，是会更加频繁和大胆地驾驶车辆，还是会减少开车出行的频率并且更加谨慎地驾驶？车主在拥有全额赔偿汽车保险之后，车祸带来的风险被分散了，并且个人需要承担的成本也变小了，因此消费者将会倾向于更频繁、更大胆地驾驶车辆，从而使得事故出现的概率变高了。这属于典型的隐蔽行为，因为在购买汽车保险之后，消费者的驾驶频率和行为并不会受到汽车保险公司的监督，并且也不需要承担发生车祸的全部经济后果，便会产生一些对保险公司而言并不合意的行为（车祸概率的上升增加了保险公司的负担），因此这样的隐蔽行为是典型的道德风险。

除汽车保险市场外，道德风险在其他社会经济领域中也十分普遍，委托代理问题是另一种非常具有代表性的道德风险。其中的委托人指的是让另一个人完成某种行为的人，而代理人指的是一个为另一个人完成某种行为的人。如果委托人不能完全监督代理人的行为，或者代理人不需要为自己的工作负全部责任，代理人就倾向于不像委托人期望的那样努力。委托代理问题常见于现代企业，随着所有权和控制权的分离，企业的拥有者或者股东将会把企业的日常经营事务委托给专业的管理人士进行代理，那么也就出现了委托人所希望的企业利润最大化和代理人所追求的个人利益最大化之间的不一致。在现代企业的高级领导层中通常就有委托人和代理人角色的区别，委托人往往是指董事会（董事长及董事会成员），代理人通常是指首席执行官（CEO）、总裁或者副总裁。

以我国著名的民营通信科技公司——华为技术有限公司和高科技互联网公司——阿里巴巴集团的架构为例，为大家说明企业委托人和代理人的关系及其定义。

华为创立于 1987 年，是全球领先的 ICT（信息与通信）基础设施和智能终端供应商。目前华为约有 19.5 万名员工，业务遍及 170 多个国家和地区，服务全球 30 多亿人口。华为官方网站提供了关于华为公司管理架构的详细信息，其中提到股东会是公司权力机构，对公司增资、利润分配、选举董事/监事等重大事项做出决策。董事会是公司战略、经营管理和客户满意度的最高责任机构，承担带领公司前进的使命，行使公司战略与经营管理决策权，保障客户与股东的利益。大家比较熟悉的任正非是华为公司的主要创始人，直到 2018 年，任正非都以副董事长以及总裁的委托人、代理人双重身份经营和管理公司。2018 年后他不再担任副董事长，变为董事会成员并继续担任 CEO。华为公司的 CEO 和董事长轮值制度是为避免公司成败系于一人而制定的，公司董事会及董事会常务委员会由轮值董事长主持，轮值董事长在当值期间是公司最高领袖。根据目前华为公司官方网站显示的管理层信息，现任的华为公司董事长是梁华，轮值董事长是徐直军、胡厚崑和孟晚舟。

阿里巴巴集团由曾担任英语教师的马云与其他具有不同背景的伙伴，共计 18 人，于 1999 年在中国杭州创立，马云同时担任阿里集团 CEO 以及董事局主席，可见马云在公司成立初期既是公司委托人又是代理人。2013 年马云辞去集团 CEO 一职，仅担任董事局主席。2019 年 9 月，马云卸任主席后继续担任董事会成员。2020 年马云宣布不再担任阿里巴巴集团董事。由入选 2021 年度中国最具影响力的 50 位商界领袖之一的张勇继任集团董事长和 CEO。根据阿里巴巴集团官方网站显示的领导团队信息，现任董事局主席是蔡崇信，吴泳铭担任董事兼 CEO。

专栏 6-4

委托代理问题的经典案例：巴林银行的倒闭

巴林银行（Barings Bank）由弗朗西斯·巴林（Francis Baring）爵士于 1762 年在伦敦创建，由于经营灵活、变通、富于创新，巴林银行很快在国际金融领域取得了巨大的成功。20 世纪 90 年代，巴林银行开始向海外发展，在新兴市场广泛开展投资活动。截至 1993 年底，巴林银行的全部资产总额为 59 亿英镑，1994 年税前利润高达 15 亿美元，其核心资本在全球 1000 家大银行中排名第 489 位。但是，这样一个具有 233 年历史、在全球范围内掌控着 270 多亿英镑资产的巴林银行，却毁在了一个只有 28 岁的年轻交易员尼克·里森（Nick Leeson）手中。

1989 年，尼克·里森进入巴林银行工作，由于其善于逻辑推理，富有耐心和毅力，得到了总部的赏识。1992 年，巴林总部派尼克·里森到新加坡分行成立期货与期权交易部门，并出任总经理。1992 年夏天，伦敦总部要求尼克·里森单独设立一个"错误账户"，来记录较小的错误并自行在新加坡处理。因此，尼克·里森开设了账号名为"88888"的"错误处理账户"，但是几周后这一账户又被搁置了。同年，里森在日经指数上进行投机交易，年底时损失了 300 万美元，他将这一损失隐藏在了"88888"这一"错误处理账户"上，从而瞒过了上司。在此之后，这一账户就成了里森用来隐瞒错误的保护伞。1994 年底，里森的损失已经超过 25000 万美元，但他并没有就此收手。1995 年 1 月 17 日，日本神户发生了 7.2 级大地震，受此影响，东京日经指数大跌。随着交易量的扩大，账户的亏损也越来越多，巴林银行损失惨重。1995 年 2 月 26 日，英国中央银行英格兰银行宣布：巴林银行不得继续从事交易活动并将申请资产清理。10 天后，这家拥有近 233 年历史的银行以 1 英镑的象征性价格被荷兰国际集团收购。这意味着巴林银行的彻底倒闭。

这是一个典型的委托代理问题，由于代理人尼克·里森控制着交易和清算两处，这便使得作为委托人的巴林银行对其经营活动信息的了解更少了，信息不对称问题增加了。这也使得里森愿意从事高风险活动的动机增加了，一旦成功，他就可以扭转亏损，取得高额收益。反之，就算失败了，他除了丢掉工作外也不会产生特别大的损失。因此，里森在损失越来越大时，会去下更大的赌注以挽回损失。这个故事说明，从事交易活动的企业，必须重视委托代理问题，完善自身风控体系，加强外部管控力度，密切监管其交易员的活动。

资料来源：《回看巴林银行倒闭 透析银行业风险管理》，澎湃新闻审计观察杂志，2020 年第 10 期；巴林银行百度百科。

二、逆向选择

逆向选择是另一种典型的不对称信息，它和我们上面所讲的道德风险最大的区别是，逆向选择隐藏的信息不是行为而是特性，即在信息不对称条件下，有信息的一方如果能利用更多的信息使自己受益，便倾向于隐藏自身特性以达成与对方签订协议进行交易的目的，而无信息的一方则无法观察到这些不合意的特性。

为了更好地理解逆向选择的含义以及它对人们行为决策的影响，我们接着来思考一个问题：对于体弱多病的老年人和年轻力壮的大学生来说，他们哪一类人群会更愿意购买商业医疗保险？对于这个问题，我们的回答是老年人群体会更愿意购买医疗保险，因为他们比年轻的大学生有着更大的健康风险。人们对于自身健康风险有着比医疗保险公司更多的信息，就算是同样年龄的两组人群，健康风险较高的人群将更愿意与保险公司签订交易以分摊未来可能发生的医疗支出成本，我们把此类的隐藏特性称之为一种逆向选择。

逆向选择还广泛存在于商品市场中，如果产品的卖方对产品的质量拥有比买方更多的信息，好的商品可能会遭受淘汰，而劣等品会逐渐占领市场。在二手或次品市场（柠檬市场）中，逆向选择造成的劣等品驱逐优等品的现象尤为突出。该理论由著名经济学家乔治·阿克尔罗夫（George A. Akerlof）在论文《柠檬市场：质量不确定和市场机制》中首次提出，他开创了逆向选择理论的先河，并以此获得了2001年诺贝尔经济学奖，奠定了"非对称信息学"的基础。柠檬市场中产生劣等品驱逐优等品现象的根本原因在于买方和卖方对于商品质量信息的不对称，在这种情况下，买方无法判断其购买的二手商品是否是高质量的，当到手的商品为低质量商品时，买方将不断降低自己对于该商品的需求从而使得所有商品（无论是高质量还是低质量）的价格不断下降，高质量的商品将逐渐退出市场直至市场中只剩下低质量商品。

柠檬市场中低质量商品如何将高质量商品逐渐挤出市场？可以使用简单的供给需求原理来解释。首先我们假设在某个二手车市场，同时存在高质量二手车需求和低质量二手车需求，也同样存在高质量二手车供给和低质量二手车供给。那么在高质量二手车与低质量二手车价格相同时，买家会更愿意购买高质量二手车，高质量二手车的需求一定会高于低质量二手车。相反，在价格相同时低质量二手车卖家会比高质量二手车卖家更倾向于供给和出售自己的商品，因此高质量二手车的供给则会低于低质量二手车。那么在买家和卖家不存在信息不对称时，高需求和低供给将使得高质量二手车的市场均衡价格高于低质量二手车。如图6-1、图6-2所示，在一个二手车市场中，高质量二手车和低质量二手车各占50%，假设不存在信息不对称时高质量车市场均衡为$E_{高}$，低质量车市场均衡为$E_{低}$，显然高质量车的均衡价格高于低质量车，同时二者均衡数量是相同的。

但在二手车市场中，买家很难全面准确地了解目标二手车的所有信息。卖家为了能够促成交易会产生隐藏负面信息的动机，那么二手车的缺陷将很难被买家发现。如果二手车市场中出现了买家支付了高质量二手车的价格但最终只得到了低质量二手车的情况，那么随后进入二手车市场的买家会担心付出高价但得到次品，从而降低购买预期，这会使得高质量二手车需求开始下降，其均衡价格和交易数量也随之下降（高质量二手车市场的均衡数量从5000台减少到2500台）。随着高质量二手车在市场上中的数量不断减少，买家能够买到高质量二手车的概率越来越低，新进入二手市场的买家购买预期也会持续下降，最终高质量二手车的数量减少至零，市场中只剩下低质量二手车。

综上所述，二手车市场中存在不对称信息，或者更准确地说，这是一种典型的逆向选择：卖家比买家拥有更多的信息，并且卖家会倾向于隐藏二手车的真实特性以达成与对方进行交易的目的。在买家对于二手车市场逐渐降低期望并开始充满戒备时，即使卖家说得天花乱坠，买者也不会再相信卖者的话，只能通过压低价格的方式以避免信息不对称带来的风险损失。最终买者过低的价格也使得卖者不愿意提供高质量二手车，导致低质量二手车充斥市场，而高质量二手车被逐出二手车市场。

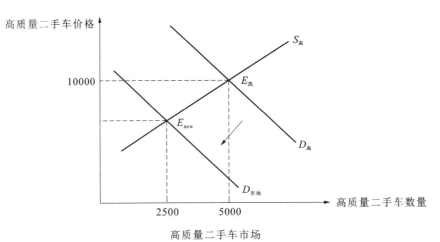

图 6-1 高质量二手车市场均衡

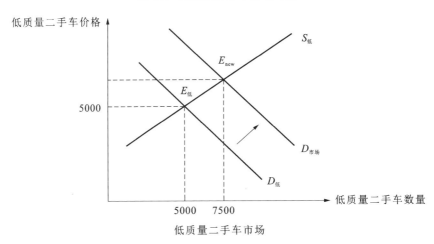

图 6-2 低质量二手车市场均衡

专栏 6-5

不对称信息的作用——锚定效应

当你在商店里看到五折商品，哪怕你不是特别需要该商品，也可能被低价吸引从而将五折商品买下来；当你原本只是想要一双鞋，但看到商家的促销活动买一送一还打八折，就买下了第二双；在电商网站上看到原价昂贵的商品，一条横线划掉原价后标上更便宜的价格，你便觉得折扣力度这么大不买就亏了呀，于是就开始"买、买、买"。这样的消费行为是理性的吗？如果你觉得答案是否定，那么为什么会出现以上这些非理性的行为呢？

2017年诺贝尔经济学奖得主、芝加哥大学教授、行为经济学家理查德·塞勒（Richard H. Thaler）提出了交易效用的概念来解释这个问题，他认为每个消费者都会把商品的价格和自己心目中所期望的价格参考来做一个比较，如果价格远远低于期望的参考价格，那么消费者就会觉得这笔交易是有价值有吸引力的，这笔交易就是富有交易效用的。这就解释了为什么大多数商家在调整商品价格时，更多采用的是打折，而不是直接降价的方法。因此商家会通过向消费者展示商品在打折前的原价来试图升高消费者心中的期望价格，形成一种锚定效应。

之所以存在锚定效应，是因为人所有的感受都是相对的，通过移除消费者心中的参照物达到影响消费者评价商品价值的方式就是锚定效应。比如，当商家想主打出售一款五百元的耳机时，他可能会同时设置一款四百元和一款六百元的耳机。这样便在消费者心中定下了一个锚，让消费者觉得五百元的耳机既不太贵，又不会太过便宜，非常合适，从而让消费者的购买意愿增强。因此，有经济学思维的商家会主动制造信息不对称，利用锚定效应和交易效用来出售自己的商品。

第五节　不对称信息下的机制设计

在第四节中，我们讲了委托代理问题、柠檬市场问题以及保险市场中常见的道德风险与逆向选择，在认识到引发这些问题的根源都是信息不对称之后，我们是否可以通过机制设计来更好地应对这些问题呢？答案是肯定的，我们将在本节为大家梳理人们缓解不对称信息的方法。

一、委托代理问题

首先对于委托代理问题，委托人可以设计一些监督机制来促使代理人保证足够的工作时间，提高工作效率。但过于严格的监督措施可能会产生过高的成本并且不利于创造良好的工作环境，因此现代企业更倾向于设计合理的工作合同，在设立工作任务的基础上分期支付薪酬等，董事会也将定期考察管理者业绩并以此设计工资、奖金、股票及其他福利，将企业发展与个人利益联系起来，从主观上激励代理人更好地完成委托人的任务。运用效率工资理论，既给予代理人较高的薪酬（超过其均衡水平下的真实工资），也可以起到一定的激励作用并且吸引能力更强、责任心更高的代理人来完成工作。

二、柠檬市场

在商品市场中减少不对称信息，就要传递商品质量过硬的信号给消费者，当商品开始不断积累高质量的口碑，消费者对于购买到高质量商品的期望可以达到其应有的水平时，便不会出现劣等品占领市场的现象。当今社会卖家普遍使用的方法包括提供产品的质量保证书和配套的包退、包换、包修服务，建立品牌形象，维护品牌声誉，做广告等，通过这些方式建立消费者对产品质量的信心，增加消费者对产品性能的了解。在二手商品市场，如二手车市场中，中介商通过对二手车信息的汇总和性能的甄别也能起到消除卖方和买方信息不对称的作用，同时稳定消费者对有较高质量的二手车的需求水平。

三、保险市场

保险市场中，医疗保险公司将通过价格机制的设计来激励参保人保持良好的健康习惯，戒除不良行为，并设定免赔额或者共同负担金额的数量或比例来减少不必要的就医行为和医疗支出的浪费。商业医疗保险还将根据个人特征及病史情况进行分别定价来防范逆向选择。汽车保险公司则会在保险购买人发生事故赔偿后，通过提高保费来起到监督受保人驾驶行为的作用，并且也会根据不同的个人特征、车辆特征以及投保种类来对汽车保险进行分别定价。

> **专栏 6-6**
>
> **中国全民基本医疗保险体系**
>
> 新中国成立初期，受限于近乎崩溃的国民经济与薄弱的财政基础，各地医疗卫生资源严重短缺，人民群众得不到基本的医疗卫生保障，就医需求难以满足。为解决"看病难、看病贵"的问题，中国用有限的医疗资源"迎刃"人口大国的基本医疗卫生问题。从20世纪50年代开始，中国建立劳保医疗制度和公费医疗制度，国有/集体企业以及事业单位职工享有近乎免费的医疗保障。与此同时，农村地区依靠集体力量，在自愿互助的基础上逐渐探索出合作医疗的模式。
>
> 在20世纪80—90年代市场经济改革的大背景下，旧医保制度面临保险覆盖面不足、医疗服务可及性低、医疗投入效率不高等问题，建立新型医疗保险制度迫在眉睫。1998年，城镇职工基本医疗保险制度的正式建立是构建我国全民医疗保障网的第一步。此后的20年，中国先后建立新型农村合作医疗（2003）、城镇居民基本医疗保险（2003），后又整合为城乡居民基本医疗保险（2016），现已基本完成全民医保覆盖目标，根据全国第六次卫生服务调查，我国基本医疗保险覆盖率已达96.8%。
>
> 中国用短短20年的时间，就已经建立了较为完善的多层次医疗保障体系，实现了医疗保障全民覆盖的目标，取得了许多国家历经几十年甚至更长时间才能实现的医疗成就。全民医保是中国特色基本医疗卫生制度的基础。

我国在医保改革之初，就确定了要立足中国实际，用较短时间建立并不断完善全国最大的医疗保障网，特别是2018年国家医疗保障局成立以来，医疗保障能力进一步提升，基本制度不断优化，重大改革攻坚克难，全民医保体系的制度优势得以展现。

习近平总书记强调尽力而为、量力而行，把保障和改善民生建立在经济发展和财力可持续的基础之上，这既是我国民生建设的重要原则，也是医疗保障改革发展必须遵循的原则。中国特色全民医保体系建设要坚持实事求是，立足社会经济发展水平和基金承受能力，立足于我国基本国情条件，不断巩固完善适应中国国情的全民医保制度体系，在发展中改善民生、保障质量，在改革中夯实医保治理的效能，推动基本医保制度行稳致远，实现民生改善与经济社会发展良性互促。

资料来源：《从"零"基础到世界最大医疗保障网——我国基本医保改革发展综述》，中国政府网；《医疗保障制度体系更加完善》，中国政府网。

专栏 6-7

征信体系与我国征信制度建设

1）征信体系

征信体系是指通过建设与征信活动有关的法律规章、组织机构、市场管理、文化建设、宣传教育等共同构成的一个体系，其主要功能是为借贷市场服务、解决借贷市场信息不对称的问题，同时也可以服务于商品交易市场和劳动力市场。征信制度建设是覆盖全社会征信体系的重要保障，能够为征信行业高质量发展保驾护航，是对信息主体权益保护的坚强支持。

2）我国征信制度建设现状

我国的征信制度建设经历数十载，建立起以《宪法》《民法典》《刑法》为统领，《网络安全法》《个人信息保护法》和《数据安全法》等法律为基础，《征信业管理条例》行政规章为基本规范，《个人信用信息基础数据库管理暂行办法》《征信业务管理办法》《征信机构管理办法》等部门规章和规范性文件为具体要求的整体法律框架体系，为建立覆盖全社会的征信系统、促进经济金融稳健发展发挥支撑作用。

3）我国征信制度建设发展历程

① 起步阶段（2013年以前）。

1997年人民银行开始筹建银行信贷登记咨询系统，征信制度建设有待起步。2005年人民银行建立起全国集中统一的企业和个人征信系统，同期出台《三号令》，在部门规章层面建立了我国第一个征信制度规范，对个人信用信息的采集、查询、信息保护等提出规范要求，为征信制度建设的发展奠定了基础。

② 发展阶段（2013—2022年）。

2013年是我国信息网络高速发展元年，互联网大数据、人工智能技术广泛运用，征信系统更新迭代至二代系统并进入新发展阶段，面临着网络数据安全和个人信息保护等新命题、新挑战。2013年，国务院出台第一部征信行业行政法规《征信业管理条例》，同年全国人大常委会出台《关于加强网络信息保护的决定》，提出个人信息保护、规范网络活动中收集和使用个人信息行为等。

2016年以来，国家相继出台《民法典》《网络安全法》《数据安全法》和《个人信息保护法》等涉及征信的法律。这些法律法规在民事权利义务、网络安全、数据安全、个人权益保护等领域为征信制度建设搭建起了坚固的框架体系。

在征信制度建设的发展阶段，人民银行相继出台《信用评级业务管理暂行办法》《征信机构管理办法》《企业征信机构备案管理办法》《征信业务管理办法》《征信投诉办理规程》《中国人民银行关于加强征信合规管理工作的通知》等一系列部门规章和规范性文件，为征信业务的合规开展和监督管理提供了依据。

③ 高质量发展阶段（2022年至今）。

2022年底《社会信用体系建设法》草案面向社会征求意见，该法设有专门的一章明确了建立征信行业的法律原则，未来该法的出台将对促进征信制度建设和高质量发展起到根本性作用。

党中央国务院于2022年底和2023年初相继出台《关于构建数据基础制度更好发挥数据要素作用的意见》和《数字中国建设整体布局规划》，为促进数据高效流通和使用、为实体经济赋能提供制度支撑，我国征信制度建设进入提"质"加速阶段。

习近平总书记在党的二十大报告中提出要推动高质量发展，加快建设现代化经济体系。结合构建数据要素基础制度的特征要求，我国征信制度建设将以促进征信数据合规且高效地流通和使用、赋能经济金融发展为主线，聚焦于在制度上建设健全数据产权、数据要素流通和交易、收益分配、治理等方面。

资料来源：《建设回顾及远景展望：我国征信制度建设这十年》，咨信信用管理（杭州）有限公司官方微信公众号。

本章小结

本章向大家系统介绍了博弈的基本含义，构成博弈的基本要素包括博弈参与人、博弈策略、博弈规则以及博弈收益等。在此基础上，我们学习了一些简单博弈案例的分析思路以及如何找到博弈均衡的方法，发现有的博弈结果出乎意料，但又正好解释了我们生活中的很多现象，例如为什么警察审问几个嫌疑犯时要将他们分开审讯并严禁他们传递消息？同时，我们也了解了很多生活中的不对称信息，正是因为它们的存在而对人们的行为以及社会经济造成了影响，所以企业和政府才会相应地设计应对机制。例如为什么当我们想要给年迈的父母购买商业医疗保险时，却发现其价格非常高昂；为什么世界上大部分国家都投入大量财政来建立公共医疗保险体系，这些都与信息的不对称有关。

在本章中，我们试图向大家传递一种经济学思维：从博弈的视角观察并分析人与人之间的互动关系，同时人与人之间存在的信息不对称会改变人们的决策以及行为模式。熟悉了这样一种思维方式后，我们可能更容易理解社会中的经济现象、国家的公共政策制定、国际关系和国际形势等，使我们更深刻地认识到合作共赢以及诚实守信的重要性。当我们成为经济活动的参与者，或者需要为国家治理以及公共政策制定和优化出一份力时，博弈思维可以帮助我们更好地遵循经济学规律并设计出合理的机制，避免不对称信息对经济运行和社会福利造成负面影响。同时我们还发现，每一个故事都有两面性。在囚徒困境中的罪犯们不得不选择"供认"这个对他们自身而言并不合意的结果，但是这一结果却是社会公众喜闻乐见的。而石油输出国组织为了能够占有更多市场份额而选择私下违反生产协议，在垄断者利益受损的同时，却让全世界的消费者都可以以更接近市场平均水平的价格购买石油，增加了社会的总福利，这也是一种经济学的辩证思维。

思考题

1. 一些艾滋病宣传员认为，不应该允许商业医疗保险公司询问申请者是否感染了引起艾滋病的HIV病毒。这种规定将加剧还是减缓医疗保险市场上逆向选择问题？这种规定将帮助还是伤害那些HIV呈阳性的人？在你看来，这是一种好政策吗？

2. 为了减少逆向选择，部分企业选择用昂贵的广告发出高质量的信号。在你看来，是生产高质量产品的企业会做出这样的选择还是生产低质量产品的企业？为什么？

3. 现假设华为手机和小米手机都有两种策略可供选择：做广告和不做广告，不同策略对应的收益如下表所示，请找出该博弈的纳什均衡策略集，并给出简要解释。

单位：亿元

项目		小米手机	
		做广告	不做广告
华为手机	做广告	华为10，小米5	华为15，小米0
	不做广告	华为6，小米8	华为20，小米2

4. 假设城市中只有两家餐馆（一家火锅店，一家粤菜馆）可以提供餐饮服务，每一家餐厅都可以选择营业时间的长短。他们的策略及收益如下表所示，那么两家餐馆博弈的纳什均衡是什么？是否是他们的占优策略？并解释原因。

单位：小时

项目		粤菜馆	
		长时间开业	短时间开业
火锅店	长时间开业	火锅店 7, 粤菜馆 7	火锅店 10, 粤菜馆 6
	短时间开业	火锅店 6, 粤菜馆 10	火锅店 8, 粤菜馆 8

5. 小甲和小乙两人进行游戏，每个人有 3 种选择，相应选择可带来的收益如下表所示，请找出该博弈中的纳什均衡。

项目		小乙		
		L	M	R
小甲	L	5, 3	0, 4	3, 5
	M	4, 0	5, 5	4, 0
	R	3, 5	0, 4	5, 3

 名词索引

◆ 博弈论：博弈论是思考个体之间的社会互动关系，以及分析最终可能达到的均衡状态的重要理论和思维方式。

◆ 策略：在博弈过程中，参与者可能采取的行动或者计划就是策略。

◆ 占优策略：在一个博弈中，无论其他参与者选择什么策略，如果某策略是该参与者的最优策略，那么这个策略就是他的"占优策略"。

◆ 纳什均衡：博弈中每个参与者都在给定其他参与者策略的情况下，选择了自己的最优策略。

◆ 不对称信息：指的是人们在获得或者掌握相关信息上存在的差异，通俗来说就是："我知道一些你不知道的事情，你也知道一些我不知道的事情。"

◆ 道德风险：在信息不对称条件下，有信息一方如果没有受到完全监督，或不承担其行动的全部后果，而有从事不诚实或不合意行为的倾向，我们把此类掩盖信息的行为称之为隐蔽行为。在信息经济学中，我们将这种隐蔽行为称之为道德风险。

◆ 逆向选择：在信息不对称条件下，有信息一方如能利用更多的信息使自己受益，便倾向于隐藏自身特性以达成与对方签订协议进行交易的目的，而无信息一方无法观察到这些不合意的特征。

◆ 委托人：指的是让另一个人完成某种行为的人。
◆ 代理人：指的是一个为另一个人完成某种行为的人。

6-1
知识分享

6-2
信息不对称1

6-3
信息不对称2

6-4
信息不对称和
博弈论之合作诚信

第七章

宏观经济运行与调控

■ 第一节　引言

作为生活在现代社会中的个体，我们会频繁接触与宏观经济相关的财经类新闻报道，如上季度的国内生产总值有何变化；最新公布的通货膨胀率数据；制造业采购经理人指数；上月各城市的新房售卖价格有何变动；上月进出口数据有何变化；不同城市、各行业本年度平均工资涨幅如何；近期人民币汇率有何波动；近期存款、贷款利率走势怎样；上月社会融资规模为多少；最新发布的不同年龄段失业率有多高；国务院发布了哪些旨在进一步提升民营企业经济活力的文件；人民银行刚刚公布了什么样的放松或紧缩银根的政策；财政部出台了何种旨在扶持中小微企业发展的税收优惠政策；国务院多部委联合出台了哪些针对房地产行业平稳发展的政策"组合拳"；等等。

也许有读者认为上述宏观经济现象与自己学习和工作的领域相距甚远，财经类专家关注即可，自己大可敬而远之。然而，这些经济现象都与我们息息相关。举例来说，如果你是一位潜在的购房者，为了评估购房后的还贷能力，你需要对自己未来的收入有所判断。而你的收入涨幅、遭遇失业的概率又与经济景气程度密切相关。换言之，你需要有对未来经济增长的预期。与此同时，为了估计购房后的还款压力，你还需要了解房贷利率的形成、调整机制，以及银行调控房贷利率的规则。同时，基于房屋的资产属性，为了评估该资产在未来的价格波动情况，你还需要对房地产市场的运行机制与监管方的调控目的、手段有所了解。这一例子告诉我们，即使你并非从事传统意义上的财经类行业，在面临诸如资产配置、商业决策、退休安排、职业选择等问题时，对宏观经济运行规律与调控效果的理解，也是至关重要的。在忽视这些重要宏观经济信息的情况下贸然做出决定的行为，违背了经济学中的理性人假设！从这个意义上来说，现代社会中的每一个体，或多或少是一位宏观经济学家。

本章首先在不涉及过多专业术语和模型的前提下，介绍宏观经济运行特点及宏观经济现象的观察方法。其次，本章还将介绍常见的反映宏观经济运行情况的变量，通过分析各变量计算方式的优点与缺陷，厘清构建各类经济变量背后的经济学思维。最后，介绍常见的宏观经济调控政策，揭示各类政策的目的、实施办法与作用机制。

第二节 宏观经济运行的特点

观察宏观经济运行的切入点，在于关注经济整体的资源配置效率。通过前面章节的介绍，我们已经知道经济学是一门研究资源配置效率的学科。而现实中的经济体往往是多种资源共存的，不同资源对应着不同的市场。为了考察经济整体的资源配置效率，以及不同市场运行效率之间的相互关系，我们需要一个整体的视角。

事实上，作为专门研究宏观经济运行特点的学科，宏观经济学（macroeconomics）便是一门研究经济作为一个整体如何运行的学科。宏观经济学以整个国民经济为考察对象，研究经济中各类有关经济整体的决定及其变动情况，并在此基础上讨论各类干预经济运行的宏观调控政策，以解决失业、通货膨胀、经济波动、国际收支等问题，实现经济的长期发展和短期稳定。

接下来，我们将分别从"整体"和"运行"这两个特点出发，解释观察宏观经济运行的思维方式。

一、关注宏观经济运行的整体视角

一方面，我们更加关注加总层面的宏观经济现象。举例来说，我们主要关注经济体总的产出，而非个别地区的产出；我们更关注平均的或具有代表性的利率，而非个别金融资产的回报率；我们更多地讨论社会平均工资率或平均劳动市场的变化，而不关注特定行业或个体的劳动力供给情况；我们追踪总体的物价变化幅度，而非专注于特定商品价格的变化；我们更关注进出口总量的变化，而非特定行业或企业的表现。

这些加总层面的经济表现，不仅是财经类专家或者政策制定者关心的内容，也是经济体中每一个个体在做出经济决策前需要掌握的信息。尽管微观层面的个人或者企业是宏观经济的一分子，但其对整体经济表现的影响是可以忽略不计的。例如单个家庭的劳动供给决定无法改变劳动的均衡价格，单个企业的投资选择不会影响市场的均衡利率，但加总的经济信息却会对微观个体的决策产生显著影响。

为了理解这一观点，让我们回顾一下经济学中关于理性人的假设。理性人是一个具有关于他所处环境的完备知识、清楚自己的偏好、知晓自己的选择集合并能做出最优选择的个体。而相关的宏观经济运行现状显然是"所处环境"的重要组成部分，重要的宏观经济调控政策还会改变微观个体的选择集合。忽略这些信息显然无法保证个体做出最优决策，因而违背了理性人假设。以潜在购房者为例，很难想象一个家庭在做购房决策的过程中，会忽略经济是否景气、未来收入预期、房贷利率水平、房价走势、监管部门态度等重要信息。

同时，在评估宏观调控政策时，即便政策出台的主要目的是促进某行业的发展，政策制定者往往也更关注该政策冲击整体经济的影响，不会将目光局限于特定受益行业而忽视其他潜在的受损行业。这是因为"天下没有免费的午餐"，任何政策的实施都是有代价的。举例来说，促进房地产市场平稳发展的低首付、低利率政策有可能提高社会整体的杠杆率，造成金融系统性风险，因为金融系统承担着房市利好政策的成本；刺激汽车购买的税收减免政策会挤出家庭的非耐用品消费，因为日常消费品行业的企业承担着车市利好政策的成本；扶持规模较大的明星企业的利好政策会削弱同行业中小企业的竞争力，因为是后者承担了该利好政策的成本；激励个体提高生产力的收入分配制度可能加剧收入差距问题，因为其成本会导致收入不均，产生阶层固化以及长期增长乏力等问题。

凡事有利有弊，每个政策或多或少都会对经济体中的一部分个体有利，而对另外一部分个体有害。因此我们需要在合适的"成本-收益"分析框架中分析该政策的实施究竟是利大于弊还是弊大于利。只有在前者成立的情况下，政府才可考虑实施该政策，并通过后期的累进制税率、转移支付等二次分配制度的设置来让受益方补贴受损方，实现经济整体的和谐发展与共同富裕。因此，关注整体层面的经济表现，并分析政策冲击对整体经济运行的影响，是构成上述"成本-收益"分析框架的一个出发点。

另一方面，"整体"这一特点还要求我们在观察宏观经济时，用一个统一的框架来同时分析宏观经济的各个组成部分。这是因为构成经济整体的各个组成部分之间是相互联系、相互影响的。如果将各组成部分割裂开来进行分析，既会使得经济解释和政策评估的结果不准确，也无法满足揭示宏观经济运行规律的要求。换言之，在观察宏观经济运行、评估宏观调控政策时，即使我们主要关注的只是组成整体经济的某一部分，我们仍然需要一个能解释所有重要组成部分运行规律的统一分析框架，并在此基础上聚焦我们感兴趣的那一部分的经济表现。

让我们列举一个例子。假设某货币政策调控中，当局正在考虑通过降低利率来刺激投资，从而带动社会总产出。这一做法背后的逻辑如下：如果原先的贷款利率为 7%，那么只有年回报率超过 7% 的投资项目才会得到融资。通过货币政策将贷款利率调低到 5%，原先那些无法满足年回报率在 5% 和 7% 之间的需求的融资项目，现在都可以顺利得到贷款。换言之，这一政策让更多的投资项目顺利实现。在现实中，就是更低的利率带来了更多的生产流水线、更先进的生产设备，因而带来了更多的产出。那么我们应该如何评估这一政策的实施效益呢？一个直接而又简单的想法，就是估计出所有年回报率在 5% 到 7% 之间项目的数量及规模分布情况，从而计算出由于调控政策而形成的新投资的总产出，即为该政策对产出的影响。

但在关注整体的宏观经济观察视角下，前文中所述的评估方法仍是不够全面的，甚至有可能导致估计结果与真实情况大相径庭。究其原因，在于上述估计方法只考虑了投资增加对总产出的影响，但投资只是总产出的构成之一，其他组成部分，如消费、净出口等，水平也可能受到利率变化的影响。而这部分影响在上述估计方法中被忽略了。就消费而言，家庭作为一个理性个体，会根据不同时期的具体情况制订自己的动态消费安排。一方面，当期更低的利率激励家庭消费得更多，因为更低的利率降低了家庭储蓄意愿；另一方面，当期更低的利率也意味着家庭在下一期可用于消费的财富减少了。消费的边际效用递减规律告诉我们，在其他条件不变的情况下，下一期消费的边际增量变得更有价值，会激励家庭在当期消费得更少，以转移一部分财富用于支持边际效用更高的下一期消费。可以看到，更低的利率既给了家庭增加当期消费的激励，也给了家庭减少当期消费的激励。两者谁占据主导地位，从定性分析层面来说并无确定答案，而是取决于具体的经济环境，如偏好、消费安排（期望）、利率路径等具体条件，需要在一个具体的、量化的宏观经济模型中进行探讨。我们再来看利率调控对净出口的影响，在开放经济条件下，更低的本国利率导致更多的资本流出以享受其他经济体更高的回报率，市场上出现更多用本币兑换外币的需求，因而本币贬值，使得本国出口品更便宜，净出口增加。

尽管低利率政策出台的初衷是为了刺激投资，但同时也影响了消费和净出口。如果只关注前者而忽视后者，可能导致调控政策实施效果评估的不准确。事实上，考虑到消费在总产出中占比较高，如果在特定情况下低利率政策拉低了当期的消费，上述评估方法不仅会错误估计调控政策对总产出的影响规模，甚至可能错误估计该政策影响的方向：低利率刺激下新增的投资量和净出口规模，可能不足以抵消被挤出的消费量。

现实中的宏观经济由工业生产部门、劳动力市场、货币市场、资本市场、外贸市场等诸多部分构成。这些组成部分两两之间又相互关联，任何一个市场的变化都会通过宏观经济的运行影响其他市场。这就要求我们在分析宏观经济现象、评估宏观经济政策时有整体视角，力争在一个统一的分析框架中同时讨论各个组成部分。

明白了整体视角的重要性，我们也就不难理解为什么大型跨国集团与金融公司雇佣的首席经济学家或者聘请的咨询机构往往都是宏观经济领域的专家，而非本公司主营业务领域的经济分析师。科技公司需要在一个囊括了全球主要经济体的消费、投资、就业、货币部门等组成部分的整体分析框架内，才可以更准确地预测主营业务产品未来的市场需求，进而对不同技术更新方案进行"成本-收益"分析，做出最优的商业方案选择。同理，消费品市场、劳动力市场、监管部门政策、市场未来预期、经济增长速度等方面的表现都会对资产价格产生影响，如果忽略这一整体视角，只关注资本市场的状况，那么金融公司也是无法对未来资产价格形成准确预测的。

二、关注经济运行机制

我们还需要对观察到的宏观经济现象进行分析、总结，并结合自身对经济中的微观个体以及组成部分的理解，提出能够解释宏观经济现象的理论、观点。也就是说，"运行"这一特点强调的是因果关系，即是什么原因导致了我们观察到的宏观经济现象。这些原因又是如何通过经济系统传导至我们观察到的经济结果的。

可能会有读者将前文中提及的因果关系与统计关系混淆，误以为讨论经济运行规律就是讨论经济现象之间统计出来的相关性，这其实是对经济学思维方式的误解。让我们用下面的例子来说明。假设我们通过长期的观察，发现对于主要经济体而言，政府实施了诸如增加公共支出、提升公共投资等扩张性财政政策后，短期内总是能提高总产出。基于此，我们得出了"扩张性财政政策能提高总产出"这一结论。这一结论虽然有翔实的统计学分析数据作为支撑，讨论了客观存在的经济现象间的规律，但这只是一个统计学规律，而非经济运行的规律。因为这一结论是基于我们观察到的经济现象的表面情况而得出的，缺乏对导致这些经济现象发生的经济系统的刻画。

为了在统计学规律基础之上进一步挖掘经济运行规律，我们还需要回答这些问题：扩张性财政政策推出后，家庭是如何反应的？企业的行为发生了哪些改变？这些变化对资本市场产生了哪些影响？政策冲击怎影响消费、储蓄、进出口等方面？将这些问题在一个整体的框架下进行回答之后，我们就弄明白了为什么会观察到"扩张性财政政策能提高总产出"这一统计学规律。从这个意义上来讲，上述论断此时就成了基于因果关系合理解释经济运行规律的理论。因为我们不仅陈述了一个统计学事实，还解释了产生这个事实的经济运行规律。

注重因果规律的刻画、解释，而非止步于统计规律的总结，是分析宏观经济现象的一个重要切入点。一方面，想要了解世界的求知欲促使我们在观察到经济现象后，找出能解释这类现象的运行机制。另一方面，宏观经济系统是复杂多变的，在某个时刻、某个地区观察到的统计规律，在其他时刻、别的地区未必成立。这就造成了统计学规律的不确定性，如果过分依赖统计学规律，可能会严重削弱我们准确分析宏观经济现象的能力。

专栏 7-1

凯恩斯与宏观经济学

英国经济学家约翰·梅纳德·凯恩斯（John Maynard Keynes）由于其开创的宏观经济分析方法，被后世称为"宏观经济学之父"。凯恩斯生于1883年，逝世于1946年，其职业生涯中大部分时间都在剑桥大学国王学院学习和工作。凯恩斯于1936年出版的专著《就业、利息和货币通论》构建了一个全新的、以整体视角观察经济运行规律的宏观经济模型，并以此提出了分析各类财政政策、货币政策实施效果的分析框架，宣告了宏观经济学的诞生。

凯恩斯将宏观经济抽象成三个组成部分：消费品市场、投资品市场、货币市场。经济中的企业通过向家庭租赁资本进行生产，生产所得交付家庭作为使用资本的回报。家庭将生产所得按比例消费，剩下的部分即为家庭储蓄，这部分也是资本市场的投资供给。这告诉我们，家庭是消费品市场的需求方和投资品市场的供给方；而企业是消费品市场的供给方和投资品市场的需求方。现代经济体中的交易都是以货币作为媒介，短时期内市场上流通的货币数量都是由中央银行来控制的。换言之，货币市场的供给方是中央银行，需求方是家庭与企业。由于这些市场两两之间存在着关联性，因此市场自发的力量会使得宏观经济整体达到均衡状态,而这一整体均衡的标志,就是三个市场分别同时达到供需均衡(在经济学中,这样的分析方式称为一般均衡分析)。市场的自发调整功能会使宏观经济达到所有子市场都出清的状态。同时,凯恩斯认为调整的过程是很快的,所以在分析某个市场变化或调控政策对整体经济的影响时,我们可以忽略经济自发调整的具体过程,只需考察新均衡状态较旧均衡状态发生了哪些变化即可(在经济学中,这样的分析方式称为比较静态分析)。

第三节　宏观经济四大目标

在分析当前宏观经济运行状态时,我们常常围绕以下四个目标展开:经济增长是否有力、就业是否充分、物价是否稳定、国际收支是否平衡。

一、经济增长

我们一般使用国内生产总值来判断经济增长的情况。与此同时,我们还会关注诸如采购经理人指数、新增贷款量、社会融资规模、能源消耗量、新注册企业数量、公路运输量等与经济活动密切相关的变量,将其作为国内生产总值的补充,综合判断经济增长表现。

二、充分就业

充分就业是宏观经济调控的重要目标。我们可以通过社会保障部门发布的登记失业率、统计部门发布的调查失业率来判断当前劳动力市场就业是否充分。同时,我们还可使用由统计部门发布的各地区、各行业的最低工资与平均工资来观察就业质量。此外,我们还会通过青年失业率等变量来观察特定年龄段群体的就业充分程度。

三、物价稳定

观察物价变动时,最常见的变量是消费者价格指数,用以衡量具有代表性的家庭的生活成本变化。与之对应的生产者价格指数,常被用来反映具有代表性的企业的原材料成本变化。有时我们还会将二者相结合:如果在消费者价格指数上涨的同时,还伴随着生产者价格指数上升,这意味着企业普遍遭遇了原材料价格上涨、产品售价却在下降的困境。这个时候政府可能需要考虑出台调控政策帮助生产企业,尤其是中小企业渡过难关。

四、国际收支平衡

保持净出口与资本净流出的规模大体相当,对于开放环境下现代经济体的高效运行十分重要。为了确保这一点,各国的中央银行、贸易管理机构等部门都会密切关注国际收支平衡状况。一般而言,为了判断国际收支状况,我们需要关注出口总额、进口总额、总资本流入、总资本流出等变量,以及将它们联系起来的核心变量——汇率。

保持对经济增长、充分就业、物价稳定、国际收支平衡等重要问题的关注,是观察宏观经济运行状态、及时出台宏观调控政策的前提。基于此,经济学家和统计部门构建了诸多变量,旨在实时追踪上述宏观经济四大目标的现状。

第四节 宏观经济变量

在观察宏观经济现象时,我们总会同时关注多个重要的经济变量。新闻媒体报道中常见的经济变量包括:国内生产总值、消费者价格指数、采购经理人指数、利率、失业率、汇率、税率、杠杆率、居民收入、消费、投资、广义货币供应量、新增贷款量、煤炭用量、石油用量、铁路公路运输量、用电量、股价指数、大宗商品价格,等等。

为什么要同时关注这么多变量?其实这是由我们强调的观察宏观经济的基本方法所决定的。一方面,整体视角要求我们同时关注宏观经济各个组成部分的状态,因而需要对多个变量保持关注;另一方面,通过对经济变量保持关注,经济调控部门得以对宏观经济整体运行状况进行实时追踪。这些重要变量的变化情况,是宏观经济调控政策出台的重要依据。根据宏观经济变量所反映的信息出台调控政策,再通过市场对政策的反应进一步优化调控,政府就是通过这样的反馈过程进行宏观经济管理,来实现宏观经济运行四大目标的——经济增长、充分就业、物价稳定、国际收支平衡。

接下来,我们将以几个常见的宏观经济变量为例,通过讲解它们的计算方式、构建目的、优缺点等,向读者介绍宏观经济变量相关的思维方式与观察方式。

一、国内生产总值

国内生产总值(gross domestic product,GDP)衡量的是在某一既定时期内,一个经济体内生产的所有最终物品和劳务的市场价值。

显而易见,GDP 可用来衡量经济活跃程度。一般情况下,经济活动的目的是创造经济价值,而经济价值又与市场价格高度相关。因此,生产所得的所有物品与劳务的市场价值能反映相对于总体而言,经济中各个组成部分参与经济生产活动的活跃程度。以我国为例,国家统计局公布的数据显示,中国 2022 年 GDP 约为 120.47 万亿元，按不变价格计算，较 2021 年增长 3.0%。对当年 GDP 的增长速度、增长质量、构成特征等问题的探讨，是我们观察 2022 年中国宏观经济表现的重要内容。

那么，我们为什么如此在乎经济的活跃程度呢？这是因为 GDP 是一个能较好地反映经济参与者总体幸福感（效用）的指标。我们常说幸福要靠辛勤劳动来创造，事实也确实如此。更健康的身体需要社会提供更多的医疗服务与设备，更便利的交通需要更多的基础建设投资，培养富有创造力的年轻人也需要社会投入大量的教育资源。而 GDP 正是衡量这些辛勤劳动多寡的一个良好指标，因而也能反映总体幸福感的高低。当然，反映经济参与者幸福感的指标还有很多，如预期寿命、人均蛋白质摄入量、婴儿死亡率，等等，但 GDP 相较于这些变量更为常用。一方面 GDP 对幸福感、生活质量的刻画更为全面；另一方面，GDP 的波动也更为频繁，或者说含有更大的信息量，更能敏捷地反映整体幸福感的实时变化情况。

根据 GDP 的定义，有一些物品与服务的价值是不应被计入的。

首先，"既定时期内"这一要求告诉我们，GDP 与社会财富不是一回事。前者是流量概念，指的是新增财富，后者则是指存量。当我们讨论 2023 年的 GDP 时，于 2022 年生产出来的产品不应该被计入。同理，当我们讨论 2023 年第二季度 GDP 时，第一季度生产所得的服务不应该被计入。因此，GDP 本质上衡量的是在给定时期内新生产出来的财富价值。基于这个理解，既有资产的价格调整也不会被计入 GDP，例如在 2021 年完工、交付的房产，或者在 2021 年新发行的股票，或者 2021 年生产出来的汽车，如果它们的价格在 2023 年有所上涨，那么这部分增加的账面财富是不应计入 2023 年的 GDP 的，因为它们都不是当年新生产出来的资产。综上所述，在我们观察经济变量的时候，需要谨记 GDP 是一个流量概念，只用于衡量特定时期内的经济活跃程度。

其次，"经济体内"这一要求告诉我们，在中国的外企的生产所得是计入中国的 GDP 的。同理，华为公司在欧洲分公司的营业所得会被计入分公司所在国家的 GDP，而非中国的 GDP。

最后，根据"最终物品和劳务"这一要求，中间品的市场价值是不计入 GDP 的。这是因为如果所有最终产品都被计入了，那么计入中间品的价值就会导致重复计算。举例来说，如果价值 100 元的小麦被加工成面粉后以 120 元售出，由这些面粉加工而成的面包最终被消费者以 200 元购买。那么小麦和面粉的加工服务在本例中都属于中间品，它们的价值已包含在了面包的市场价值中。在已经将面包售出的 200 元计入 GDP 的前提下，再考虑小麦与面粉加工服务的价值，就会出现重复计算的问题。

二、消费者价格指数

物价变化与居民生活质量息息相关。这是因为无论是家庭的劳动收入还是资本收入，都是以名义价格的方式进行规定的。劳动合同里面只确定了以人民币计价的月薪，而非以每个月多少数量的食品消费、能源消费、交通服务、娱乐消费等作为劳动报酬。同理，家庭购买的金融产品的约定回报，也是以人民币计价的，而非实物的数量。但是，直接决定家庭生活水平的，是每个月的消费量（实际收入），而非每个月以人民币计价的收入（名义收入）。当名义收入固定而物品与服务的价格变化时，消费者的购买力会发生变化，家庭生活水平也相应改变。

因此，关注物价的变动也是观察宏观经济的一个重要切入点。消费者价格指数（consumer price index，CPI）衡量了与居民生活有关的消费品及服务价格水平的变动情况，是最为大众所熟知的一种物价指数。CPI的定义如下：

$$当期 CPI = \frac{代表性家庭在基期的消费组合在当期的市场价值}{代表性家庭在基期的消费组合在基期的市场价值} \times 100 \quad (7-1)$$

式（7-1）中的代表性家庭在基期的消费组合，又称"一篮子商品"，反映的是统计部门刻画的典型家庭消费支出结构。以国家统计局编制的CPI为例，对应的"篮子"包括食品烟酒、衣着、居住、生活用品及服务、交通和通信、教育文化和娱乐、医疗保健、其他用品和服务8个大类，从2021年起，商品大类细分增加至268个基本分类。统计局通过城乡家庭抽样调查，得到了代表性家庭的生活方式，再根据这一生活方式确定268个基本分类商品的消费数量，最终确定出"篮子"中的商品种类及其权重。

"篮子"在基期被确定后，便不再改变。同一个"篮子"的市场价值的变化，完全由"篮子"中的物品与服务价格的变化决定。因此，考察该"篮子"在不同时期的不同售价，就等同于考察了一定程度上的总体物价的变化。由于该总体物价是依据代表性家庭的消费习惯来确定各类商品价格的权重的，因而能较好地反映家庭对物价变化的感知情况。

需要说明的是，由于我们构造CPI这一变量的目的主要是观察价格的变动情况，而非价格本身，我们更关心的是CPI的变动比率，而非CPI的具体数值，因此，我们不会见到"今年3月CPI为150，去年3月CPI为140"这类的表述，而是用"今年3月CPI较去年同期上涨7.14%"这样的表达来说明物价变动情况。根据这一描述，我们可知今年3月份的通货膨胀率也为7.14%。

三、采购经理人指数

在观察宏观经济形势时，人们经常会讨论某个变量的变化是否能对未来的宏观经济运行有一定的预示性。基于此，经济学家创造出了诸多先行经济指标（leading economic indicators）。采购经理人指数（purchasing managers' index，PMI），便是其中之一。

PMI的计算方式如下：调查机构（如国家统计局）通过线下与线上问卷调查相结合的方式，询问抽样企业的采购部门经理关于本部门经营状况的各类问题。如果某企业采购部门业务较上个月有所改善，则标记为100分；如果较上月没有变化则标记为50分；如果较上月情况有所恶化则标记为0分。最后，调查机构计算出所有调查企业的平均得分，即为当月PMI值。

由于PMI是根据采购部门经理对问卷的回答情况做出的评价，因此人们往往认为该指标属于先行经济指标的一种，对未来的经济运行情况具有一定程度的预测能力。那么，采购部门与预测能力之间有什么关联呢？由于新的投资是需要建设周期的，企业如果做出了调整生产规模的决定，例如扩大产能，就必须提前进行更多原材料、设备等生产要素的采购。在 PMI 调查问卷里，这些调整决定就反映在采购部门业务的变化情况上。这些业务变化往往发生在该企业生产规模变化之前，因此 PMI 被视为"先行指标"。这一时间维度上的先后关系，使得 PMI 成为被用作预测整体经济生产规模变化的重要指标。

PMI 构建方式中的另外一个特点，则是调查问卷中的各类问题都尽量回避了受访者的主观性。例如问卷只会询问部门本月生产量、订货量、采购量、库存量等与上月相比是否有变化这类客观性问题，而不会询问受访者当前企业运行总体情况、行业未来是否景气等主观判断性问题。通过这样的调查问卷，调查机构可以较好地避免因为受访者的主观判断而导致的误差。

在观察 PMI 月度数据时，我们一般将 50 分这一水平作为分水岭，又称荣枯线。如果 PMI 数值高于荣枯线，则预示着未来一段时间（一般为数个季度）内的经济整体向好；反之，如果 PMI 数值跌破荣枯线，则会让市场担忧接下来的经济景气度。为什么以 50 分作为荣枯线呢？我们可以设想两种场景：一种场景下，所有企业的采购部门业务与上月比都没有变化；另一种场景下，有一半的企业采购部门业务有好转，而另一半的回答则是恶化。这两种场景分别对应了企业间极端异质化与极端同质化的情形，都能代表"平均而言一个代表性企业的采购部门业务没有变化"的情形。在这两种情形下，计算得到的 PMI 值均为 50 分。因此，我们可将 50 分作为荣枯线，以判断 PMI 的值是乐观信号还是悲观信号。

四、失业率

劳动力市场是宏观经济的重要组成部分，劳动收入也是家庭收入的主要来源。因此，实时追踪劳动力市场的变化，是把握宏观经济运行情况的关键。失业率（unemployment rate）便是反映劳动力市场就业充分程度的重要变量，其定义如下：

$$失业率 = \frac{处于失业状态的劳动力数量}{劳动力总数} \times 100\% \qquad (7\text{-}2)$$

式（7-2）告诉我们，失业率衡量的是在劳动力这一群体中处于失业状态个体的比率。同等情况下，失业率越低，则当前劳动力市场就业越充分。

为了理解失业率的定义，我们还需要明白"劳动力"与"失业状态"的具体含义。失业状态，指的是暂时未就业但是在积极寻找工作。劳动力指的是具有被雇用的潜力以及意愿的人群，包括已经有工作的人群以及处在失业状态的人群。因此，劳动力只是总人口中的一部分。需要注意的是，未达到法定工作年龄的孩童不计入劳动力；已处于退休状态的老年人不计入劳动力；虽已成年，但尚处大学、研究生学习阶段的学生，不计入劳动力；对于一部分已完成学业，且未就业的成年人，如果其已不再积极寻找工作，也不计入劳动力。2020 年第七次全国人口普查数据显示，我国目前人口总数约为 14.1 亿，而劳动力总数只有约 7.8 亿。

可能有读者已经意识到，经济学家谈论的失业率，与社会大众印象中的"没工作的人们的比率"这一概念，是有差别的。究其原因，是由于人口总数和劳动力总数的不同。更为重要的是，尽管人口的长期变动趋势较为稳定，但是劳动力规模的变化则更加剧烈且频繁，它与经济周期等因素密切相关。经济下行时，更多个体由于求职过程中频繁碰壁而放弃寻找工作，从而退出了劳动力市场，这类群体不再计入失业状态的劳动力。因此，尽管经济下行使得没有工作的人更多了，但统计得出的失业率可能会远低于社会大众的感知结果。同理，当经济进入繁荣期，众多原先放弃寻找工作的个体涌入劳动力市场，使得劳动力规模增大，尽管社会的就业岗位明显增多，但统计得出的失业率也可能居高不下。

上述内容告诉我们，在关注失业率时，还需要结合劳动力市场规模、结构等方面的变化情况，来综合判断当前宏观经济的就业充分程度。

■ 五、没有完美的变量

保持对重要经济变量的关注，是观察宏观经济运行的前提。但是，我们也要意识到，世界上并没有完美的变量。这是因为经济运行规律有其自身的复杂性，同一变量在特定情形下反映出的信息，在其他情形下未必成立；此外，常见的变量构建，需要统计机构进行大量的调查、搜集、整理、校准等工作，这些环节中的样本偏误、统计口径不一致、统计成本高等问题，也会影响变量的准确性。接下来，我们就以前文重点介绍的 GDP 与 CPI 为例，介绍这些变量中隐含的问题。

GDP 用于衡量经济的活跃程度，进而可用于判断社会整体生活水平的高低。值得注意的是，这一指标的前提假设是经济活动都是有利于提高整体生活水平的。如果经济活动不仅浪费了大量社会资源，而且对生活水平的提高没有贡献，那么经济活跃程度和生活水平高低的因果关系就不成立。举例来说，加密货币领域的"炒币"行为，耗费了社会大量的电力、计算能力与存储设备，其生产得到的仅为由价格泡沫所支撑的虚拟金融资产，并不与现实中的新增投资对应，因此对整体生活水平的提高毫无贡献。此外，有些经济活动甚至会带来负的净产出，但不会反映在 GDP 数据中。例如在环保监管力度不够时，一些污染企业的利润可能远不够抵消潜在的污染治理成本。因此，尽管该企业对 GDP 有贡献，但考虑到未来不得不面对的污染治理问题，该企业的经济活动对整体的生活水平是有害的。当社会上充斥着大量耗费社会资源但对整体生活水平的提升无贡献甚至有负面影响的经济活动时，GDP 水平就不再能反映社会的整体生活水平。

CPI 的目的是衡量家庭感知到的生活成本的变化。计算 CPI 过程中，我们只关注那个在基期被选定的"篮子"的市场价值。这么做的好处是，CPI 的变化仅由价格变化引起。但这么做带来的新问题是 CPI 往往容易高估通货膨胀的程度。一方面，虽然"篮子"中物品的种类和数量是确定的，但是随着生产技术的进步，同样的商品的质量也在进步。我们以运动鞋为例，如果以 2010 年为基年，那么 2023 年生产的运动鞋的质量相较 2010 年的运动鞋可能已有很大进步，但这种质量进步很难被量化后再考虑进 CPI。换言之，2010—2023 年，运动鞋价格上涨中的一部分其实反映的是商品质量的改进，但价格上涨却被错误地归类为通货膨胀。另一方面，作为理性个体，家庭在做出消费决策时会对价格变化做出反应，而固定不变的"篮子"会忽略家庭消费的决策和调整。举例来说，代表性家庭在去年同期消费了羊肉和牛肉各 10 千克，彼时羊肉与牛肉的价格均为每千克 20 元，家庭共消费 400 元。而当期的羊肉与牛肉的价格分别为每千克 25 元与 50 元，如果按照 CPI 的计算方式，代表性的家庭于当期在羊肉与牛肉消费方面共花费 750 元。但家庭真的会在任何时期都像 CPI "篮子"所刻画的那样安排生活吗？其实不然。对家庭而言，羊肉和牛肉是具有高度替代性的商品，当牛肉的相对价格显著上涨时，家庭作为理性个体，会减少牛肉消费，增加羊肉消费。比如说，由于上述价格变化，代表性家庭在当期可能会消费 18 千克羊肉与 2 千克牛肉，共花费 550 元。也就是说，物价上涨使得家庭在牛羊肉消费方面多花了 150 元，但是依据 CPI，我们会错误地认为家庭感受到的生活成本的上升幅度为 350 元。由于固定不变的"篮子"忽略了理性人对价格变化做出反应这一特征，CPI 往往会高估真实的通货膨胀。

我们在观察宏观经济现象时，固然要对各个重要变量的值保持关注，但也不可过度依赖这些变量的指导意义。每一个变量的构造方式都有其合理性与弊端。在使用它们时，要根据具体的经济环境分析变量传达的经济信息。

第五节　宏观调控政策

宏观调控，指的是政府部门通过施行特定的公共政策，改变市场各参与方的约束条件、激励机制，以改变经济均衡结果，从而实现干预宏观经济运行的目的。宏观调控的目的是提升社会的整体福利。一方面，要确保经济体长期增长；另一方面，要保持经济体在短期内的稳定。

那么，在观察宏观调控政策并思考其背后逻辑时，我们需要注意哪些方面呢？首先，我们需要解释清楚为什么政府需要通过宏观调控政策干预经济运行。其次，我们还需要明白长期和短期宏观经济运行的特征及其区别，并理解相应的长期、短期宏观调控政策的不同。最后，我们需要以常见的促进经济长期增长的政策、维持经济短期稳定的政策为例，学习这些宏观调控政策的作用机制。

专栏 7-2

宏观经济调控的侧重点示例

1）内部与外部平衡

在经济全球化大背景下，商品、服务、资本、技术、劳动力等要素或多或少地都呈现出跨国流动的特征，随着各经济体间分工合作日益深化，要素间的相互影响愈发明显。因此，制定宏观调控政策时，除了关注经济体内部运行情况，还要考虑外部的平衡。一方面，要尽量实现经常账户的平衡，即商品与服务的出口与进口份额之间的差距不要过于悬殊；另一方面，尽量实现资本账户的平衡，即资本流入与流出的份额也要相当。关于这一点，本书在对外贸易与开放发展一章中还会做进一步的介绍。

2）失业与通货膨胀的权衡

制定宏观经济政策时，促进就业这一目标往往是重中之重。我们知道，任何政策目标的实现，都是有成本的。大量的研究表明，经济体在短期内往往存在着失业与通货膨胀的交替关系，即菲利普斯曲线（Phillips curve）。这条曲线告诉我们，短期内降低失业率的成本之一，可能就是更高的通货膨胀率。一方面，失业率过高会导致消费乏力、投资不足、犯罪率上升等问题；另一方面，过高的通货膨胀率会提高家庭的生活成本，降低家庭的福利。因此，充分考虑失业与通货膨胀之间的权衡取舍关系，是制定最优宏观调控政策的重要前提。

3）金融部门的重要性

在最近几个世纪以来，主流经济体的运行特征告诉我们，在组成宏观经济的诸多部门中，金融部门扮演着中枢角色。现代社会中的企业，都是通过金融市场获得融资，而非单纯依赖自身的利润扩大生产；家庭也需要通过金融市场来管理财富，平滑不同时期的消费。正是因为金融部门连接了经济体中的所有行业、家庭，所以金融部门的运行效率对宏观经济的影响至关重要。长期来看，如果金融系统充斥着严重的扭曲或摩擦，整个经济体的资源配置效率就会大打折扣，严重制约经济增长。从短期视角来看，当金融部门受到严重冲击时，若无强有力的宏观调控政策干预，金融部门与各行各业的连接会将负面冲击传导到经济体的每个角落，继而将金融危机上升为经济危机。关于金融部门的监管、调控政策的重要性，本书在相应的金融的逻辑一章中还会做进一步的介绍。

一、为什么需要宏观调控

福利经济学第一定理告诉我们，在一个理想化的市场经济中，亚当·斯密所说的"看不见的手"——市场，会自动发挥有效分配资源的作用，且市场自发运行的结果是有效的。

既然市场是有效的，我们为什么还需要宏观调控政策？这是因为市场有效性的前提条件是，市场是完全竞争且完备的。而这些条件只存在于理想世界，现实中没有哪个经济体能同时满足上述条件。完全竞争要求市场中不存在外部性和市场势力，但现实世界中诸如企业排污、无序竞争、扼杀创新、歧视中小企业等产生负外部性的行为时有发生，需要政府通过干预政策来遏制；而基础设施投资、公共卫生服务等带来正外部性的活动又缺乏活力，同样需要政府出台相应政策给予支持。完全竞争还要求市场是完备的。完备市场一方面要求市场中的交易成本低至可以忽略不计，另一方面要求市场中所有潜在的风险都可以体现在相应的资产价格中，并且可以进行买卖。换言之，完备市场要求市场参与者有机会将所有不确定性都进行合理定价、买卖，以保证市场自发运行的结果在不确定性的环境中仍然有效。可在现实中，一方面市场交易的成本并非可以忽略不计，例如购买金融资产需要支付不菲的手续费、服务费；另一方面，现实中的市场是极不完备的。举例来说，现有的保险产品和金融衍生品只能将极少的风险进行定价交易，而其他风险，诸如宏观层面突发事件的冲击、经济系统性危机的影响、气候变化导致的损失、突发性堵车导致的损失，甚至是考试失败造成的痛苦，都是无法通过市场交易的方式分摊风险的。现实中的各类摩擦通常导致经济自发运行的结果往往是无效的，这时候就需要政府出台政策干预经济运行，以提升经济运行效率。

二、长期与短期宏观经济

宏观经济在长期和短期的运行特征是不同的，理解这一区别，对我们观察、思考长期和短期宏观经济调控政策背后的逻辑至关重要。

长期和短期并没有一个确定的划分门槛。不是说考察 10 年以上的经济整体表现就叫长期宏观经济现象，短于 10 年的就叫短期宏观经济现象。事实上，特定宏观经济现象究竟属于长期还是短期，取决于我们对该对象的观察视角。当我们关注的是经济体的变化趋势时，我们讨论的是长期宏观经济现象；当我们更关注经济体实际表现是如何围绕潜在趋势进行扰动的时候，我们讨论的是短期宏观经济问题。

举例来说，当我们讨论为什么我国自改革开放以来 GDP 以年均 9% 左右的速度保持增长时，或讨论为什么美国在过去近半个世纪的时间里 GDP 的年均增速稳定在 3% 左右时，我们在分析长期宏观经济问题；当我们讨论近 20 年内中国各年的 GDP 增速如何偏离 9% 这一潜在水平，并分析其中原因，以及伴随着的消费、投资、就业等其他关键变量如何相应地偏离各自潜在的增长水平，这时我们讨论的是短期宏观经济现象。

区分这两种观察方式的原因在于，长期现象和短期现象的驱动因素是不同的。前者讨论的经济长期趋势特征，这取决于经济的基本面，如技术、偏好、禀赋等。而后者强调的短期波动特征，其决定因素是诸如市场需求疲软、企业投资不足、国际地缘政治冲突、公共卫生系统崩溃等突发性冲击。基于上述区别，我们也就不难理解，长期宏观调控政策旨在通过改善经济基本面促进经济体高速增长，而短期宏观调控政策的目的是将突发性冲击对经济的影响限制在可控范围内，既要防止经济严重衰退导致萧条，又不可太过繁荣以至引发经济泡沫。

接下来，我们以经济增长政策为例介绍长期宏观经济调控的思维方式，以财政政策、货币政策为例讨论短期宏观经济调控。

三、经济增长政策

一般来说，一个经济体的生产所得，由投入生产的三要素决定，即资本、劳动、技术。为了实现经济体长期增长，三要素中的一种或者多种也必须保持增长。那么，有没有哪个要素对经济增长的贡献更大呢？

很多读者会选择技术这一要素,因为"科学技术是第一生产力"的观点已深入人心。事实上,这一观点成为社会大众普遍认可的常识还是最近半个世纪的事情。1987年诺贝尔经济学奖得主罗伯特·索洛教授的研究对这一观点的普及做出了重要贡献。但在此之前,一个较为普遍的观点是,资本积累和刺激劳动的政策才是经济增长的主要源泉。在这类观点的影响下,为了促进资本积累,许多政府大力推行招商引资、强制储蓄等政策。例如我国在计划经济时期曾推行过的粮票、布票、油票等制度,这种制度本质上就是一种强制储蓄政策,通过控制各类购物票的数量,严格规定了社会储蓄率的下限。为了提高劳动的数量,就要提倡并推行女性就业,动员低龄和高龄人群就业等。

索洛教授发现,世界主要经济体的年均增长速度在工业革命发生之后的三个世纪里分别为1%、2%、3%,经济增长速度之快、持续之久,这是人类历史中十分少见的。根据资本和劳动的边际产出递减规律,上述长期经济增长现象是无法被资本积累和劳动动员数据所解释的。另外,以资本为例,通过估计资本的产出弹性,如果要解释当前发达经济体与落后经济体在人均产出方面存在10倍的差距,那么我们就需要观察到两者在人均资本方面存在1000倍的差距,但这又与现实统计数据相悖,因此资本并非解释经济增长的核心因素,劳动也是如此。索洛教授的结论是,技术进步才是解释主要经济体在过去三个世纪保持长期增长的主要因素,也是导致当前各国之间贫富差距的主要原因。

那么,什么是技术进步?狭义上来说是指科学技术研发,例如更新的生产设备、性质更优良的材料、更先进的芯片制造工艺、更高效的能源技术,等等。广义上的技术进步是指生产效率的提升,例如制度层面的优化也属于宏观经济中的技术进步,因此,更有效的生产组织形式、更完善的市场经济规章制度、更能激发劳动者积极性的分配制度等,都属于技术进步。事实上,有学者对近40年的中国经济增长做过研究,发现以市场化改革为代表的改革开放政策作为一种技术进步,解释了我国经济高速增长贡献中的60%左右。也就是说,资本积累和劳动动员只贡献了约40%的经济增长。在边际产出递减规律的影响下,资本与劳动数量的提升对边际产出的贡献还会进一步下降。

正是因为技术进步才是经济保持长期增长的主要的、可持续的源泉,所以各经济体都在前沿科技研发、公共教育投资,以及吸引顶级科学家等方面不吝投入,出台各类激励政策。与此同时,对于发展水平有待提高、市场经济制度尚有待完善的经济体而言,继续深化经济改革、建立高效运转的经济制度,也许是更为重要的长期宏观经济政策。

四、财政政策

财政政策(fiscal policy)是指短期内,政府为了经济平稳运行,通过改变公共部门的支出、收入,以对经济总量进行调整的政策。

这类政策的适用场景是社会总需求受到严重冲击时,公共部门通过临时增加支出的方式，填补社会总需求的不足，以维持短期内经济的稳定运行。以 2008 年国际金融危机全面爆发后，我国政府为进一步扩大内需、促进经济平稳较快增长而推出的一揽子计划为例，解释财政政策如何影响经济运行。受美国金融危机的影响，我国的消费需求与投资需求严重不足。如果政府此时放任不管，那么经济有可能进入恶性循环——疲软的社会总需求使得市场均衡下的产出不足，产出的减少又导致消费与投资需求的进一步下滑，如此反复。螺旋式下滑的结果，可能是经济陷入严重的衰退。通过一揽子救市计划，政府加大了短期内在铁路、公路、机场、农村基础设施、医疗卫生、生态环境建设等领域的支出，以填补宏观经济因美国金融危机冲击而导致的需求短缺。此时的财政政策指的是政府加大公共投资支出，极大地提振了市场的需求，维持了经济总产出的稳定，保障了社会总收入。而收入的提振又会进一步使得消费需求与投资需求企稳。在此情形下，经济已进入良性循环，短期的财政刺激政策便可退出。

在前文中，我们以政府增加支出为例解释了扩张性的财政政策的作用机制。事实上，通过减税的方式减少公共支出，也是一种扩张性的财政政策。税收减少后，被税收挤出的那部分消费与投资需求得以恢复，因而使得总需求得到提振，经济运行进入良性循环。读者可能注意到，无论是增加公共支出，还是减少公共收入，都会导致政府财政赤字。那么，扩张性财政政策的成本，由什么来支持呢？答案是未来的税收。政府通过发行债券的形式来支持政策实施，经济恢复平稳后，先前的公共投资会提升经济各部门的生产效率，税收也会相应增加。政府便可用增加的税收来偿还为实施扩张性财政政策而发行的债券。

五、货币政策

与财政政策类似，货币政策也常用于调节社会的总需求。两者的不同之处在于，货币政策不再是政府直接通过改变公共支出的方式调节社会总需求，而是通过改变货币供给量而间接改变投资和消费的总需求。以增加货币供给量的宽松货币政策为例，该政策使得市场中的货币更容易获得，因而降低了均衡下的货币借贷成本，即利率。而利率的下降又会刺激投资需求增加，更多在原先高利率情形下难以获得融资的投资项目得以开展。更旺盛的投资需求填补了总需求的不足，从而使得短期经济运行企稳。

从前文对财政政策的介绍可知，如果辅以适当的货币政策，可以进一步降低财政政策的实施成本，更好地刺激总需求。事实上，现实中的扩张性财政政策往往是与宽松的货币政策一起，作为政策组合拳同时推出的。

关于货币政策的实施，还有两个特点值得注意。第一个特点是，货币政策的实施机构为各国的中央银行，如我国的人民银行、美国的美联储。中央银行调控货币供给量，并不是通过多印刷或者少印刷法定货币的数量来实现。在现代经济体中，由于商业银行系统的部分准备金制度，经济中流通的货币主要是由商业银行通过货币创造行为产生的。换言之，每当商业银行发生一笔贷款业务时，它就创造出新的货币。基于此，中央银行主要通过控制商业银行货币创造的能力来间接实现对市场中货币供给量的控制。常见的调控手段有三种：一是公开市场操作，即中央银行通过买卖特定证券的方式改变可供商业银行用于货币创造的基础货币规模或结构，例如新闻报道中常出现的量化宽松（quantitative easing，QE）便属于此类调控政策；二是调整锚定利率。这种方式可以改变所有其他利率以及商业银行货币创造活动的意愿，例如中国人民银行调整中期借贷便利（medium-term lending facility，MLF）利率、美联储改变联邦基金率（federal funds rate）等，便属此类；三是调节商业银行的法定准备金率，以改变商业银行货币创造行为的活跃程度。

货币政策的另外一个特点，是该类政策的实施必须有一定的突然性。这是因为货币政策是通过改变货币市场的均衡利率来间接改变投资需求，从而达到调控总需求的目的。为了使该机制产生效果，货币政策不可以被全社会完美预期，否则货币供应量的调整只会转化为通胀率的变化，对实体经济的均衡结果不产生影响。为了理解这一特性，我们以中央银行推行的宽松货币政策为例，在两个假想的极端情形下讨论该政策的实施效果。

第一个极端情形，是该政策完全出乎全社会的预料。由于对该宽松货币政策毫无准备，经济体中所有物品和服务的价格还维持在该政策出台前的水平，即呈现出价格刚性的特点。此时经济体中的货币量增多，商品价格保持不变，新增加的货币及相应更低的均衡利率就可以刺激出更多的投资需求，调控社会总需求的目标得以实现。

第二个极端情形，是该宽松货币政策被完美预期。针对这一情形，我们不妨做一个思想实验：货币当局公开宣布将于某天让所有现存法定货币面额、所有资产账户数额都变为原来的 10 倍。基于这种场景，我们模拟了一个被市场完美预期的将货币供给量增加至原来的 10 倍的宽松货币政策。那么，市场会对这个政策做出什么反应？相信你已经猜到了。市场的参与者会协同起来，在该政策生效的同时将所有物品与劳务的价格调整为原先的 10 倍。除此以外，市场参与者还是按照原定的计划进行生产与生活。在新的均衡下，该货币政策只是将物价推高至原先的 10 倍，而产出、消费、投资、就业等数量却没有任何变化。

为什么被市场完美预期的货币政策会失效？这是因为货币本身并非财富，而是让交易更便利、更具流动性。当物价来不及针对突如其来的货币供给冲击而调整时，流动性的增加导致了货币持有者购买力的增加，进而导致对投资品需求的增加。投资需求增加会拉动供给，提升新均衡下的总产出。反之，如果市场参与者提前完美预料到了货币政策并针对相应的调整价格做出了反应，尽管货币供给增加了，但物价同时也在上涨，可能使得货币持有者的购买力并无变化。在此情形下，货币政策因无法刺激社会总需求而失效了。当然，以上两个例子是极端情形，现实中的宏观政策发生的情形往往处在两者之间，既非完全的突发事件，也不会被市场完美预期。理解了这点，我们就明白了为什么各国中央银行总在创造新的调控工具，以及晦涩难懂的专有名词来扩充自己的工具箱，这是因为一旦中央银行的行事准则被市场看透，货币政策会因无法做到出其不意而失效。

专栏 7-3

其他形式的调控政策示例

除了财政政策、货币政策，政府有时还会施行其他形式的调控政策。

1) 总供给调控政策

与常见的强调需求管理的调控政策不同，总供给调控政策强调的是供给管理，即通过提升市场供给质量、优化市场供给结构的方式，改善经济运行效率，并实现以供给拉动需求的结果。基于该思路，我国政府于2015年提出了供给侧结构性改革，以去产能（减少低利润、高污染的过剩产能）、去库存（减少库存以便为新的产能提供空间）、去杠杆（降低企业杠杆率以消化长期性和系统性风险）、降成本（通过减税费、让利实体经济等举措，营造公平的税负环境以降低企业生产成本）、补短板（补足基础设施建设、民生建设、公共服务体系、人才队伍建设等短板）等"三去一降一补"政策为核心，极大地提升了我国宏观经济运行效率。

2) 对外经济管理政策

通过提高进口商品海关税率或减少进口商品配额的方式，将一部分对进口商品的需求转化为对本国商品的需求；或通过调整汇率，使本国货币贬值的方式，刺激本国产品的出口，用外国对本国商品的需求来补充本国内部需求的不足。

3) 消费刺激政策

通过提高消费者权益保护力度、发放消费券、实施汽车税费减免、推动家电下乡、普及电商下乡等政策刺激消费需求，以解决总需求不足的问题。

关于调控政策，我们最后需要强调的一点是，长期政策和短期政策是有明确分工的。长期政策旨在促进经济体的长期增长，不关心短期波动问题。而财政政策、货币政策、供给管理政策、消费刺激政策、外贸政策等短期调控政策，只能用于平滑经济体的短期波动幅度，不能将之作为长期政策加以坚持，否则最终会导致经济结构失调、政策失效、增长乏力等灾难性后果。

本章小结

本章介绍了宏观经济运行特征的观察方式，解释了国内生产总值、消费者价格指数、采购经理人指数等常见的宏观经济变量的构造方法，并分析了常见的宏观经济调控政策的作用机制。

通过本章的学习，我们知道了"整体"视角是区别宏观经济学与其他经济学分支的重要特征。同时，在分析宏观经济现象时，也要着重强调对宏观经济运行机制的理解，不应停留在统计学刻画的经济现象的表面。此外，为了对宏观经济整体运行状况保持持续追踪，经济工作者构造了大量的宏观经济变量并定期公布结果。我们在使用这些变量观察宏观经济运行时，需要对其构造方式、含义、隐藏的缺陷等有所了解，不可滥用、误用。我们之所以需要各类宏观经济调控政策，是因为现实中的经济体存在各类摩擦，合理地使用调控政策可以降低这些摩擦带来的经济效率的损失。而宏观经济在长期、短期运行特征上的差异，决定了经济增长类政策与经济波动类政策的出发点不同：前者旨在提升长期的技术进步率，后者的目标是平滑经济短期波动的幅度。

思考题

1. 当下，全球人口高速增长、经济活动日趋活跃，传染性疾病的控制、成本评估等问题的重要性日益凸显。传统意义上来说，这是公共卫生政策研究的领域，科学家们在给定的社交网络上构建疾病传播模型，模拟疾病传播特征，并据此评估社会成本。根据你对宏观经济学"整体"视角的理解，将疾病传播模型嵌入经典宏观经济分析框架中，这是否有助于将上述研究变得更具全面性、准确性？为什么？

2. 有一种观点认为，国内生产总值衡量的是一个经济体的总财富。因此人均国内生产总值越高的经济体，就一定越富裕。你同意此观点吗？

3. 请通过询问家里长辈，构建出自己家庭 20 年前的每月消费"篮子"，分别根据该"篮子"当年和 20 年前的市场售价进行对比，计算出当年的消费者价格指数。有一种观点认为，消费者价格指数往往会高估居民实际感受到的通货膨胀，你同意此观点吗？

4. 改革开放以来，我国经济取得了长足发展，人均 GDP 在 40 多年间增长了 30 多倍。有人认为这一变化背后的主要原因是大量流入的外国资本促进了中国经济增长，持续加大招商引资工作就能保持中国经济的高速增长。你同意这个观点吗？

5. 有一种观点认为，政府机构讨论决策的逻辑、实施方案的全过程应该公开透明。因此，我国的中央银行应该将所有的调控决定提前公开宣布。你同意此观点吗？

名词索引

◆ 宏观经济学：研究经济作为一个整体如何运行的学科。
◆ 国内生产总值：在某一既定时期内，一个经济体内生产的所有最终物品和劳务的市场价值。

◆ 消费者价格指数：衡量了与居民生活有关的消费品及服务价格水平的变动情况。

◆ 采购经理人指数：通过对企业采购经理的调查问卷统计汇总而成的综合性指数，用以衡量相对于整体而言企业生产安排的扩张或收缩情况。

◆ 失业率：处于失业状态的劳动力人数占总劳动力的百分比。

◆ 经济增长：一个经济体在一定时期内生产的产品和劳务总量的增加，刻画了长期而言经济体的生产规模、经济活动的扩张。

◆ 经济波动：经济变量围绕长期趋势的起伏运动，刻画了短期内经济体受各种冲击影响而表现出来的繁荣、衰退等特征。

◆ 技术进步：各种可提升其他要素生产力的知识的积累与改进，是现代经济体保持长期增长的源泉。

◆ 财政政策：短期内，政府为了经济平稳运行，通过改变公共部门的支出、收入，以对经济总量进行调整的政策。

◆ 货币政策：短期内，政府为了经济平稳运行，通过改变货币供给量而间接改变投资和消费的总需求，以对经济总量进行调整的政策。

7-1
知识分享

第八章

金融的逻辑

■ 第一节　引言

"天下熙熙，皆为利来；天下攘攘，皆为利往"，金钱作为"利来利往"的载体，与人们的生活息息相关、不可分割。我们的日常生活，从基本的衣食住行到投资都需要与金钱打交道。而由金钱延伸出的金融，已经融入我们生活的方方面面，与金钱有关的金融产品、金融机构和金融市场对现代经济发展发挥了重要作用。我们一般把金融理解为"资金融通"，理论上看，金融就是承担经济活动中的跨时期资源配置的行业，金融学就是一门研究其中规律和方法的学科。

金融运行中，货币和银行是绕不开的两大重要主题，货币和银行之间也存在着千丝万缕的关系，深刻影响着现代经济的运行。货币的历史几乎与人类文明一样悠久。可以说，人类的文明史也是一部货币变迁史。社会发展至今，从一开始以物易物的商品货币，到现行的国家背书的信用货币，再到众人熟知的加密货币，货币的表现形式不断变化。每一张货币的背后，都蕴含着人类货币体系数千年的历史积淀。

然而，我们真正了解货币吗？货币到底是什么？

说起货币，相信读者都不会陌生。我们日常购买生活所需、领取工资、转账等活动都会用到货币。也许很多人觉得货币无非是"钱"，即现钞。假若将现金存入银行，购买活期、定期产品，它还是货币吗？

数字经济下催生了加密货币，如比特币、狗狗币等，它们也是货币吗？

为什么古人使用的货币是铜钱、金银，而现代社会使用的是硬币、钞票？

一张百元钞票看似是一张纸，为何能代表100元的价值？

货币借贷为何需要利息和利率？

商业银行和中央银行与货币发展紧密相连。商业银行和中央银行是怎样产生的？银行在货币供应中扮演何种角色？中央银行是如何进行货币调控的？

从微观角度来看，资金的使用和积累已经成为居民个人生活的重要方面，在我们通过工作获得工资之后，获得财务安全的重要方法是长期储蓄和投资。我们应如何投资？为什么专业的投资人往往将资金分散投资于不同资产？投资收益和风险的关系如何？应采用何种投资方法？

本章将在揭示货币和银行的本质的基础上，进一步阐述金融市场运行的逻辑。本章第二节将介绍货币的本质；第三节将阐述当今世界的货币制度如何形成；第四节介绍信用的含义，以及货币运行过程中利息和利率的相关概念；第五节主要阐述了商业银行和中央银行的产生和发展，以及银行体系如何对货币供应量和利率产生影响；第六节则介绍现代金融学的基本思想。

第二节 货币的本质

在一般人看来，所谓货币，无非是可以拿来买东西的人民币等钞票，俗称"钱"。但在金融学或经济学里，这样定义货币并不准确。准确来说，这些"钱"属于流通中的现金或通货。实际上在现代经济生活中，支票、信用卡和银行卡都可以作为我们购物时的支付工具，无论是商品、劳务还是金融产品的交易，用现金支付的只占极小的比重。

在说明货币的定义之前，我们可以从货币的发展历史中探寻一些共同点。人类历史其实也是一部货币的发展史。一开始人类社会中并不存在货币，各个部落族群可以实现自给自足。当原始人类祖先们有了物资的剩余以后，交换便产生了。比如一家有多余的鸡肉，一家有多余的水果，正好双方各自需要对方多余的物品，那么这两家便可以将这两件物品进行交换，这也是我们常说的物物交换。

随着社会的进步和发展，人们发现以物换物的交易方式已经无法满足人们的需求，物物交换也存在不少问题。比如，交易讲究的是公平，是等价交换，但由于个人拥有的可交换物有限，因此并不总是能满足交换双方的需求。此外，交换需要找到合适的交易者，如果对方距离较远会使交换变得困难。试想一下，如果交换牛肉，是否还需要牵着一头牛去交换的地点？这时，倘若有一件特殊商品，能够代表所有其他商品的价值，那么交易时，只需将物品换成这个特殊商品，再用特殊商品换取想要的物品即可。我们称这个能够代表所有其他商品价值的特殊商品为"一般等价物"，这便是货币最初的起源。

我国最早的货币在夏朝时期诞生，当时住在海边的人们发现海贝特别美观，极具观赏价值，于是将贝壳收藏起来当装饰品。由于海贝容易携带、易于计数，方便算账，因此成为我国第一种货币，例如一枚海贝可以理解为一块钱，或者一枚海贝可以买到一个苹果，30枚海贝能买到一只鸡等。

不只是海贝，能够充当货币的物品还有很多。司马迁在《史记·平准书》中说："农工商交易之路通，而龟贝金钱刀布之币兴焉。"这说明我国最初充当货币的一般等价物来源广泛，种类众多，主要有龟甲、贝、金、银、刀、布等物品。

由于贝壳存在不耐用、不标准和不方便携带等问题，春秋战国之后，人们常用金属进行交易，也就是我们常说的铜钱、白银等。可到后来，人们发现金属也存在容易磨损、数量有限、不够便携的问题，于是人们创造了纸币代替金属，比如宋朝时期的"交子"。在现代社会中，随着科技的发展，电子支付方式越来越普遍，诸如银行卡、微信支付之类的电子货币载体已经深入我们的生活，使用电子货币同样可以完成存取款、结算、透支消费等环节。

为什么贝壳、金属、纸币这些就是货币，其他的东西如砖头、木头之类就不是？为什么曾作为货币的贝壳，现在却退出了历史的舞台？我们可以从这些货币的演变过程中总结出一些共性特点。

货币之所以成为货币，需要有普遍接受性和币值稳定性的特征。能视为货币的首要条件是能为人们广泛接受。大家都承认这种商品，都拿这种商品与其他商品交换，那它就是可以用来交易的货币。第二个条件是，货币的币值需要相对稳定。试想一下，如果一枚海贝，今天可以换 1 个苹果，明天能换 10 个，那么谁还愿意坚持用它去进行交易呢？因此，能够成为货币的两个必备条件便是普遍接受性和币值稳定性。

在政治经济学中，货币首先是一种商品，具有价值和使用价值，可以与其他的商品交换。当大家都承认这种商品，都拿这种商品与其他商品交换，那它就是可以用来交易的货币，我们给这种商品赋予一个专业名词，即"一般等价物"。

货币是区别于普通商品的一种特殊商品，它能表现其他商品的价值，又具有与其他所有商品交换的能力。以黄金为例，黄金既可以作为商品购买，比如金块、金饰品等，又可以作为货币去购买其他商品，因此它具有衡量其他商品价格的特征。

货币还体现着一定的生产关系。在不同的历史条件下，产品归不同所有者占有，因此商品交换的过程中便体现着商品所有者之间的社会生产关系。

综合以上特点，我们将货币的本质定义为固定地充当一般等价物的特殊商品，并体现着一定的社会生产关系，这是政治经济学对货币的一般定义。西方经济学也把货币定义为在商品支付和债务清偿中普遍接受的东西，强调普遍接受性。根据以上对货币的定义，可以认为货币实际具备五个职能。

1. 价值尺度

货币的价值尺度是指货币表现其他一切商品是否具有价值并衡量其价值大小的职能。这是货币最基本、最重要的职能。比如商场一部手机标价 5000 元，1 斤苹果标价 5 元，体现出了商品的价值，便执行了货币的价值尺度职能。

2. 交易媒介

交易媒介是货币最基本的职能。正是因为人们在生活中需要交易媒介，才逐步诞生了货币。在货币出现之前，商品交换采取物物交换的模式，而货币的出现打破了这一交换模式的限制，促进了商品经济的发展。

3. 支付手段

货币在实现价值的单方面转移时就执行了支付手段的职能，如偿还欠款、上交税款、银行借贷、发放工资、捐款、赠与等。

在货币诞生前，人们物物交换通常是当面交换，比如用蔬菜换土豆。但这种交易方式带来的问题是，生产成品往往需要时间。比如我现在想换土豆，但土豆需要几个月才能成熟,那么我可以选择等土豆成熟后再交换,或者是先把蔬菜给对方,待土豆成熟后再收取,但这在无形中增加了物物交换的难度。在这类交易过程中,信用尤其重要,特别是陌生人之间需要物物交换时,当完全不存在信任的情况下,允许一方延迟交换是不可能的。

货币的支付手段克服了物物交换的局限性,可以实现延期支付,大大减少了信用问题。当你用1斤蔬菜换回50元时,不需要即刻把这50元变成物品,而是可以在随后的任一时间里根据自己需要逐步兑换。

4. 储藏手段

当货币退出流通,贮藏起来,就执行了货币储藏手段的职能。我们通常不会在辛勤劳动获得的报酬到手时就将其全部用于消费,而会将它留下来,在需要的时候进行兑换。

将货币作为价值进行储藏的一个重要前提是大家对货币价值有信心。如果像津巴布韦币那样,通货膨胀几千倍、几万倍,大家拿到货币的第一时间想到的显然不是储蓄,而是急于将其兑换成更有价值的资产。

5. 世界货币

随着国际贸易的发展,货币超越国界,在世界市场上发挥一般等价物作用,从而在国际范围内发挥价值尺度、交易媒介、贮藏手段、支付手段的职能,即货币具有的世界货币职能。

第三节　货币制度的演变

一、什么是货币制度

我们常听到的"制度"一词,一般指的是准则规范。因此,货币制度应当是关于货币的准则规范。那么谁有资格制定货币的准则规范?一国政府。

货币制度是指一个国家以法律形式规定的货币流通的组织形式,简称币制。具体来看,货币制度主要包括几个方面:币材、货币单位、主币和辅币、货币的法偿能力、货币的铸造发行和流通程序、发行准备制度等。

1. 币材

币材是指用来充当货币的材料,如海贝、金、银等。确定不同的货币材料就构成不同的货币本位,如确定用黄金充当货币材料就构成金本位。

2. 货币单位

货币单位是指货币制度中规定的货币计量单位。金属本位制下,货币单位通常为重量单位,如两、盎司等。纸币本位制下,美国的美元、日本的日元、俄罗斯的卢布等,均为货币单位。

3. 主币和辅币

主币就是本位币，是一个国家流通中的基本货币。辅币是本位货币单位以下的小面额的货币，它是本位币的等分。比如人民币的主币为"元"，辅币为"角""分"。辅币是主币的分割，一角即 0.1 元，一分即 0.01 元。又比如美国的主币是"美元"，辅币则是"美分"。

4. 货币的法偿能力

货币的法偿能力是指通过法律对货币的支付偿还能力做出规定。法偿能力又包括无限法偿和有限法偿。所谓无限法偿，是指无论支付数额多大，无论哪种形式的支付，对方都不能拒绝接受。本位币一般都具有无限法偿能力；所谓有限法偿，是指在一次支付中若超过规定的数额，收款人有权拒收。有限法偿主要针对辅币而言。在我国，我国人民币的主币（"元"）和辅币（"角""分"）都具有无限法偿能力。

5. 货币的铸造发行和流通程序

在金属货币流通下，货币通常是由国家铸造发行的，但在某些时期货币也可以由私人自由铸造；信用货币出现以后，各国逐渐通过法律把银行券的发行权收归中央银行。

6. 货币发行准备制度

货币发行准备制度是指中央银行在货币发行时以某几种形式的资产作为其发行货币的准备，从而使货币的发行与某种金属或某几种资产建立起联系和制约关系，以增强市场对该货币的信心。比如金本位制下的银行券的发行就是以黄金作为发行准备，有多少黄金就发行多少银行券，以黄金的价值来保证市场对银行券的信心。

在历史发展过程中，货币制度不断演变，货币的内涵也在不断拓宽。货币制度的演变过程通常指货币从金属货币制度向信用货币制度演变的过程。货币制度的演变先后经历了银本位制、金银复本位制、金本位制和不兑现的信用货币制度四个阶段。目前世界普遍采用不兑现的信用货币制度，现金无法兑换黄金，纸币由各国的中央银行发行，以国家信用作为保证。那么现今的信用货币制度是如何形成的？以前的货币制度又为何被淘汰？下文将介绍货币制度从金银复本位制向金本位制，再到信用货币制的演变过程。通过窥探货币制度演变历史长河中的一角，可以帮助我们加深对货币含义的理解。

二、从金银复本位到金本位：劣币驱逐良币

马克思曾说，"金银天然不是货币，但货币天然是金银"，"金银作为一般等价物，便于分割、价值统一、外形美观……是最理想的货币载体"。在全球各地的人类古文明中皆可见"黄金崇拜"现象，中国的先祖们也认为黄金即是权力或财富的象征。由于金银具有可熔铸、易分割、光泽迷人，化学性质稳定等天然优越性，被人们普遍接受，因此在人类历史上很长一段时期里，金银都是各国的主要货币。

我们知道，金、银等金属货币因其物理特性是可以被熔化和铸造的，此外在交易中金币和银币难免因碰撞产生磨损。于是一些"聪明"的人发现，如果在金币铸造过

程中掺入杂质，就可以用更少的金换取更多价值的物品。这样的事情历史上并不少见，古罗马时代，人们就习惯从金银钱币上切下一角，这就意味着在货币充当买卖媒介时，货币的价值含量减少了。佐治亚州有个叫 Templeton Reid 的人，开设了美国第一家私人黄金铸币厂。Reid 就曾故意虚报自己生产的黄金的纯度，随后他在短期内获得了极为丰厚的利润。后来由于纸媒的曝光，他被人们发现生产的货币含金量过低，工厂最终倒闭。我们将这种掺了杂质、金属含量不足的货币称为"劣币"，将金属含量与其代表的货币价值保持一致的货币称为"良币"。

假设一枚金币的标准含金量是 1 克，此时如果有人偷偷将其熔化并掺入杂质，重新铸造成一枚含金量为 0.9 克的金币，但在交易时仍按 1 克的含金量计算，那么他便有了获利的空间。试想一下，如果人们手上拿到了这种低于实际货币价值的劣币，人们便会优先使用劣币，因为这一货币的实际金属含量与它代表的价值不符，人们可以把足值的货币熔化换取更多的劣币。于是，足值的良币被贮藏起来，劣币大行其道。这就是所谓的劣币驱逐良币，也称格雷欣法则。

专栏 8-1

生活中的劣币驱逐良币

在企业管理中，同样会出现"劣币驱逐良币"现象。对于许多企业来说，他们都遵循着"二八法则"，即 20% 的员工，贡献了 80% 的业绩；而剩余 80% 的员工，只贡献了 20% 的业绩。如果企业采用了"同工同酬"政策，或不合理的绩效考核制度，企业中优秀的"良币"就会逐渐退出，转而去寻求能够认可其价值的企业。只留下低效率的"劣币"，严重影响企业的发展。

在企业基层，经常可以看到这样的情景：许多临时性工作并不是按照岗位职责进行精确的分配，而是谁肯做、谁能做好，就交给谁去做；不肯做、或做不好的员工，在工作分配阶段就不会被考虑。这就导致了企业中的优秀员工承接了许多原本不属于自己的工作，但在绩效考核中难以体现，做出的成绩也作被视为团队功劳，个人的贡献因此被稀释。当优秀的员工和平庸的员工拿着差不多的工资时，自然会引起前者的不满。

常年任劳任怨的"良币"，只要有一两次面露难色，不愿接手本不属于自己的工作，马上就会被指责为推三阻四、缺乏担当；而一直消极怠工的"劣币"，突然有一次超额完成了自己的工作职责，就会立马给人一种勤恳能干的印象，在晋升的途中获得加分。在这种环境中，"良币"会做出怎样的选择，不言而喻。因此，企业也需要建立合理的激励机制来防止劣币驱逐良币的情况发生。

资料来源：《你公司的"良币"，是如何被"劣币"驱逐的？》，搜狐网。

劣币驱逐良币的现象直接造成了英国由金银复本位制向金本位制的转变。17世纪，许多国家实行金银双本位制，即黄金和白银都是法定货币，可以流通和互换，英国也是如此。但由于银币容易氧化，并且面额小，日常生活中过多使用容易造成磨损，久而久之其真实含银量会低于面值，使得金银之间的实际比价与官方决定的比价不符。于是便有人优先使用分量更少的银币，还有人将银币兑换成黄金，甚至有人专门将银币的边缘磨下一些碎渣留着以铸造新银币。劣币充斥于市，不仅影响人们日常交易，扰乱货币流通秩序，而且偷锉削剪、掺假伪造的行为还引发了上层名流贵族的不满，因为这些劣币以税收的方式上缴给王室政府，使得王室财政收入同样缩水了。于是，市面上的劣币越来越多，良币越来越少。

这一货币混乱的根本原因在于铸币厂设定的金银法定兑换比率的不合理。我们现在假设政府官方规定1金可以兑换8银，但在市场上1金实际上可以兑换10银。如果这时某件商品的标价是1金，你会选择金币还是银币支付？当然是银币更划算。如果用金币支付，那么按市场价花费的成本实际上是10银，如果用银币支付，只需付8个银币即可。我们用套利视角来看这个问题，假如我持有1金，我可以在私人市场上用1金换10银，再将10银中的8银向官方兑换1金，那么我现在手上有1金和2银，净赚2银。

当时的英国对金银兑换比例的设定普遍高于其他欧洲国家，银币被商人出口到外国换成黄金，外国的黄金又被商人们运回英国，送进铸币厂铸成新金币，导致英国大量白银外流。为应对这一局面，1699年新任英国皇家铸币厂厂长牛顿（他正是那位万有引力的提出者）经过多年研究，找到了货币混乱的病根。1717年9月，牛顿向英国议会提交了一份著名的报告——《向上议院财税委员会阁下的陈述》，阐述了金银价格的相对关系。他认为基尼金币（英国当时的货币）的高估导致了金银的兑换比率失衡，而在欧洲大陆，各国银币的价值较高，金银兑换率要低于英格兰，这就造成了英国的白银外流，而外国的金币却在不断流入英国。同年，议会通过决议，将英国的黄金价格定为每盎司（纯度0.9）3英镑17先令10便士。这是一个划时代的定价决策，从此，黄金价值正式与英镑面值挂钩。

1816年，英国议会正式通过《金本位制法案》（全称为《银币重铸和管理王国内金币和银币法案》），从法律上正式确立了金本位制（gold standard），也让英国成为全球最早确立金本位制的国家。在该制度下，银币失去了无限法偿的地位，英国将以往的旧银币和磨损银币完全收回，重新铸成新银币，新银币作为合法的辅币，辅助金币流通，以保障金本位的顺利运行。

三、布雷顿森林体系到信用货币：特里芬难题

随着贸易的进一步扩大，金属货币的种种不便逐渐显现。比如大宗商品交易可能需要商人扛着一大箱金银前往交易地点，如果是远距离交易，还需要远途运输这一大箱金银，造成了交易的极大不便。这时，银行券出现了。人们将银行券作为兑换金属货币的凭证，比如商人将自己的金属货币存入钱铺，获得钱铺开出的一种票据作为凭证，持有票据的人要求到钱铺兑现时，钱铺则根据票据付以相应的金属货币。能够代

替金属票据进行流通的纸质票据之所以可以在交易中被人们接受，是因为开票据的人的承诺可以将票据与金属货币进行兑换。

银行券的出现大大方便了人们的交易，人们不再需要携带厚重的金属，只需持有金属货币的凭证即可。19世纪下半叶，各国可兑换金币的银行券广泛流通。但此时的银行券仍是金的符号，代替金币进行流通。银行券的出现是货币币材的一大转折点，为之后的不可兑现纸币的产生奠定了基础。

在此情形下，金本位又经历了金币本位制、金块本位制和金汇兑本位制三种形式的演变。

金币本位制是金本位制的最早形式，国家将本币与一定数量的黄金挂钩，以黄金作为货币的标准铸造金币，金币本位制将黄金铸币作为法定本位币，而银币则退居辅币地位。

在金块本位制中，可以兑换黄金的银行券代替了金币，任何人都可以将所持有的银行券兑换成等价的黄金。在该制度下，由国家储存金块，作为储备；流通中各种货币与黄金的兑换关系受到限制，不再实行自由兑换，但在需要时，可按规定的限制数量以纸币向本国中央银行无限制兑换金块。

金汇兑本位制是指实行该制度的国家内只流通银行券，银行券不能兑换黄金，但准许本国货币无限制地兑换成实行金块本位或金币本位制国家的货币。当一个国家实行这种货币制度时，需要将货币与另一实行金块或金币本位制国家的货币保持固定比率，只有将此国货币兑换成黄金存放国的货币时，才能再兑换成黄金。

第二次世界大战（简称二战）后，美国的财富迅速积累，拥有大量的黄金储备，而其他不少西方国家战后尚未恢复，面临金储备量不足的困境。据统计，1945年美国拥有价值200亿美元的黄金储备，而同期的英国仅有100万美元的黄金储备。美国的黄金储备相当于英国的两万倍。这时，世界建立了以美国为主导的金本位制度，即"布雷顿森林体系"。

布雷顿森林体系实际上是一种以美元为核心的国际金汇兑本位制。在这一体系之下，美元与黄金挂钩，其官方价格为每35美元兑换1盎司黄金，而其他国家的货币则与美元挂钩，汇率固定，不得随意变动，最多上下波动1%，超出限度时政府有义务采取行动维护汇率稳定。

可以说，布雷顿森林体系的建立和运转结束了国际货币金融领域的混乱局面，弥补了国际收支清偿力的不足，并极大地促进了国际贸易、投资和世界经济的发展。每年各国之间的国际收支一般并不平衡，有的国家可能出口的价值大于进口，或者进口大于出口。现在我们假设英国向日本进口了价值50亿美元的货物，仅向日本出口了20亿美元货物，那么英国就存在30亿美元的贸易逆差。然而这部分差额对于日本来说又该如何兑换呢？在金本位制下还能兑换黄金，但二战后各国的货币体系受到一定打击，没有了金本位无疑使得各国的交易难度增大。但在布雷顿森林体系下，英国可以支付大家都认可的美元，也可以是英镑，因为英镑维持着与美元的固定汇率，不用担心英国滥发货币造成贬值。在一段时间里，布雷顿森林体系运转良好。

然而，如果美国印发了过多的美元，大家不再相信手上持有的美元能够兑换美国承诺的黄金数量时又该如何？随着越南战争的爆发，美国对战争的开支也在不断扩大，政府需要印发更多的美元购买战争物资。此外，美国的国际贸易逐渐由顺差向逆差转变。在20世纪50年代和60年代，西欧和日本经济快速发展，世界经济力量逐渐发生变化，以日本和德国为代表的国家通过贸易顺差积累了大量美元，而美国的国际收支水平却在不断恶化。1970年美国资本外流100亿美元，1971年增至300亿美元，此时国外积累的美元已是美国黄金储备的四倍。这时各国开始怀疑美国能否兑现35美元兑换一盎司黄金的承诺，显然，美国已难以偿付约定数额的黄金。经历数次美元危机之后，1971年美国正式宣布停止美元和黄金的兑换。1973年，世界主要货币汇率开始自由浮动。1976年，世界进入了牙买加体系，也就是目前国际货币的浮动汇率体系。

作为建立在"黄金-美元"本位基础上的布雷顿森林体系，其根本缺陷在于，美元既是一国主权货币，又是世界货币。它的发行必须受制于美国的货币政策和黄金储备。由于黄金产量和黄金储备量增长跟不上世界经济发展的需要，在"双挂钩"原则下，美元便出现了一种进退两难的境地。实际上，早在20世纪60年代初，美国经济学家罗伯特·特里芬在《黄金与美元危机》一书中就指出了美元与黄金挂钩存在的问题：一方面，随着经济发展，国际社会对美元的需求会越来越多，需要美国保持国际收支逆差不断地向国际社会输出美元；另一方面，作为国际货币，需要美元保持币值稳定，这又要求国际上的美元流动不能太多，否则美元币值必然无法保值稳定。这一矛盾被称为"特里芬难题"。特里芬难题是在固定汇率制度下出现的特殊现象，其本质在于美元与黄金挂钩，随着国际上越来越多的美元沉淀，美国的黄金储备必然无法支撑"35美元兑换一盎司黄金"的要求。特里芬曾写道："最终，世界被迫正视问题，而不是简单地试图修补这个系统。""特里芬难题"也被看作是布雷顿森林体系崩塌的根本原因。

随着布雷顿森林体系的崩溃，目前世界普遍采用不兑现的信用货币制度，现金无法兑换黄金，纸币由各国中央银行发行，以国家信用作为保证。在信用货币之下，纸币实际上只是一张纸而已，不能拿去兑换黄金或白银，但由于有国家信用的支持，能够被大家普遍接受和使用，因此它仍能发挥货币的作用。在这种制度下，货币实质上就是银行对货币持有人的负债，中央银行可以根据经济状况，选择收紧或放松银根，以达到调控货币量的目的。

四、信用货币：行走的"欠条"

前文我们提到，随着商品经济的发展，由于金属货币的不便性（体积笨重、易磨损、产量有限等），人们开始将金银存放在特定的商人那里，而商人则开立一张"欠条"（比如银票），作为兑付的凭证。随着这样的欠条在交易市场中不断流通，"欠条"成为早期的可兑换信用货币。最早的信用货币可以追溯至我国北宋年间的"交子"，以及古代英国的"金匠券"。

后来人们发现，真正需要将"欠条"兑换成金银的人往往较少，因此发行比金银储备量更多的纸币也是可行的。在布雷顿森林体系终结后，一个不可兑换"欠条"的信用货币时代到来了。在此之前，信用货币的价值保证的是可兑换的金银，而在不可兑换的信用货币制度之下，货币不再兑换金银等金属，其背后则是国家信用作为支撑。

信用货币是金属货币崩溃的结果，同时也是商品经济进一步发展的要求。信用货币以国家强制力为保障，它的真实价值仅仅是一张纸的价值，或者再加上一些发行费用。在如今的数字经济时代，甚至连印刷的纸张都可以不要，货币只是我们电子账户上的一行数字，而且它也不再代表任何贵金属。在信用货币时代，货币代表的价值与其真实价值并不相符，只需依靠国家的强制力来维护，并且让人们从观念上普遍接受并信任它即可。

当今世界各国的货币，美元、欧元、英镑、人民币等都是信用货币，它的价值完全取决于公众对政府的信任和信心。由此可见，信用货币只是一种价值符号，它赋予持有者支取经济商品、享有服务或支配金融资产的权利。

现在我们可以回答本章开头提出的问题了。一张百元钞票看似是一张纸，为何能代表100元的价值？在当今网络银行、线上支付如此普及的情况下，甚至现金都不需要，只不过是账户上的一串数字为何能代表如此沉重的价值？答案是现代信用货币制度背靠政府信用，而人们坚信国家"倒台"的概率极小，因此都相信它能代表其真实价值。简单来说，就是"相信"。这也同样符合我们对货币具有普遍接受性的定义。

综上所述，由于有国家信用支持，能够被大家普遍接受和使用，不兑现信用货币仍能发挥货币的作用。中央银行可以根据经济状况的发展，选择收紧或放松银根，达到调控货币量的作用。

五、货币的分层

前面我们说到货币的本质定义，即固定地充当一般等价物的特殊商品，其具备西方经济学认为的普遍接受性，而这也是货币的本质特征。随着现代经济的发展，货币制度不断演变至信用货币制，资产的种类也在增多，货币的界定变得更加复杂。目前众多经济学家认为应该用流动性来定义货币。资产的流动性一般指一项资产是否具有容易变现的能力，即是否能以较低的成本和较快的速度变成现金的能力。

回到我们最初的问题，什么是货币？我们常说的"钱"是货币吗？我们说马云很有钱，他有着近两千亿元的身家，但是这里的两千亿肯定不全是现金。世界富豪们通常让信托公司等对其私人财富进行管理、投资，并将其广泛分布在各类资产上，因此我们可以把马云的两千亿元称之为"个人财富"。在现代经济下，个人财富有很多形式：有我们最常见的现钞，或者把现金存进银行里的储蓄存款。存款又可以包括活期存款、定期存款等，而除了储蓄之外我们还可以进行一些投资，比如基金、股票、债券等。这些资产的流动性各不相同，哪些可以算作货币呢？根据流动性，我们可以给货币进行分类。

第一类是流动性最强的，也就是随时随地可以用的现钞，我们称之为"流通中的现金"。

第二类是流动性稍弱的，比如存在银行收取利息的资金，需要取款后方可使用；再比如信用卡存款，需要刷卡才能消费。

第三类是流动性最弱的，比如定期存款等，需要存够一定时间才能取出。

其他资产比如房地产、股票等，这些资产卖出时，较难找到买家，花费的手续费和价差成本较高，不容易变现，一般认为流动性较差，我们不将其作为货币来进行统计。

按照国际货币基金组织的要求，根据我国实际情况，我国将货币供给量划分为如下四个层次。

M_0：流通于银行体系外的现金。

M_1：M_0＋企业活期存款＋机关团体部队存款＋农村存款＋个人持有的信用卡类存款。

M_2：M_1＋城乡居民储蓄存款＋企业存款中具有定期性质的存款＋外币存款＋信托类存款。

M_3：M_2＋金融债券＋商业票据＋大额可转让定期存单。

其中，M_1被称为狭义货币，是现实购买力，M_2被称为广义货币；M_2与M_1之差被称为准货币，是潜在购买力。中央银行可以根据货币供应量指标，分析和观察国民经济活动，比如M_2通常反映社会总需求变化和未来通货膨胀的压力状况，中央银行可进行相应的货币调控。在我国货币供应量统计中，货币供应量各大层次包含的具体内容会随着金融市场发展和金融工具创新不断进行修订和完善。

第四节 信用、利息和利率

一、信用是现代经济的基石

第三节中我们提到，在延期支付中，信用极为重要。随着资本主义经济的不断发展，信用已经渗透到生活的方方面面。可以说，现代经济有很大一部分都是建立在信用制度的基础上，信用货币制度就是一个很典型的例子。那么，到底什么是信用？在经济金融领域我们又应如何看待信用？

看到"信用"二字，许多人首先会联想到信用是一种美德。比如《论语》中的"言必信，行必果"。君子"一言既出，驷马难追"，国家治理中也需要信用，"民无信不立"，都体现着我国对诚信这一美好品质的弘扬。而在经济金融领域，我们所说的信用往往与"借贷"这一活动相关联。

马克思曾将信用定义为一种特殊的价值运动形式，是以偿还和付息为条件的单方面的价值转移。商品和货币的所有者暂时出让所有权，借贷方需要给予一定的利息作为补偿。举个例子，当我把持有的闲置资金出借给他人，那么在出借期内我对这笔闲置资金便不再具有使用权和支配权，因此需要获得一定利息作为补偿。在约定还本付息的情况下，资金借给了他人，而转移的过程便是信用。

随着经济的进一步发展，信用形式逐渐多样化，信用不再局限于私人借贷，信用与货币创造紧密关联，经济学家对信用的解释也有所延伸。经济学家认为信用是一种交易媒介，对此他们还提出了信用创造理论、信用调节理论，即信用能够创造出新的资本,具有调节作用等。在后续的章节中我们还会加深对这一部分的理解。

信用有着丰富的形式,可以从国家、企业、银行、个人等多维度来理解。信用的种类多样,涵盖了商业信用、银行信用、消费信用、租赁信用、国际信用等。商业信用指企业之间的延期付款或预付账款等形式;银行信用指银行以货币形式提供给工商企业的信用,可以简单理解为银行借给企业资金用于投资生产等;国家信用则是以国家为主体进行的信用活动,比如发行国债;消费信用则是金融机构向消费者提供的信用,比如分期付款、以信用卡的形式进行消费等。

可以看到,信用涉及经济活动的方方面面,信用是现代市场经济运行的前提和基础,整个经济活动被信用关系所联结。"信用"作为联结各主体的纽带,可以协助解决信息不对称问题,降低交易成本,为社会经济活动提供便捷。

二、利息——放弃流动性的报酬

在当代社会,把资金借给他人,索取一定的利息报酬是很自然的事情。在现实生活中利息也很常见,不论是银行贷款还是银行存款都有利息。可你是否想过,在存贷行为中为什么需要利息?又或者,利息究竟是什么?

从公元前到中世纪,许多学者和统治者对于有息放贷的看法并不友好。他们将利息看成是不义之财,国家和社会也会对信贷设置限制。距离现在约3800年的《汉谟拉比法典》便提及了相关条款,"如果一个商人提供谷物或白银的有息贷款,他将就每300塞拉谷物向债务人收取100塞拉的利息,换算成年利率的话就相当于33.3%",这是当时对利息的规定。到了公元前8世纪左右,基督教《圣经》里的《旧约·申命记》讲道,"借给你兄弟银钱、食物,或任何能生利之物,你不可取利。对外方人,你可取利,对你兄弟却不可取利"。基督教对兄弟和外方人的解读是非常广泛的,只要不是敌人,所有的人都是兄弟,他们一开始的出发点就是把所有男人和女人看成是兄弟姐妹。因此,基督信徒对任何人放贷都是不收利息的。他们对有利放贷、金融交易等用钱赚钱的行为,也都持负面看法。这大约是农耕社会、农业社会普遍共同的一种价值判断。

那时人们觉得,如果交易的目的不是满足需要,而是为了盈利,那么交易是不自然的。尤其是有息放贷,人们认为这种行为不是从交易过程中牟利,而是从作为交易的中介"钱币"身上牟利。为了交易的方便,人类才引用了货币,而钱商竟然强使金钱增值。在所有致富的手段中,钱贷确实是最不合乎自然的盈利行为。

此外,高利贷也是对辛苦劳作的人民的一种剥削,钱生钱的过程没有创造新的价值,反而剥夺了人们的劳动。13世纪,著名的神学大师圣托马斯·阿奎那说:"钱不会劳动,人会劳动,如果我们让钱代替我们来赚取很多的钱,我们就没有恰当领会上帝的意图。"可以看到,在阿奎那的时代,人们普遍认为只有劳动才能赚钱,用钱赚钱是不可以的,这是不义之财,违背了上帝的意志。

但现在,我们已经将借钱收取利息看作平常。随着商品经济的发展,资金的融通变得愈发频繁,利息、利率在资金融通中发挥着重要的作用,人们对利息的看法也逐渐转变。试想，一个商人要进行生产，但是资金不足，而预计生产出来的货物卖出后就可以获得一大笔现金流，那么这时借入一笔资金是很好的解决方法。然而对于出借方，这么一笔资金被占用了，也许出于好心可以将钱款出借，但一个完善的借贷体系的运行可不能只靠"好心"。学者费孝通在《江村经济》里曾说："单纯地谴责土地所有者或者高利贷者为邪恶的人是不够的。当农村需要外界的钱来供给他们生产资金的时候，除非有一个较好的信贷体系可供农民借贷，否则地主和高利贷是自然会产生的，如果没有他们，情况可能更坏。"因此，更重要的是建立良好的资金融通机制，不至于造成剥削，同时让资金"活"起来。

那么何谓利息？对于利息的本质，不同经济学家众说纷纭。古典经济学家认为利息是暂时放弃货币使用权获得的报酬，马克思认为利息是剩余价值的转化形式。这里我们将介绍最有代表性的凯恩斯"流动偏好理论"。

当人们获得收入的时候，人们会将这部分收入按照两部分来处理，一部分用于现在的消费，剩下的一部分会存下来。但是这里又面临着一个选择，存下来的这部分收入应该以何种方式持有？人们是不是可以购买一些资本品？或者购买一项金融资产？又或者以现金的形式保存？为什么我们会选择那些流动性强的现金？为什么我们又会选择那些流动性很差的资产？

在凯恩斯看来，持有现金，相对于那些流动性差的资产，其最大的差别在于当你掌握现金的时候，你就有能力去应对将来，让这笔现金可能产生一些用处。当你选择投资于其他资产的时候，就丧失了应对未来的一种优势，意味着面对未来的风险以及不确定性将有更大的困难，而这就需要用利息来补偿。

凯恩斯认为，人们偏好流动性，更愿意持有流动性高、但不带来利润的货币，而不是其他流动性较差、但能带来利润的资产。这种偏好主要来自三种动机：一是交易动机，为了进行日常的交易支付，人们必须持有货币；二是预防动机，又称谨慎动机，持有货币以应付一些未曾预料的紧急支付，比如意外的伤病治疗等；三是投机动机，由于未来利率的不确定性，人们为避免资本损失或增加资本收益，会及时调整资产结构而持有货币。而出让手上的货币，意味着放弃了这部分流动性，因此需要借款人支付自己一定的报酬。因此，流动性偏好理论认为利息是人们在一定时期放弃流动性偏好所取得的报酬。

这很符合我们日常对待收入的方式。许多家庭会留存一部分现金，应对日常生活开支；余下的闲置资金可能会存入银行，或者投资于房地产、股票、债券等金融资产，以期获得更高收益。但如果某项意外出现，需要大笔现金，那么只能将部分资产抛售转化为现金，这一转化过程将带来成本，比如交易费、买卖价差等，也即流动性不足的成本，因此放弃这部分资金的流动性需要索取一定的报酬补偿。

三、利率——利息额与本金的比率

利率是在一定时期内形成的利息额与本金的比率，即利息/本金。比如我借给 A 同学 1 万元，一年后 A 同学偿还 1.1 万元，这里多出来的 1 千元便是利息，那么我借给 A 同学的利率＝利息/本金×100%＝1000/10000×100%＝10%。

笔记

经济学说的利率往往是一个笼统的概念，是抽象出来的一般利率。而在现实生活中，利率的种类繁多，这里介绍几种常见的利率分类。

1. 年利率、月利率、日利率

根据计算利息的时间长短不同，日常生活中常使用的利率主要分为年利率、月利率、日利率。以一年为单位，在这一年之中获得的利息与本金的比值即为年利率。月利率、日利率同理。

2. 长期利率和短期利率

长期利率和短期利率的划分同样以时间为标准，一般而言一年以上的借贷形成的利率称为长期利率，一年以下为短期利率。由于借贷的时间越长，在这段时间发生使借款人不能偿还的因素的概率就越大，因此出借方需承担更大的风险，相应地，应该索取更多的报酬。所以，长期利率通常大于短期利率。

3. 实际利率和名义利率

在日常生活中我们可以感觉到物价是波动的，因此有的人常说"现在的钱不值钱了"。据有关资料统计，20年前的猪肉大概是7元/千克，而现在不少地方的猪肉价格已经是40元/千克，涨幅高达471%，这种物价的上涨可以称作通货膨胀。对于投资者而言，我们关心的是真正赚了多少钱，如果盈利的速度跟不上物价上涨的水平，那么能购买的商品其实是减少的。假如今年某投资者的投资收益率是10%，而通货膨胀率是3%，那么该投资者实际赚得的收益率只有7%。

实际利率是指剔除了物价因素，在购买力不变条件下的利率；而相对应的名义利率则是指未剔除物价因素，包含通货膨胀补偿的利率。在市面上我们常见的金融资产标明的利率一般都是名义利率。但是请记住，投资者真正关心的是实际利率，它代表着真正的收益。

那么如何对实际利率进行估计呢？经济学家费雪为我们提供了解答，描述名义利率与通货膨胀关系的理论称为费雪效应。费雪效应认为，名义利率随着通货膨胀率的变化而变化。物价水平上升时，利率一般有增高的倾向，而物价水平下降时，利率一般有下降的倾向，名义利率约等于实际利率和对通货膨胀的预期之和，该理论指明了名义利率和实际利率的关系。

4. 市场利率和官定利率

在市场上有的利率是由市场供求关系决定的，有的则是由政府或中央银行等官方部门所确定，前者称为市场利率，后者则是官定利率。比如中央银行的货币政策工具——利率是常见的官定利率，包括再贴现利率、法定和超额存款准备金利率等，主要是作为一种政策手段调控宏观经济；而一般银行存贷款利率、各种公司债券利率等则属于市场利率的范畴。

四、货币的时间价值

今天的一元钱和一年后的一元钱的价值是否一样？在商品经济中，答案显然是否定的。即使不存在通货膨胀，今天1元钱的价值或经济效用仍然大于1年后的1元钱。例如，如果将今天的1元钱不用于消费而是存入银行，假定存款利率为3%，1年后你将得到1.03元，也就是说，这1元钱在1年时间中为你带来了0.03元的收益，这就是所谓的货币时间价值，即货币在经历一段时间的投资和再投资所带来的价值。

货币产生价值的首要原因是货币既可以用于当前消费也可以用于投资产生回报，正如前述的例子，将1元钱存入银行可以获得0.03元的收益（假定存款利率为3%）。购买上市公司的股票或是其他投资亦是如此，当然，投资意味着在获得收益的同时承担相应的风险。

货币产生价值的另一原因是通货膨胀造成货币贬值。所谓通货膨胀一般是指由于市场上流通的货币多于经济活动中的实际货币需求造成的一定时期内物价持续上涨。其表现为"过多的货币追逐过少的商品"。去年的一百元能买到的东西也许明年就买不起了，也就是大家常说的"钱越来越不值钱了"。

对于货币时间价值的度量，既可以采用绝对形式，也可以采用相对形式。前者体现为存款、债券的利息，股票支付的股利等；后者包括存款利率、证券的投资回报率、某个项目的投资回报率等。一般来说，人们采用相对形式来表示货币的时间价值，即利率。

五、复利的力量

除了通过工作获得工资之外，居民获得财富增值的重要方法是长期储蓄和投资。居民、企业等单位在借贷、投资实践中更关心实际利率，如果我们将个人资产仅以现金的方式持有，这笔资产不仅不会增值，反而还会因通货膨胀等因素贬值。因此，资产投资的正收益率是很重要的。本节我们将说明一个数学道理：获得财富的增值，最好的投资方式便是复利。

利率根据利息是否重复参与计息可以分为单利和复利，其中复利可以简单理解为"钱生钱"的过程。

投资通常具备一个较长的时间跨度。假如我今年投资了1万元，取得了1千元的收益，对于这1千元的处置有两种选择：一是将这1千元用于消费，那么下一年投资的本金还是1万元；二是选择将这1千元继续投资，那么它便成为我下一年新增的投资本金，当下一年计算收益率时，本金的总额为1.1万元。

经济学上把这两种计息方式分别称为单利和复利。二者的主要区别在于利息是否参与计息，单利是指按照固定的本金计算利息；复利是指第一期产生利息后，第二期的本金包括本金和第一期产生的利息，因此复利又可以称为"利滚利"。

从数学上也可以证明，复利可以给我们带来十分丰厚的回报。试想如下问题：每天给你一万元，连续30天；和今天给你一分钱，明天给两分，后天给四分，同样给30天，哪一种方式你会得到得更多呢？

相信很多人会毫不犹豫地选择第一种。但实际情况是，选择第一种，30天后你能得到30万元，而选择第二种，你会得到惊人的1073.74万元！第一种，上一期收益没有滚存计入当期本金，是单利；第二种，上一期收益滚存计入当期本金，当期的收益叠加了上期收益，它是一种复利。这里我们就可以清楚地看到复利产生的巨大能量了。

事实上那些让我们耳熟能详的投资大师们，许多是借助复利完成了资本积累过程。巴菲特便是依靠复利积累了巨额资产，作为价值投资的代表人物，其一言一行深刻影响着全球的投资动向，许多投资"大鳄"花费数百万元只为与他共进午餐。巴菲特不止一次在公众场合夸赞复利带来的好处，他有句名言是，"人生就像滚雪球，重要的是找到很湿的雪和很长的坡"，这里"湿的雪"是指财富滚动过程中要有强大的吸附能力，吸附力强才能将湿雪包裹起来；"长坡"是指时间，坡够长雪球才能滚得足够大。

本金、收益率、时间就是复利的三个基本因素。首先，初始本金规模很重要，有足够大数量的本金，才便于复利的"能量"提早爆发。如果本金很少，那么想通过复利实现财务自由，所需要的时间则要足够长。

其次，复利需要有持续的正向收益率。银行的复利效果不明显，很大原因是它的增长率比较低。银行的年化利率通常不到3%，如果低于通胀速度，那么这个收益率连本金增值的最低目标都无法实现。金融学有一个"72法则"，如果年化收益只有1%，资产需要72年才能翻倍。根据这个法则，如果年化收益是20%，则需3.6年，也就是不到四年资产就可以实现翻倍，所以增长率是复利的重要指标。

最后，复利需要长时间的积累。可以看到如下这条复利曲线（图8-1），前期收益的增长是相对平缓的，看起来不起眼，但越到后面资产增长的净值就越快，收益甚至出现了爆发式的增长。随着时间拉长，复利的增值会越来越快，相比单利的优势也会越来越惊人，尤其是将时间跨度拉长到30年以上，两者的差距会令人难以置信，这就是复利的威力。

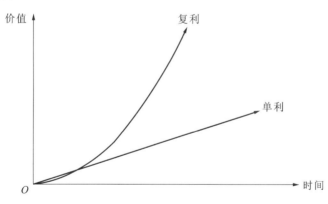

图 8-1 复利的积累

复利告诉我们的道理是，对于投资者而言，只要我们进行合理的投资规划，保持稳定又持续的收益并进行长期投资，就能获得不错的回报，从而享受复利带来的好处。没有人能通过短期暴利来加速复利的增长，能保证一个长期增长的复利就已经是相当成功了。

复利还告诉我们，每天进步一点点能产生多大的威力。人生何尝不是无数个复利在起作用呢？在人生中一定要做有积累的事情。现在做的事情，要建立在过去的经验和认知之上，不断精进，要把过去的经验萃取出来，迁移到新的领域。始终保持着学习的状态，在时间的叠加下，个人也能积累巨大的能量。

第五节 金融市场与银行体系

一、金融市场与金融机构

金融按字面意思理解即资金的融通,是市场主体利用金融工具将资金从资金盈余方流向资金稀缺方的经济活动,在日常生活中涉及借贷、投资、筹集资金以及销售和交易证券等活动。这些活动的目的是让政府、企业或个人的闲置资金能够为某些活动或项目提供支持,并在未来根据这些活动或项目产生的收入进行偿还,而资金盈余方也可从中获取一定的收益。如果没有金融,人们可能将无法通过贷款购买房屋,企业也将无法像今天这样发展和扩张。

金融市场是资金融通和交易的平台,通过金融市场可以进行资金的募集、投资和融资活动,促进经济的发展和资源的优化配置。金融市场的参与者包括个人投资者、机构投资者、金融机构和政府等,他们通过不同的渠道参与金融市场的交易和投资活动。金融市场具备资金的聚敛功能、资源配置功能、调节功能和反应功能。

金融市场可以根据交易的金融工具来进行分类,包括股票市场、债券市场、外汇市场、衍生品市场和商品市场等。其中,股票市场是指股票的交易场所。股票是企业融资的一种方式,企业通过向公众投资者发行股票募集资金,投资者则通过股票交易市场买卖股票。股票市场是最为常见和活跃的金融市场之一,也是企业融资和投资者参与的重要渠道。

债券市场是指债券的交易场所。债券是一种借款工具,发行方向投资者承诺按照约定的利率和期限偿还本金和利息。债券市场提供了一个平台,使发行方(如企业、政府)能够以债券的形式向投资者借款,并在债券到期时按约定偿还借款本金和支付利息。债券市场的参与者包括企业、政府、金融机构以及个人投资者。

外汇市场是指外汇的交易场所。外汇市场是不同国家货币的兑换和交易场所。外汇市场的参与者包括商业银行、投资基金公司、跨国公司等,他们通过买卖不同货币来进行国际贸易和投资。外汇市场的交易量巨大,也是全球最活跃的金融市场之一。

此外,金融市场还包括衍生品市场、商品市场等其他类型的市场。衍生品市场涉及各种金融衍生品,如期货合约、期权合约等,它们的价格和价值是基于基础资产(如股票、商品)衍生而来。商品市场则是进行商品买卖的市场,包括能源、农产品、金属等商品的交易。上述市场及其各类产品,为投资者提供了投资场所和广泛的投资工具。

金融机构是金融市场的重要参与者,金融机构通过吸收存款、发行各种证券、接受他人的财产委托等形式从资金盈余者手中获取资金,而后通过贷款、投资等形式将资金贷给资金需求者。我国的金融机构,按地位和功能可分为存款类金融机构、银行业非存款类金融机构、证券业金融机构、保险业金融机构、交易及结算类金融机构等几大类。规模最为庞大、地位最为重要的金融机构则是银行。

银行是依法成立的经营货币信贷业务的金融机构，是商品货币经济发展到一定阶段的产物。银行是金融机构之一，银行按不同类型又分为中央银行、政策性银行、商业银行、投资银行、世界银行，它们的职责各不相同。银行体系的金融活动影响着社会信贷的宽松和紧缩程度、决定着货币供应量的变动，还会通过多种传导机制对实体经济产生深刻影响。在下面的内容里，我们将探寻银行在我们的经济生活中是如何发挥其重大作用的。

二、商业银行的产生和发展

银行一词，源于意大利语"Banca"，其原意是长凳、椅子，是最早的市场上货币兑换商的营业用具。英语将其转化为"Bank"，意为存钱的柜子。我国之所以有"银行"之称，是因为白银一直是主要的货币材料之一，"银"代表的往往就是货币，而"行"则是对大商业机构的称谓。

一般认为，最早的银行是于1407年在威尼斯成立的"银行"，其主要职能是为富有的商人保管钱财，被认为是银行的雏形，但它与现代银行体系有较大距离。现代银行最先是从金匠铺开始逐步发展而来的。

17世纪，在金本位制下货币可以自由铸造，任何人都可以将金块送至铸币厂铸造成金币，铸币厂也允许顾客存放黄金。1638年，英格兰爆发了战争，为了筹措军费，国王遂征用了铸币厂里平民的黄金。虽然被征用的黄金最终都已归还，但是商人们还是认为铸币厂并不安全，便把黄金存到了金匠处。金匠就为存款的人开立凭证，凭借着这张凭证，就可以取出黄金。很快地，商人们在交易时发现，在需要支付的时候，根本不需要取出黄金，只需将黄金凭证交给对方即可。而从事这一货币兑换业务的兑换商，便是现代银行的早期形态。随后，在货币兑换业务之上，兑换商随即又增加了货币保管和收付职能，之后又兼营货币保管、收付、结算、放贷等业务，这时货币兑换业便逐渐发展为了银行业。

银行从事借贷业务是银行业发展的重要转折。根据客户的存款业务其实可以总结出一定的规律。在时间维度上，春夏两季往往是交易的旺季，这时存款的人较多；而秋冬两季则是交易的淡季，并且为了满足冬日取暖的需求，这时客户取出资金较多。在空间维度上，可能在某种商品的销售地，存款的人比较多，而在商品的主要产地，取款的人又比较多。

久而久之，负责货币存管的机构发现，有一部分资金是稳定在账上不会被取出的。那么这便诞生了一个商机，货币存管机构可以将这部分资金用于放贷从而赚取利息，增加盈利。此时，现代银行业最重要的业务便产生了，即放贷。这是现代银行业区别于货币存管机构的重要标志，而商业银行的这一行为，又直接影响社会的信贷水平和货币供应量的水平，对宏观经济产生重要影响。这一部分的具体内容将在后文讲解。

早期的银行以办理工商企业存款、短期抵押贷款和贴现等为主要业务。现在，商业银行的业务已扩展到证券投资、黄金买卖、中长期贷款、租赁、信托、保险、咨询、信息服务，以及电子计算机服务等各个方面。

目前，商业银行的职能主要包括信用中介、支付中介、信用创造和金融服务等。其中信用中介是商业银行最基本的职能，指商业银行通过自身信用活动充当经济行为主体之间的货币借贷中间人；支付中介则是指商业银行利用活期存款账户，为客户办理各种货币结算、货币收付、货币兑换和转移存款等业务活动。此外，商业银行可以通过吸收活期存款、发放贷款，从而增加银行的资金来源、扩大社会货币供应量。商业银行还可以利用其在国民经济中联系面广、信息快的特殊地位和优势，借助电子计算机等先进手段和工具，为客户提供信息咨询、融资代理、信托租赁、代收代付等各种金融服务。

三、中央银行的诞生

中央银行是在商业银行的基础之上发展演变而来的，是商品经济发展到一定阶段的产物。具体而言，商业银行的产生来源于统一货币发行、支付清算、充当商业银行的最后贷款人、为政府提供融资以及进行金融管理的需要。

统一银行券是中央银行最重要的产生因素。在商业银行发展的早期，大小银行都可以发行银行券，即兑换黄金的凭证。小银行发行的银行券通常只在小范围内流通，无法满足经济发展的需要，同时小银行由于自身实力较弱，在经济危机时极易发生无法兑现的情况进而加剧经济波动。能够在全国范围内广泛流通的银行券只能由信誉良好、资金实力较强的大银行来发行。此外，许多银行在黄金储备不足的情况下滥发银行券，以获取更多的利润，造成了银行的信用危机，危害金融稳定。这时，如果有一个统一的大型银行，就可以集中发行权，减少分散发行带来的危害。

此外，随着银行体系的扩大，银行间的票据往来和清算业务逐渐增多，需要建立一个统一为其服务的清算机构以保证经济的发展，提高业务效率。在商业银行资金不足时，一个统一的大型银行可以在必要时向商业银行提供资金支持，使商业银行有足够的支付能力，减少银行经营风险对社会经济发展的不利影响。政府也需要银行为其提供稳定的资金来源。随着市场的不断发展和扩大，也需要有机构进行金融监督、管理，扶持金融业发展，代表政府管理金融体系。

因此，在以上多种因素下，建立一个统一的中央银行几乎成为了必然。1844年，英国通过了《比尔条例》，规定英格兰银行为国家发行银行，其他银行不得增发钞票。该法不仅对英国银行业的发展产生了巨大影响，也正式拉开了遍及世界范围的央行时代之帷幕。

虽然中央银行由商业银行发展而来，但是，一旦其成为中央银行，便需与商业银行区分开来，因为它作为国家的管理机关，代表国家金融体系的核心。中央银行是一个不以盈利为目的，统管全国金融机构的半官方组织。

中央银行发挥的职能一般可以概括为发行的银行、银行的银行、政府的银行、监管职能和调控职能。

1. 发行的银行

指中央银行垄断货币发行权，是一国或某一货币联盟唯一授权的货币发行机构。

中央银行应根据货币流通需要，适时印刷、销毁货币，调拨库款，调剂地区间货币分布、货币面额比例。

2. 银行的银行

指中央银行充当商业银行和其他金融机构的最后贷款人。中央银行可以向商业银行和其他金融机构办理存款、贷款等业务，银行的银行这一职能体现了中央银行是特殊金融机构的性质，是中央银行作为金融体系核心的基本条件。中央银行通过这一职能对商业银行和其他金融机构的活动施加影响，以达到调控宏观经济的目的。

3. 政府的银行

指中央银行为政府提供服务，是政府管理国家金融的专门机构。该职能主要表现在：一是代理国库，充当国库的出纳；二是代理国债发行；三是为政府提供资金融通；四是替政府管理国际储备。

4. 监管职能

制定有关的金融政策、法规，作为金融活动的准则和中央银行进行监管的依据和手段。依法对各类金融机构的设置统筹规划，审查、批准商业银行和其他金融机构的设立、业务范围和其他重要事项。对商业银行和其他金融机构的业务活动进行监督。

5. 调控职能

中央银行以国家货币政策制定者和执行者的身份，通过金融手段，对全国的货币、信用活动进行有目的、有目标的调节和控制，进而影响国家宏观经济，促进整个国民经济健康发展，实现其预期的货币政策目标。

四、双层次货币创造机制

货币从哪里来？前文我们提到，各国的中央银行都掌管着货币发行权。那么货币是中央银行创造的吗？这个答案并不准确。表象上看，现钞的印刷和发行是由各国中央银行进行管理的。从这一角度来看，货币似乎的确由中央银行创造。但事实上，货币在投入市场前只是纸张，制造出的货币需要投入市场后进行流通才能产生价值。中央银行印发的现钞先进入商业银行的业务库后，才进入流通领域。然而，市场上流通的货币总量，往往远大于中央银行投放的货币数量，商业银行的业务则在其中发挥着重要作用。现代货币创造机制包含中央银行和商业银行两个层次，因此又被称为"货币双层次创造机制"。

上文我们提到，银行会将部分客户存款用于放贷，同时保留部分资金以满足客户的提款需求。贷款业务是商业银行重要的利润来源，因而追求利润最大化的商业银行会尽可能地发挥现有资金的盈利能力。但是，如果用于放贷的资金过多，用于留存的资金过少，无疑会增加存款无法提现的风险。为了防范这一风险，维护金融体系的稳定，根据中央银行规定，各商业银行需要留存一部分款项作为备付金。我们将商业银行为保证客户提取存款和资金清算而准备的货币资金称为"存款准备金"，将存款准备金与存款的比例称为"存款准备金率"。中央银行规定的这一比率则称为"法定存款准备金率"。

> **专栏 8-2**
>
> **部分准备金制度与银行挤兑**
>
> 银行挤兑是指大量的银行客户在短时间内同时到银行提取现金的现象。这往往是由银行信用度下降，传闻银行破产等负面消息导致储户对自己在银行的存款安全持怀疑态度并表示担心而造成的。
>
> 在部分准备金银行系统中，银行仅将其资产的一小部分作为现金保留。银行接受客户存款时，实际上是向客户借钱，因此在银行端就属于债务，银行会把客户的存款等资金用于投资，以此赚取利差或者投资收益。所以当银行碰上大量集中的提款时，银行很可能没有足够的现钱支付提款金额，无力偿付债务，从而引发破产。
>
> 1930 年，在美国纽约有一家合众国银行就遭遇了挤兑事件。合众国银行有 61 家分行，顾客多达 40 万，在当时的银行界首屈一指。然而，该银行涉嫌买卖自己的股份，抬升股价，并大量承接房产贷款项目。纽约市的银行与房地产有关的贷款平均占贷款总额的 12%，但合众国银行与房地产有关的贷款占其贷款总额的 40%。这种做法很快引起了美联储的注意，他们批评该银行在"草率经营银行"。合众国银行的风险管理也漏洞百出，银行资产过度集中于流动性较差的房地产投资。因此，监管者要求合众国银行尽快出台补救措施。
>
> 1930 年 12 月 8 日，市场上翘首以待的合众国银行兼并计划宣告失败，这一消息直接导致了储户挤兑风潮。接下来的两天，2500 名惊慌的储户从合众国银行提走了 200 多万美元存款。储户们排了好几个小时的队，等待把他们的账户清空。大批警察赶来维持治安。
>
> 12 月 11 日凌晨 4 点，在通宵会议快结束的时候，代表其他银行的纽约银行清算协会拒绝为合众国银行提供担保。通宵会议没有拿出任何解决方案。早晨，合众国银行被迫关门。这是当时美国最大的银行破产案。
>
> 资料来源：《美国银行挤兑危机与启示》，新浪财经。

此外，随着贸易的扩大和商业票据的发展，许多商人采取非现金结算，即不使用现金，而且由银行将款项从付款单位的银行账户直接划转到收款单位的银行账户。正是在部分准备金制度、信用货币制度和非现金结算条件下，货币在商业银行的经营活动中被创造出来了。

下面我们举一个例子来说明存款货币的创造过程。

假设经济体中有一个银行称为银行 A，它的账户里有 100 元，假设该银行将这 100 元 100%作为准备金，此时该银行的资产负债表见表 8-1。

表 8-1　银行 A 的资产负债表

资产	负债
准备金 100 元	存款 100 元

假设这时中央银行将法定存款准备金率定在 10%，由于贷款利率只要高于支付给储户的存款利率，银行就可以赚取价差，获得利润。所有银行为了扩大利润，都会尽可能发放更多的贷款，因此假设所有银行将法定存款准备金以外的资金均用于放贷。那么银行 A 会保留 $100\times10\%=10$ 元，剩下 90 元用于发放贷款，这时银行 A 的资产负债表见表 8-2。

表 8-2　银行 A 发放贷款后的资产负债表

资产	负债
准备金 10 元	存款 100 元
贷款 90 元	

假设银行 A 将 90 元贷款全部发放给借款人小王，小王并不取走现金，而是会收到一张转账支票。如果小王在银行 A 有存款账户，那么小王的账户将增添 90 元。

随后，小王将这 90 元全部使用，不论是购买商品还是其他用途，这笔钱必定会支付给其他对象。我们现在假设小王向小李支付了 90 元。此时小李也不打算取出现金，而是将其存到了银行 B。在法定存款准备金率为 10% 的情况下，B 银行保留准备金 $90\times10\%=9$ 元，其余资金 81 元同样用于放贷，银行 B 的资产负债表见表 8-3。

表 8-3　银行 B 的资产负债表

资产	负债
准备金 9 元	存款 90 元
贷款 81 元	

注意，这里的信用便开始扩张了，由于银行 A 的贷款，银行体系凭空多出来了 90 元的存款。此时，银行 B 也会把这 81 元贷款给第三个人小张，小张将 81 元存入银行 C，银行 C 的准备金是 $81\times10\%=8.1$ 元，剩余资金贷出，那么银行 C 的资产负债表见表 8-4。

表 8-4　银行 C 的资产负债表

资产	负债
准备金 8.1 元	存款 81 元
贷款 72.9 元	

以此类推……这个过程会一直持续下去。货币每存一次，银行就进行一次贷款，更多的货币就创造出来了。那么，存入 100 元，最终创造了多少货币呢？

初始存款 = 100 元

银行 B 新增存款 = 90 元（100 元 × 0.9）

银行 C 新增存款＝81 元（90 元×0.9）
银行 D 新增存款＝72.9 元（81 元×0.9）
……

我们将所有新增存款相加：

$$100+100\times(1-10\%)+100\times(1-10\%)^2+100\times(1-10\%)^3+\cdots$$
$$=100\times[1+90\%+(90\%)^2+(90\%)^3+\cdots]$$
$$=100\times 1/(1-90\%)$$
$$=1000\ 元$$
$$=初始存款/法定存款准备金率$$

100 元的一笔初始存款，最后变成了 1000 元，增加了 900 元。货币在初始存款的基础上成倍地增加，其倍数就是"1/法定存款准备金率"，我们把这个倍数称为"货币乘数"。这个存款的倍增过程，就是存款货币的创造过程。

当然，上述公式是简化后的结果，我们做了较严格的假设。在现实中，银行可能并不会把所有法定准备金以外的资金都进行放贷，由于缺少良好的投资项目，或者出于谨慎考虑，银行自己还会留一部分资金，我们称之为"超额准备金"。此外，居民也不一定会将所有资金都存在银行，而是会保留部分现金，用于日常小额开支等。理论上来说，银行系统的货币供应量就是基础货币（商业银行的准备金和公众持有的通货）与货币乘数之积。

五、降准？降息？中央银行的调控手段

中央银行（简称央行）是一国金融体系的核心，中央银行的重要职能之一便是根据宏观经济情况，制定和实施货币政策。具体而言，货币政策是指一国货币当局为实现特定的经济目标而采取的一系列控制和调节货币信贷及利率等变量的方针和措施的总和。

制定货币政策之前需要确定政策所要达到的目标。一般而言，货币政策主要是为了达到以下五个目标：物价稳定、充分就业、经济增长、国际收支平衡和维护金融体系稳定。但是，同时兼顾五个目标存在困难，并且不同目标之间可能存在冲突，比如经济增速的加快往往伴随着物价的升高。因此各国根据经济体的发展状况会选择兼顾多重目标或是优先达到一个或两个目标。如我国的货币政策是兼顾这五类目标，美国采取充分就业和物价稳定的双重目标，欧元国家则将物价稳定确定为优先级最高的目标。

以开车为例，虽然车轮决定了车往哪边转向，但是司机没法直接控制车轮，只能控制方向盘，力由方向盘传导至各种传动机制，最终传递到车轮。货币政策也是如此，货币调控就是由货币政策工具先传导至中介目标，最终传导至最终目标的过程。中介目标包括确定长期利率、货币供应量、银行信贷规模等内容，它能直接影响最终目标。央行常用的货币政策工具包括短期市场利率、存款准备金、基础货币等。

我们经常看新闻说央行"降准""降息"，美联储"加息""降息"，这些信息有时引起了股市的剧烈变动，这其实是央行的货币政策在起作用。这些货币政策可以达到调节国民信贷、货币供应量的作用。

笔记

"降准"指的是降低存款准备金率。从货币乘数角度来看,法定存款准备金率是货币乘数的变量之一,且由中央银行决定。法定准备金率的下降会使得货币乘数上升,基础货币不变,进而使得货币供给增加。因此"降准"属于宽松货币政策,代表着向市场投放货币,增加了市场流动性。

"降息"指的是降低市场基准利率,基准利率是整个利率体系的基础和标准,是在多种利率并存条件下起决定性作用的利率。我们往常说的美联储"降息",降的是联邦基金利率。因为美国是利率市场化国家,其存贷款利率均以联邦基金利率为基准进行定价。所以美联储通过调控联邦基金利率,达到调节市场上存贷款成本的作用。

"降息"同样属于宽松货币政策。以银行贷款利率下降为例,一方面,居民消费和贷款买房的意愿就可能增强,有利于投资增长和消费复苏;另一方面,有助于降低企业融资成本,增强企业借钱发展业务的意愿,也有利于实体经济的发展。

除此之外,央行还有很多其他的货币政策工具,主要分为一般性货币政策工具和选择性货币政策工具两大方面,前者改变货币信用总量,后者则是进行结构性调整。

中央银行的一般性货币政策工具又被称为央行的"三大法宝",包括存款准备金率、调整再贴现率和公开市场操作。存款准备金制度上文已经说明。再贴现是指中央银行通过买进金融机构持有的已贴现但未到期的票据,向其提供融资的行为。再贴现利率实际上就是指中央银行向商业银行的放贷利率,降低再贴现利率,就是鼓励商业银行扩张信贷规模,从而增加货币供应量的行为。公开市场操作是指中央银行通过在金融市场上公开地买入或者卖出证券(主要是政府机构债券,如国库券),以影响基础货币的业务。比如公开市场买入,相当于央行用资金换取商业银行持有的政府债券,会使得商业银行持有更多的超额准备金,进而增加贷款投放,贷款增加创造更多存款,使得货币供给增加。

选择性货币政策工具是指中央银行针对某些特殊的经济领域或特殊用途的信贷而采用的信用调节工具。主要有消费者信用控制、证券市场信用控制、不动产信用控制、优惠利率、预缴进口保证金等。

随着我国经济发展进入新常态,央行创新推出了一系列货币政策工具,我们称之为创新型货币政策工具。这些创新工具较好地适应了新常态下经济运行的特点,提高了货币政策调控的前瞻性、灵活性和有效性。创新型货币政策工具主要包括短期流动性调节工具(SLO)、常备借贷便利(SLF)、抵押补充贷款(PSL)、中期借贷便利(MLF)以及临时流动性便利(TLF)等。央行根据宏观经济运行的具体情况,选择恰当的货币政策工具,不断为实体经济提供有力支持,推动经济持续正向发展。

专栏 8-3

MLF"麻辣粉"是什么?

1)MLF是什么?

MLF也就是中期借贷便利,是2014年9月由中国人民银行创设,全称是"medium-term lending facility",是我国央行创新型货币政策工具的一种。为了方便，市场上都叫它"麻辣粉"。简单来说，这是央行为中期基础货币提供的货币政策工具，符合央行要求的商业银行、政策银行都可以向央行申请。MLF 的借款期限为 3 个月、6 个月或 1 年。

2）MLF 如何影响社会融资成本？

这里先介绍另一个名词：LPR，即贷款市场报价利率，全称"loan prime rate"，是由央行授权全国银行间同业拆借中心计算并公布的基础性贷款参考利率，它的主要作用是给各金融机构的贷款定价一个参考。LPR 的高低直接受 MLF 利率的影响，从计算方式来看，LPR＝MLF 利率＋银行平均加点利率。LPR 影响广泛，它是我国贷款基础利率，很多其他类型的贷款利率都会依照 LPR 来制定，比如房贷利率等。

通过这个联系，就构成了"MLF 利率—LPR—贷款利率"的传导过程。一般而言，随着 MLF 利率下调，LPR 也会下调，下调 LPR 就意味着传统意义上的"降息"，整个社会的融资成本就下降了，进而更好地支持了实体经济的发展。

3）MLF 的实际应用

MLF 的实际应用有很多成功的案例。2018 年，为了应对经济下行压力和金融风险，央行通过四次降准和增量开展 MLF 操作等措施提供中长期流动性资金 6 万亿元，引导市场利率下调，支持实体经济发展。这些措施有效地稳定了金融市场，促进了经济增长。

资料来源：《MLF"麻辣粉"是什么，影响什么？》，央视新闻。

第六节　金融市场的基本原理

在金融市场的资金供给里，投资十分重要。人们在银行的储蓄也都是通过银行中介转化为投资。人们在时间跨度上根据自身的偏好来安排过去、现在和将来的消费结构，并使这种消费结构安排下的当期和预期效用最大化。投资在本质上是一种对当期消费的延迟行为。所以，投资活动首先具备延迟消费的特性。它要求我们投入一定的资金之后，这笔资金在当前就不能再被我们用于消费了，并且需要在一定时间之后这些资金才可以被重新拿回来。投资的第二个特性是其本身目的是获得期望收益。人们延迟消费便是期望获得一定的收益，不论投资股票、投资房地产还是买基金，或者是投资学习，我们的最终目的都是希望通过这样的活动来获取一定的收益。投资的第三个特性是投资一定具备不确定性和风险。未来发生的收益往往具有不确定性，谁也无法预知未来是否会发生某种突发事件等，风险和收益往往是相伴而生的。基于对投资过程的思考和研究，人们总结出了现代金融学的一些基本原理。

一、资产价值取决于未来现金流

今天的一元钱和一年后的一元钱的价值是一样的吗？在商品经济中，答案显然是否定的。即使不存在通货膨胀，今天的1元钱的价值仍然大于1年后的1元钱。购买股票或是其他投资亦是如此。

货币产生价值的另一原因是通货膨胀造成货币贬值。表现为"过多的货币追逐过少的商品"。例如，如果现在的猪肉价格为10元/斤，100元可以买到10斤猪肉，假如一年内猪肉价格翻了一倍，则一年后的100元只能买5斤猪肉，你会发现"钱越来越不值钱了"。

对于货币时间价值的度量，既可以采用绝对形式，也可以采用相对形式。一般来说，人们采用相对形式来表示货币的时间价值，即用增加的价值占投入货币的百分数来表示。

使用货币资本进行投资，本质上是一个以当前现金流交换未来现金流的过程，交易之所以发生，需要交易双方对资产的价值有合理的评估，而确保交易公平的基础是双方资产价值的评估方法具有一致性，以其内在价值进行交易，产生的价格反映其内在价值。具体来说，资产价值应该是其未来所有现金流的贴现值。以股票为例，股票的价值是指股票能为投资者带来的所有现金回报的现值，是把股利和最终出售股票的所得用适当的贴现率进行贴现得到的。

最初人们认为盈利高的公司的股票就是好股票，这样的公司就应该定价高。但究竟如何确定一个金融资产的价格，当时并没有一个有说服力的确切说法，直到威廉姆斯提出了股价存在的"内在价值"，即预期未来的股息贴现值。

威廉姆斯曾用一个通俗的例子来解释其理论，他说如果把股票看成是一只母鸡，那么红利就是鸡蛋。威廉姆斯认为，投资者拥有的奶牛的价值，来自奶牛在未来的各个时期挤出的奶和最后一期奉献的牛肉。那么母鸡之所以有价值，也是来自未来各个时期下的蛋和最后一期奉献的鸡肉。

假设我们买入一家公司的股票并计划持有一年，则该股票的内在价值是年末公司派发的全部股利与预期售价的现值之和。但是，预期售价和股利是未知的，因此我们计算的是期望的内在价值，而非确定的内在价值。以此类推，如果我们持有的时间不是一年而是两年、三年或是更长时间呢？由于股票的股利不确定，没有固定的到期日期，且最终售价也不确定，最终我们可以推导出股票的价格等于无限期内所有预期股利的现值之和，这便是股利贴现模型（DDM）。威廉姆斯是首批将股价解释为由"内在价值"（即折现股利）决定的经济学家之一。计算现值时所用的贴现率是市场上达成共识的必要收益率，也叫作市场的资本化率。

二、投资组合可以分散风险

对于个人而言，将闲置资金进行合理的投资不仅可以获得更大的收益，同时也能帮助我们减轻通货膨胀带来的货币贬值风险。金融市场的投资工具是多种多样的，比如股票、基金、债券、房地产等。在不同资产类别下这些投资工具又有细分类别，以股票为例，可分为大盘股、小盘股、价值股、周期股等。在投资时，我们应该选出最优的资产，将全部闲置资金投资于这一项最优资产上，还是将资金配置于不同类别的资产上呢？

相信许多人在投资时常听到这样一句话："不要把所有鸡蛋都放在同一个篮子里。"这句话的含义是说要进行分散化投资，许多专业的投资者也是这么做的，投资者在持有股票之外也会购买债券、房地产等其他形式的资产，少有人会将全部资金只投资于股票。1952年，美国经济学家马科维茨将"鸡蛋不要放进同一个篮子"这个日常生活中的简单道理引入金融学，创建了"现代资产组合理论"。

投资组合是指由投资人或金融机构所持有的股票、债券、衍生金融产品等组成的集合，投资组合的目的在于分散风险。在马科维茨之前，投资领域的传统理论主要聚焦于如何通过不同方法选择最好的投资方案，这意味着把鸡蛋都放在同一个篮子里，只购买预期收益最高的那只股票。很明显，这与现实中人们广泛的分散化投资现象相悖。马科维茨认为，投资者不只重视报酬，而且也在意风险。人们之所以不把鸡蛋放在同一个篮子里，是因为他们知道，一旦篮子滑落，将会面临所有鸡蛋都被打碎的风险。

马科维茨投资组合理论的核心假设是：在既定风险水平的基础上，投资者都试图使组合的可能预期收益率最大化，或为获得既定的预期收益率使承担的风险最小。抛开复杂的数学推导，该理论的核心思想是，投资者应该将他们的资金投入多种不同类型的资产中，因为这样可以降低投资组合的整体风险。具体而言，由于不同类型的资产表现出不同的特征，当一些资产表现出负增长时，其他资产可能表现出正增长，从而使整个资产组合的总体表现更加平稳。

那么如何有效地形成分散化的投资组合呢？假如把资金尽可能多地购买不同的资产就能分散风险吗？20世纪60年代，美国股市曾出现过一阵"电子热"，凡是公司名称带"电子"的股票大多获得了不错的涨势。然而，当这股热潮退去，这些公司虚高的股价又共同面临着大幅下跌的局势。如果投资者在当时将资金都用于购买不同的电子股，那么就算他买了100支各不相同的电子股，当这类股票一起下跌时，投资者还是面临着巨大的风险和损失。现代投资组合理论告诉我们，投资于相关性较低，甚至是反向相关的证券可以有效降低投资组合的风险。

让我们通过一个故事来理解分散化投资组合的原理。

一个老太太有两个儿子，大儿子开染坊，二儿子卖雨伞。老太太每天想到两个儿子就愁眉苦脸，邻居询问她原因，老太太说道："我每天都见天发愁，一到下雨天，我就担心大儿子染坊的布晒不好，一到晴天，我又担心二儿子的雨伞卖不出去。"邻居听完笑呵呵地说："您反过来想就好啦，如果是下雨天，您二儿子的雨伞必然卖得特别好，天一晴，您大儿子的染坊里也能晒出更好的布，因此不管天晴还是下雨对您来说都是喜事呀！"老太太听完后豁然开朗。如果将老太太一家看成是一个投资组合，那么老太太全家收益的不确定性就消失了。无论天晴还是下雨，老太太家都能做到"旱涝保收"，这就是"现代资产组合理论"的本质。

以股票为例，许多股票都存在价格之间的关联性，可能是正向关联关系，也可能是反向关联关系。现代资产组合理论使用相关系数 p（p 的取值介于 -1 和 1 之间）来表示相关性，相关系数越接近 0，相关性越弱，相关系数的绝对值越接近 1，相关性越强。就像上述的小故事那样，雨天和晴天是一对相反的概念，他们的相关系数可以看作 -1，通过将大儿子的染布坊和二儿子的雨伞这两个反向相关的投资项目进行组合，就可以在实现稳定收益的同时降低风险。

但投资组合理论告诉我们，投资者在进行分散投资时，应该选择相关性较弱的资产，从而达到降低风险的目的。比如同一行业的股票价格就存在明显的正向相关性，如果我们全部投资于一个行业的多只股票，当该行业受到冲击时，投资组合收益率会迅速下降，因此我们可以将股票分散至不同行业以降低风险。

三、风险和收益是一个权衡关系

风险与收益相伴而生，收益和风险是所有金融证券资产的两个基本属性，也是投资者选择金融资产的重要参考指标。在投资领域中，风险是指对投资者预期收益的背离，或者说是证券收益的不确定性，而收益又代表投资者的资产增值，资产增值往往用证券投资的收益率来表示。

投资于单个证券或投资组合，投资者期望多少的收益率会比较合适？我们可以从直觉上感觉到风险越高的资产一般会提供更大的收益。古语有云："不入虎穴，焉得虎子"，巨大的收益往往需要冒很大风险才能取得。对于证券而言也是一样的，比如资金募集者在发行证券时，若募集投资的项目风险较大，那么募集者往往需要许诺更高收益来吸引投资，我们将这部分投资者为了抵消更大的风险而要求更高的收益称为"风险溢价"。1964 年，资本资产定价模型（CAPM 模型）阐述了证券（组合）的预期收益率与其承受风险的定量关系。

在介绍资本资产定价模型之前，让我们先引入系统性风险的概念。通过马科维茨的投资组合理论，我们知道分散化可以降低投资组合的风险。然而，多样化可以将风险降低至怎样一个程度呢？学者们的研究已经给出了答案：当组合中的股票数量已经足够多时，即使再增加投资组合中的股票数量，风险也不会下降多少。而这种不能通过多样化投资降低的风险，被称为系统性风险。

因此，就证券投资的风险而言，我们可以将其分为系统性风险和非系统性风险。非系统性风险只对某些行业或个别企业产生影响，是非全局性事件引起的收益的不确定性，比如各个公司的收益会受自身的经营状况影响，这些因素跟其他企业没有任何关系，只是对该家企业的证券价格有影响。系统性风险亦称市场风险，是指由于全局性事件引起的收益的不确定性，它对整个市场上的所有企业都会产生影响，如经济周期的波动、利率的调整、通货膨胀的发生等。

资本资产定价模型是首先提出并用于衡量系统性风险的一个模型，该理论认为，当资产组合的多样化足够强时，可以充分分散资产组合的非系统性风险，证券的收益率将由其系统性风险衡量。具体而言，证券收益与其系统性风险是线性正相关的，证券的期望收益率等于无风险收益率（如国债收益率）加上系统性风险溢价。如果投资者期望得到更多的收益，就只能承担更大的风险，这就是所谓的风险收益的权衡关系。

现实生活中，在对金融资产进行投资时我们也可以利用风险收益权衡原理。一方面，在衡量是否应投资于某一资产时，我们应充分考虑该项资产的风险和收益是否一致，那些风险较大但与期望收益并不匹配的资产显然是我们需要规避的；另一方面，在投资之前，投资者也应先充分考虑投资目的和所能承担的风险大小，对于风险承担能力较小的投资者应将资金投资于稳健的货币性资产，而风险承担能力较大的投资者则可适当选择激进类型的证券。

四、证券市场是有效市场

股市的涨跌是否遵循着某一趋势？进一步而言，股市变化是否可以被预测？近大半个世纪以来，无论是学术界还是投资实务界对这一问题的讨论和研究层出不穷。在实务投资领域，最常见的投资派别包括技术分析流派和基本面分析流派，技术分析流派试图根据股市涨跌的趋势图和具体形态来判断股票的买点和卖点，基本面分析流派则是分析公司的公开信息，比如公司的财务报表等可以判断公司的基本面情况的信息来评估某一公司的价格是否被低估。然而学术界对市场的研究却得出了这样一个结论：一个有效的市场已经反映了市场上的所有信息，投资者很难根据历史或公开信息的分析来打败市场，以获得超额利润。

最早关于市场有效性的研究来自金融学者，他们通过实证研究发现市场价格是"随机游走"的。研究者对于这一现象的解释是，在投资者是理性人的假设下，理性的投资者如果预计明天股票会涨，那么就会买进；如果明天股票会跌，那么投资者就会抛出，但这也意味着，任何有关股票明天会涨的预测都将是错误的。因为人们如果预测明天股价会涨，那么便会在今天买进它们，直到它们不再上涨。但是这时的股市变化是无法被预测的，因为如果所有的趋势都被预料到了，那么所有的可预测性都将很快被股市吸干，剩下的只有无法预测的消息。因此，只剩下随机的消息在左右股价，最终股价和测评股市的指数将会完全随机地波动，这种现象便是"随机游走"。

股价是随机游走的这一特征表明价格无法预测，在这一理论之后又发展为"有效市场假说"。有效市场假说认为金融资产的价格反映了所有可用的信息。基于此，投资者仅凭现有信息无法获得超额收益。

1970年，经济学家尤金·法玛在有效市场相关理论研究的基础上进行总结，提出了有效市场假说。法玛认为有效市场的核心是能够及时、准确地对市场信息做出反应。有效市场的参与者在市场中保持理性，追求利润，假设所有潜在的相关信息均可免费提供给所有市场参与者，那么他们可以利用这些信息进行明智的竞争。最终，有效市场中各种金融资产的价格反映其真实的内在价值。法玛将有效市场分为三个级别，包括强式有效市场、半强式有效市场及弱式有效市场。

在弱式有效市场中，市场里现行价格包含了所有历史信息，而根据历史信息进行交易的技术分析方法无法为交易者带来市场优势。

半强式有效市场表明所有相关公开信息都会迅速反映在金融资产的价格中。在该市场条件下，价格不仅反映了过去的信息，而且反映了所有公布于众的当前信息，诸如公司收益、红利分配、股息增长率、公司间的兼并等。在这种形势下，基于公开信息的基本面分析者无法获得超额收益,投资者只有掌握公众不易获得的信息才能获得优势。

在强式有效市场中,市场价格包含了所有信息,包括历史信息、公开信息和内幕信息。在这种情况下,有效市场假说认为存在一个完美的市场,投资者对市场没有完全的优势。因此,想要获得超额回报基本上是不可能的。

有效市场假说实际上意味着"天下没有免费的午餐"。在一个强式有效市场中,每个人都无法获得意外之财。当然,有效市场假说只是一种理论假说,实际上,并非每个人都是理性的,也并非在每一时点上的信息都是有效的。经济学家曼昆曾说:"这种理论也许并不完全正确,但是有效市场假说作为一种对世界的描述,比你认为的要好得多。"人们常常期望能正确预测股价走势,从而以低价买入,高价卖出。有效市场理论告诉我们,投资者难以"打败市场",市场才是赢的那一方。

本章小结

本章系统地介绍了金融的基础知识以及金融学家的思维方式。首先从生活中最常接触到的"钱"引申出金融理论,从最基础的货币知识开始,讲述了货币的含义、货币制度的演变以及货币的层次划分;其次,进一步讲述了信用和利率的基本概念、货币的时间价值以及复利的力量;再次,介绍了与我们生活密切相关的金融市场和金融机构,包括其中最重要的金融机构——商业银行和中央银行,并从二者之间的准备金制度进一步阐述了货币创造的过程,以及中央银行如何利用相关制度进行货币信用调控;最后,本章对金融市场的基本原理进行浅析,包括资产定价思想、投资组合思想以及市场有效性假说。

随着经济的发展变化,金融思想也在不断演化。在变化着的经济世界中,掌握一些基础的金融思想,能够帮助我们理解身边的种种金融现象,比如货币的来源、商业银行的运作方式等。这些金融思想还能帮助我们更好地进行个人资产的配置,比如我们可以利用复利原理将资金投资于可以获得长期正向收益的资产;投资组合原理告诉我们资金分散化投资的好处;有效市场理论表明了在没有内幕信息的情况下,普通投资者要想获得超额收益是十分困难的。本章通过介绍日常生活视角下的金融知识,帮助读者在生活中更好地理解和运用相关思想。

思考题

1. 货币的本质是什么?货币具有哪些职能?
2. 根据你学习到的货币的含义和职能,探讨一下比特币是不是货币。

3. "劣币驱逐良币"现象在生活中有什么应用？你能试着举出一两例吗？
4. 货币的创造机制是什么？
5. 中央银行的职能有哪些？
6. 常见的货币政策工具有哪些？
7. 债券价格是如何决定的？
8. 如果证券价格不可预测，那么证券分析师的作用是什么？

名词索引

◆ **货币**：货币是从商品世界中分离出来的，固定地充当一般等价物的特殊商品，并体现一定的社会生产关系。这是货币的本质规定。西方经济学通常主张根据金融资产的流动性来定义和分类货币，认为货币具有普遍接受性和币值稳定性。

◆ **广义货币**：根据金融资产的流动性，可以将货币划分为几个层次。其中狭义货币 M_1 即通货与银行体系的活期存款之和。广义货币是狭义货币的对称，通常以 M_2 来表示，即 M_1 和商业银行的定期存款和储蓄存款之和。由于不同国家的货币统计口径和表示方法不同，有些国家也采用 M_3、M_4 来表示广义货币。

◆ **信用**：在金融学中，信用是指借款人能够按时归还贷款本金并支付利息的能力。它反映了借款人的信用状况，以及其对财务资源的管理和支配能力。

◆ **利率**：指一定时期内的利息量与带来这一利息量的本金之间的比率。

◆ **中央银行**：中央银行是一个不以盈利为目的，统管全国金融机构的半官方组织。中央银行是国家中居主导地位的金融机构，负责制定并执行国家货币信用政策，独占货币发行权并实行金融监管。

◆ **货币创造**：是中央银行、商业银行和非银行机构或个人通过信贷关系共同作用，使得银行体系内流通货币量扩大的金融行为。商业银行进行货币创造的前提包括部分准备金制度和非现金结算制度。

◆ **风险**：风险通常代表着不确定性，具体又有两层含义，一种强调收益的不确定性，另一种强调成本或代价的不确定性。在投资领域中，风险是指对投资者预期收益的背离，或者说是证券收益的不确定性。

◆ **收益**：金融学中，收益指在投资过程中所获得的财富增值，包括股息、债息、红利等。

◆ **资金的时间价值**：指货币随着时间推移而发生的增值，是资金周转使用后的增值额；当前所持有的一定量货币比未来获得的等量货币具有更高的价值。

◆ **复利**：利率根据利息是否重复参与计息可以分为单利和复利。复利是指在计算利息时，某一计息周期的利息是由本金加上先前周期所积累的利息总额来计算的计息方式，即通常所说的"利滚利"。

◆ **投资组合**：指投资者把资金分配在不同的投资工具（如股票、债券、基金等）中组成的一个投资结构。

◆ 资本资产定价模型：是研究在均衡条件下风险与预期收益率之间关系的模型。在资本资产定价模型中，某资产或资产组合的期望收益率 $R=R_f+\beta\times(R_m-R_f)$，其中，$R_f$ 指无风险收益率，(R_m-R_f) 称为市场风险溢价，R_m 是市场组合平均收益率，β 即贝塔系数，用以衡量系统性风险，该模型指出证券收益与其系统性风险是线性正相关的。

◆ 市场有效性：是指用来描述充分反映了所有相关信息，投资者无法通过分析市场信息或利用不完全信息获得超额利润的市场状态。

8-1
金融逻辑之
中间选民定理

8-2
金融逻辑之大萧条与
罗斯福新政

第九章

对外贸易与开放发展

第一节 引言

对外经济贸易是一国经济的重要组成部分,当代没有任何一个国家的经济活动可以完全独立于世界经济体系之外。从经济发展水平来看,无论是经济发达的美国、德国、日本等,还是人均收入水平仍然较低的非洲国家,都在通过商品进出口贸易与外国经济相连。从国土面积、自然资源和人口规模等情况来看,无论是面积相对狭小、矿产资源贫乏的日本,还是国土面积辽阔、自然资源丰富的俄罗斯、加拿大,都通过进出口与世界经济体系密切相连。

观察世界经济,我们会发现对外贸易在很多国家和地区的经济发展中有重要地位。如第二次世界大战后的日本面临侵略战争失败、矿产资源极度贫乏、就业压力大等诸多问题,"贸易立国主义道路"对其战后经济恢复和发展起到了重要作用。被称为"亚洲四小龙"的新加坡、中国香港、中国台湾、南朝鲜(今韩国)在20世纪50—90年代克服了地理面积狭小、自然资源贫乏等不利因素,经济发展取得显著成就,以出口为导向的对外贸易政策也被公认是其经济快速发展的重要原因之一。

自实行改革开放政策以来,中国一直重视对外经济贸易的发展,出口、投资、消费被称为维持中国经济快速增长的"三驾马车",对外贸易在出口创汇、促进竞争、改善就业等方面起到了重要作用。尤其是2001年加入世界贸易组织(WTO)以来,中国的进出口贸易快速增长,经济外向度不断加深,产业技术水平不断提高,在世界经济和贸易中的地位不断提升,国民经济高速发展,国民生活水平也在不断提高。

但是,一国经济高度依赖外部市场也可能会面临风险,世界经济、政治、军事等的变化可能对一国国内经济产生冲击和影响。例如2008年美国"次贷危机"使得我国面向美国出口的企业出现了系统性经营困难,又如新冠疫情引发了国际贸易格局变化和全球产业链重构。

我们会疑惑：一国为什么要进行国际贸易？根据什么原理开展国际贸易？为什么存在贸易保护行为？什么情况下需要施行贸易保护措施？为什么世界不同国家会有不同的贸易政策？贸易政策是如何制定的？改革开放以来中国的贸易政策经历了哪些变化？面对当前世界经济和政治格局的重大变化，如何理解中国坚持对外开放的基本国策？本章将带领我们从国际经济的视角观察与思考一国经济的运行。

第二节 国际贸易的好处

日常生活中我们可以看到，德国、加拿大、瑞典等高纬度国家并不生产香蕉和菠萝，但这些国家的国民却可以通过从热带国家进口而享用这些水果。同样，中国消费者能享用榴莲等产自印度尼西亚的热带水果，也是因为有国际贸易。通过国际贸易互通有无，一国不仅可以增加消费品种类，而且可以进口一些工矿业原料以满足需要。如铁矿、铜矿、石油等矿产资源在世界的分布很不均匀，很多国家需要通过进口以满足国内经济发展的需要。

人类很早就有国际贸易，并通过国际贸易互通有无。古老的"丝绸之路"和"香料之路"就是古代连通东西方的著名贸易通道。通过"丝绸之路"，中国的丝绸、指南针、火药等传到中亚和欧洲；通过"香料之路"，中国东南沿海地区、东南亚地区、南亚地区的胡椒、丁香、桂皮等香料源源不断地销往欧洲。

国际贸易还有其他重要好处，其中之一就是促进规模经济。在封闭条件下，每个国家的企业面对的是本国相对狭小的市场，无法发挥规模经济优势，如果国家间允许开展国际贸易，那么企业面对的是更为广阔的国际市场，因此可以充分发挥规模经济效应，扩大生产规模，降低成本，提高效率。

国际贸易还能更好地促进竞争和技术进步。在封闭经济下，企业间相对缺少竞争，企业创新动力不足，技术进步较缓慢。国际市场竞争激烈，会促使企业不断创新、改进和提高技术水平，促进技术进步，这正是中国改革开放以来企业整体技术水平不断提高的外部原因。

一、绝对优势与国际贸易

与封闭经济相比，在开放经济条件下，一国会生产更多某些产品（出口品），而生产更少另外一些产品（进口品）。这样做是否有利于提高该国的总产出从而提高其生活水平？答案是肯定的。专业化和国际贸易提高了一个国家的资源生产率，使其相较于自给自足的情况能够获得更高的总产出。这一思想最早由亚当·斯密（Adam Smith，1723—1790）提出。亚当·斯密以手工业作坊制针为例阐明了分工的重要性，并由此推广到国家之间的分工和贸易，有力论证了"国际贸易能使双方受益"的重要观点。

> **专栏 9-1**
>
> **分工的作用**
>
> 在 1776 年出版的《国富论》中，亚当·斯密描述了他对当时英国手工业作坊制针的观察结果。他发现，一个人制针（pin），一天也制造不出一枚扣针；但如果十个人一起进行工序分工，将制针过程分成抽铁线、拉直、切截、磨圆、涂白、包装等共计 18 种操作，每个人完成其中的 1~3 道工序，十个工人每天就可制针 48000 枚，即平均一人一天可制针 4800 枚。可见分工大大提高了劳动生产效率。
>
> 斯密通过进一步分析认为，分工提高劳动生产效率的原因在于：第一，劳动的熟练程度因专业化而增进；第二，由一种工作转换到另一种工作会损失不少时间，分工可避免这种损失；第三，分工有利于促进机械的发明。
>
> 现代工业经济中分工促进劳动生产效率提高的现象非常普遍，亨利·福特（1863—1947）发明的汽车生产流水线正是通过分工提高了生产效率。当代的大量产品更是全球分工合作的产物，例如波音飞机的约 450 万个零部件是由分布在全球多个国家的 1600 多家公司合作完成的；我们日常用的智能手机也是由分布在不同国家的芯片研发公司、软件设计公司、生产组装公司等合作完成的。
>
> 日常生活中，我们会发现分工无处不在。例如食堂、餐馆内有食材分类、清洗、切割、大厨、传菜、收银等不同工种；超市内有咨询、导购、收银、理货、售后服务等各种岗位；酒店内有前台接待、餐饮部、客房部、客户服务、安全、保洁等分工，这些分工背后的基本经济学原理都是"分工可以提高劳动生产效率"。

斯密认为，人类有天然的分工倾向，裁缝善于缝制衣服，鞋匠善于制鞋，他们天然地利用自己擅长的产品和对方交换，从而满足自己的需要，"如果一件东西在购买时所费的代价比在家里生产时花费的少，人们就永远不会在家里生产，这是每一个精明的家长都知道的格言。裁缝不想制作他自己的鞋子，而是向鞋匠购买。鞋匠不想制作他自己的衣服，而雇裁缝裁制……他们都认为，为了他们自身的利益，应当把他们的全部精力集中使用到比别人处于某种更有利地位的方面，而以劳动的生产物的一部分或同样的东西，即其一部分的价格，购买他们所需的任何其他物品。"

斯密还认为，人和人之间的分工扩展到国家就是国际分工。"在每一个私人家庭的行为中是精明的事情，在一个大国的行为中不大会是荒唐的。""如果外国能以比我们自己制造还便宜的商品供应我们，那么，我们最好就用我们具有某些优势的行业中生产出来的部分产品来向他们购买。"

斯密用英国和葡萄牙两个国家生产葡萄酒和棉布两种产品为例说明分工和国际贸易带来的好处（见表 9-1）。

表 9-1　分工和国际贸易带来的好处

分工贸易	国家	葡萄酒产量/存量（单位）	投入的劳动（人/年）	棉布产量/存量（单位）	投入的劳动（人/年）
分工前	英国	1	120	1	70
	葡萄牙	1	80	1	110
	合计	2	200	2	180
分工后	英国	0	0	(120+70)/70=2.714	120+700=190
	葡萄牙	(80+110)/80=2.375	80+110=190	0	0
	合计	2.375	190	2.714	190
交换后	英国	0+1=1		2.714−1=1.714	
	葡萄牙	2.375−1=1.375		0+1=1	

从表 9-1 中可以看到，英国生产棉布的绝对成本低于葡萄牙，而葡萄牙生产葡萄酒的绝对成本低于英国。假定劳动力在国内可以自由流动而不能在国际流动，且劳动生产效率保持不变，那么英国和葡萄牙按绝对优势原则分工，两国将原来的劳动力全部用于专业化生产，产出的棉布和葡萄酒分别为 2.714 单位和 2.375 单位，两种产品的数量都高于分工前两国国内产量的和，两国的财富总量得以提高。

现在考虑自由贸易，假定 1 单位葡萄酒交换 1 单位棉布，那么英国虽然没有生产葡萄酒，但通过出口 1 单位棉布换回了 1 单位葡萄酒；英国生产的 2.714 单位的棉布出口 1 单位后国内还剩余 1.714 单位。同理，葡萄牙国内剩余 1.375 单位葡萄酒，通过交换获得了 1 单位棉布。显然，相比分工前，两国劳动投入都没有增加（都是 190 人/年），但两种产品的数量一个保持不变，另一个增加了，最终总体财富都增加了。

以上分析表明，分工和国际贸易可以同时促进两国财富增加。斯密据此认为，每个国家只生产它擅长的产品，国家间互通有无对每个国家都有好处。因此，斯密主张国际分工和自由贸易，反对政府利用各种措施限制进出口。

二、比较优势与国际贸易

斯密主张，国际贸易的前提是两国各自有绝对优势，即英国生产棉布的成本绝对低于葡萄牙，葡萄牙生产葡萄酒的成本绝对低于英国，两国各自在某一产品的生产上有绝对的成本优势。但在现实经济和国际贸易中，这种情况未必一定会出现，因为有的国家可能两种产品的生产成本都绝对高于另一国，因此在两种产品的生产上都处于绝对劣势。这种情况下，国际贸易是否还能开展？大卫·李嘉图（David Ricardo，1772—1823）认为，一国即使没有绝对优势，只要有比较优势，也能通过分工和自由贸易提高各自福利水平。比较优势条件下的国际贸易见表 9-2。

> **专栏 9-2**
>
> ### 李嘉图与比较优势原理
>
> 大卫·李嘉图是古典政治经济学的杰出代表。李嘉图出身于富有的犹太人家庭，14岁时随父亲在证券交易所做生意，25岁时成为富翁，之后致力于自然科学的学习和研究。1799年阅读《国富论》后，李嘉图对政治经济学产生了浓厚兴趣并针对当时英国的现实经济问题在报刊上发表了一系列文章。当时人们讨论的重要议题之一是英国重商主义时期，限制粮食进口的《谷物法》（Corn Law）的存废问题。李嘉图撰写系列文章抨击《谷物法》，指出其错误，主张废除该法令。之后他将这些文章及其他关于通货膨胀等问题的分析整理结集，出版了一部经济学名著《政治经济学及赋税原理》。
>
> 在国际贸易领域，李嘉图以英国和葡萄牙生产棉布和葡萄酒为例说明了"两优相较取其重，两害相较取其轻"的著名的"比较优势原理"，这一原理自提出至今，近两百年都没有受到实质性挑战，仍然被视为当代国际贸易学的基本原理。

表 9-2 比较优势条件下的国际贸易

分工贸易	国家	葡萄酒产量/存量（单位）	投入的劳动（人/年）	棉布产量/存量（单位）	投入的劳动（人/年）
分工前	英国	1	120	1	100
	葡萄牙	1	80	1	90
	合计	2	200	2	190
分工后	英国	0	0	(120+100)/100=2.2	120+100=220
	葡萄牙	(80+90)/80=2.125	80+90=170	0	0
	合计	2.125	170	2.2	220
交换后	英国	0+1=1		2.2-1=1.2	
	葡萄牙	2.125-1=1.125		0+1=1	

从表 9-2 中可以看出，英国在两种产品的生产成本上都没有绝对优势，而葡萄牙在两种产品的生产上都有绝对优势，按照斯密的绝对优势原理无法判断两国之间是否可以进行分工和贸易。李嘉图认为，虽然葡萄牙在两种产品的成本上都有绝对优势，但其葡萄酒的生产成本只有英国的 80/120 即 0.667，而棉布的生产成本是英国的 90/100 即 0.9，0.667 小于 0.9，因此，很显然葡萄牙在葡萄酒的生产上的成本更低，比较优势更大。同理，英国虽然在两种产品的生产上都没有绝对优势，但英国在棉布生产上因劣势较小（投入的劳动更少）而有比较优势，于是两国可以按照比较优势的原则进行分工，即英国专门生产棉布，葡萄牙专门生产葡萄酒。

假定劳动力可以在国内自由流动而不能在国际流动，而且劳动生产效率保持不变，那么英国将 220 人/年的劳动全部投入棉布生产可以生产 2.2 单位，葡萄牙将 170 人/年的劳动全部投入葡萄酒生产可以生产 2.125 单位。

现在考虑自由贸易，假定 1 单位酒交换 1 单位棉布，那么英国虽然没有生产酒，但通过出口 1 单位棉布换回了 1 单位酒；英国生产的 2.2 单位的棉布出口 1 单位后国内还剩余 1.2 单位。同理，葡萄牙国内剩余 1.125 单位酒，通过交换获得了 1 单位棉布。显然，两国在贸易前后劳动投入都没有增加，但相比分工和贸易之前，两国两种产品的数量一个保持不变，另一个增加了，最终总体财富也都增加了。

可见，一国即使没有绝对优势，只要有比较优势也能进行国际分工和贸易，其原则是"两优取更优，两劣取次劣"，或者"两利相较取其重，两害相较取其轻"。这一原理已成为国际贸易的重要基石。

三、比较优势的现代诠释

20 世纪以来的现代经济学从资源稀缺和机会成本角度对李嘉图基于劳动价值论的比较优势理论进行了重新解释，进一步说明了自由贸易的好处。

专栏 9-3

稀缺与生产可能性前沿

之前的章节中我们已经学习到，"稀缺"是现代经济学的基本出发点和重要概念。在资源稀缺的约束条件下，一国要多生产 A 产品必然要放弃一定数量的 B 产品，每多生产一个单位 A 产品所必须放弃的 B 产品的数量就是 A 的边际机会成本。生产可能性前沿（边界）（production possibility frontier，PPF）用于描述一国在资源总量和现有技术有限的条件下，在所有生产要素都被充分有效利用的情况下，所能生产的两种产品的最大产量的各种不同组合。

生产可能性前沿（边界）一定向下倾斜，这是因为资源总量是有限的，两种产品为替代关系。在机会成本固定不变的情况下，生产可能性前沿（边界）是一条向下倾斜的直线。

图 9-1 中甲国和乙国的生产可能性前沿（边界）都是一条向下倾斜的直线，它们表示两个国家资源总量都是有限的，而且两种产品都有不变的机会成本。按照生产可能性前沿（边界）的定义，无论两国在两种产品的产量上如何选择，生产点和消费点都不能到达生产可能性前沿（边界）之外。如图 9-1 中 A（90W，60C）、A'（40W，40C）两点表明两国各自生产一定数量的小麦（W）和布匹（C），两点都在生产可能性前沿（边界）上。因为没有国际贸易，两个国家分别在这一点生产，也在这一点消费。

现在我们考虑分工和贸易。图 9-1 中甲国每多生产 30 单位小麦必须放弃 20 单位布匹，即资源替代关系为 30W＝20C；乙国每多生产 20 单位小麦必须放弃 40 单位布匹，即资源替代关系为 20W＝40C。从图 9-1 中可以直观看出，甲国的生产可能性前沿（边界）的斜率（的绝对值）小于乙国，即甲国生产一单位小麦的机会成本（以一单位的布来表示，为 2/3）低于乙国（以一定单位的布来表示，为 2），因此甲国在小麦生产上有比较优势而乙国在生产布上有比较优势。

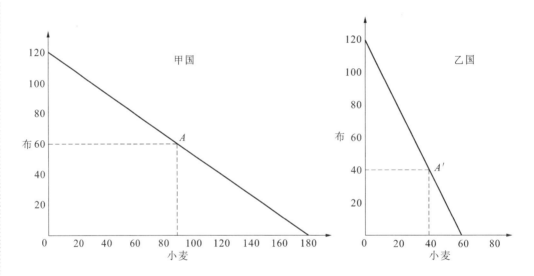

图 9-1　甲乙两国的生产可能性前沿

既然甲乙两国各自在小麦和布匹生产上有优势，那么可以考虑让甲国将全部资源集中生产小麦，可产出 180 单位；乙国将全部资源集中生产布，可产出 120 单位。如果两国间按照 70 单位布＝70 单位小麦的比例进行交换，两国都可以得到利益，两国消费均衡点分别从 A 移动到 E（110W，70C），从 A' 移动到 E'（70W，50C），两国消费均衡点都达到了生产可能性前沿（边界）之外，这是在没有分工和贸易之前所无法达到的（图 9-2），可见分工和贸易给两个国家都带来了利益。

现代经济学从资源稀缺性出发，用生产可能性前沿（边界）作为分析工具，用两个国家、两种产品为例说明了比较优势下自由分工和贸易对两个国家都有益处，这是对以劳动价值论为基础的李嘉图经典模型的重要发展。

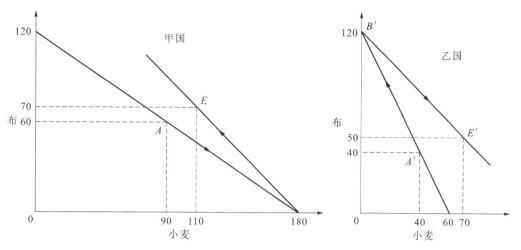

图 9-2 甲乙两国分工和贸易带来的利益

四、生产要素禀赋与国际贸易

1930 年代，瑞典经济学家俄林（G. B. Ohlin，1899—1979）在其老师赫克歇尔（E. Heckscher，1879—1952）1919 年论文《对外贸易对收入分配的影响》的基础上，发展了李嘉图基于单一劳动力要素所提出的比较优势理论，提出了基于劳动力和资本两种要素的生产要素禀赋理论，又被称为 H-O 理论，这一成果集中体现在其 1933 年出版的经典著作《地区间贸易和国际贸易》中。

赫克歇尔和俄林认为国际贸易的直接原因是产品价格的国际绝对差异。国际贸易产生于两个前提条件，一是各国生产要素的禀赋天然不同，二是不同产品生产中所需的要素组合比例不同。在满足要素在一国内可以自由流动，但不能在国际间自由流动等前提假设条件下，如果一个国家劳动力要素丰裕，那么生产劳动密集型产品的成本比较低，该国就有该类型产品的生产优势，能以较低价格生产和出口劳动密集型产品；反之，如果一国资本比较丰裕，那么生产的资本密集型产品价格较低，该国就能以较低价格生产和出口资本密集型产品。

图 9-3 中甲乙两国的生产可能性曲线都凹向原点，表明机会成本递增，这是由于现实经济中要素不均质导致机会成本存在变化，这是比机会成本不变更为常见的情况。图 9-3（a）表明在没有国际贸易的孤立状态下，两国分别在本国生产可能性前沿（边界）（表示供给）和社会无差异曲线（表示需求）相切处的一点上生产和消费，即甲国的国内孤立均衡点为 A（100X，40Y），乙国为 A'（60X，80Y），X 和 Y 分别表示两种产品。国内孤立均衡点处切线的斜率表示 X 产品的相对价格，因为供给和需求刚好在这个价格达到均衡，市场出清。

甲国 X 产品的国内价格 P_A 低于乙国 P'_A，因此生产 X 产品有价格优势，甲国可以向乙国出口 X 产品。同理，乙国 Y 产品的价格相对低，因此可以向甲国出口 Y 产品。根据图 9-3（b），当两国分别各自扩大 X 和 Y 产品的生产时，由于机会成本不断增加，两国分别在 B（120X，20Y）和 B'（40X，120Y）处达到生产均衡，两国间按照 40X=

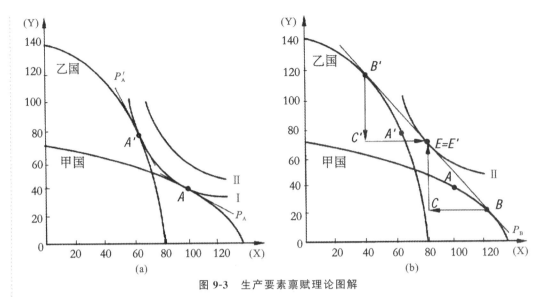

图 9-3 生产要素禀赋理论图解

50Y 的比例进行交换,消费均衡点分别到达 E 和 E',$E=E'$(80X,70Y),这两点分别在两国生产可能性前沿之外,表明分工和国际贸易给两国都带来了利益。

H-O 理论被认为是现代国际贸易理论的开端,它把李嘉图由单一劳动力要素决定的比较优势拓展到了资本和劳动力两个要素,并进一步说明了按照比较优势进行的分工和贸易能同时促进两国福利水平提高。

五、基于规模经济的国际贸易

20 世纪 70 年代以来,国际贸易理论有了新发展。当代国际贸易新理论认为,即使两国生产要素禀赋完全相同,只要有规模经济的存在,两国间通过分工和自由贸易也能提高福利水平。

图 9-4 中两国有完全相同的生产可能性前沿(边界),代表两国完全一样的生产要素禀赋。凸向原点的生产可能性前沿(边界)表明机会成本递减。在孤立均衡情况

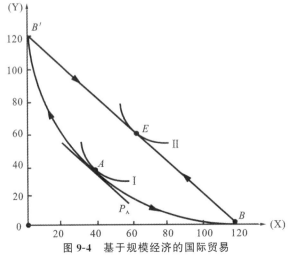

图 9-4 基于规模经济的国际贸易

下，两国都在 A 点（40X，40Y）生产和消费。如果其中一国专门生产 X 产品，即在 B（120X，0）生产，另一国专门生产 Y 产品，即在 B'（0，120Y）生产，两国按照 60X=60Y 的比例进行交换，则两国都在 E 点（60X，60Y）消费。E 点在生产可能性前沿之外，这是在孤立均衡下所不能达到的，因此国际贸易能给两国都带来利益增加。

基于规模经济的国际贸易对当代产业内贸易如美国、日本和欧洲之间同时大量进出口汽车等现象有很强的解释力。观察国际贸易，我们会发现当代的国际贸易并非全都发生在要素禀赋差异大的国家之间。国家差异虽然是国际贸易产生的动因之一，但相当一部分国际贸易，尤其是经济特征相似的国家间的贸易的原因在于规模报酬递增，而不是资源禀赋上的差异，历史偶然性甚至也是形成国际分工模式的一个重要因素。例如在图 9-4 中，两国无论选择在 B 还是在 B' 进行生产，通过贸易都可以使得两国福利水平提高，只要两国有了初始的选择后继续进行生产，都能促进贸易的产生，从而扩大贸易规模并提高福利水平。

第三节 保护贸易的理由

自由贸易有很多好处，世界上很多国家都在积极参与贸易自由化和全球化。但从现实经济看，出于产业安全、保障就业等多方面的现实需要，以及一国经济发展的长远目标，也有很多国家采取一些贸易保护和限制措施。这既具有理论上的合理性，也符合现实需要。如有的国家为保障本国粮食的安全而限制粮食进口，鼓励本国生产粮食；有的国家出于国防安全需要对部分军工产品进口进行限制；有的国家担心全球化对国家文化带来负面影响而对部分文化产品进口进行限制；有的国家为保护本国幼稚工业的发展而限制外国工业品的进口；有的国家担心大量外国产品进口会对本国工资和就业产生潜在负面影响而限制外国产品进口等。

事实上，早在 15—17 世纪，欧洲就有一些主张保护贸易的观点，后人将其总结为"重商主义"。两百多年以来，面对经济危机带来的高失业率、经济落后国家和发达国家经济发展水平差距拉大等现象，经济学家又相继提出了多个贸易保护理论。

一、重商主义

重商主义（mercantilism）又称为"工商业本位"，它流传于 15—17 世纪，盛行于 16 世纪和 17 世纪上半叶，是西欧封建制度向资本主义制度过渡时期受到普遍推崇的经济哲学。当时欧洲正处于资本原始积累和资本主义生产方式的准备时期，非常需要作为商品交换一般等价物的贵重金属——黄金和白银。在这一背景下，重商主义的主要目的是在国内积累货币财富，把贵金属留在国内。

重商主义分为早期和晚期两个阶段。早期的重商主义被称为重金主义，以英国的威廉·斯塔福（William Stafford，1554—1612）为代表。重商主义认为金银货币是财富的唯一形态，一切经济活动的目的都是为了获得金银，主张严禁金银货币出口，外国人来本国销售货物所得的全部款项必须全部用于购买本国货物，而且要求按每笔交易，对每个国家，都要保持顺差。

晚期重商主义又称为贸易差额论，以英国的托马斯·孟（Thomas Mun，1571—1641）为代表，其主要著作是《英国得自对外贸易的财富》。他认为早期重商主义的观点是有害的，会导致国家间互相报复，而且货币只有投入市场流通才能增值。他还认为在国际贸易中只要保持总的顺差就可以，无需每笔交易都保持顺差。

> **专栏 9-4**
>
> ### 托马斯·孟的重商主义贸易观点
>
> 作为重商主义的重要代表人物，托马斯·孟在其著作中表达了对黄金白银即为财富、需要通过对外贸易顺差积累财富等的看法，他在著作中有如下描述。
>
> "我们增加财富的一般做法应当是通过国际贸易，规则是：每年卖给外国人商品的价值大于我们从他们那里购入的商品价值。因为……我们出口的东西不会以进口的形式再进来，换回的一定是财富（金、银）。"
>
> "我们可以尽可能多生产，而且试图卖高价，只要高价不会引起出口数量的减少，但对于我们多余的商品，他们也许能更方便地从别国得到，在这种情况下，我们必须尽可能卖低价，以防这些商品不能出口。"
>
> "凡是我们将在本国加之于外人之上的，也会立即在他们国内制成法令而加之于我们身上……因此，我们将丧失我们现在享有的可以将现金带回本国的自由和便利，并且因此失掉我们许多货物输往各地的销路，而我们的贸易与我们的现金将一块消失。"

无论是早期还是晚期重商主义都认为金银货币等同于财富，通过追求对外贸易的出超（顺差）才能增加一国金银货币。因此，在重商主义看来，国际贸易是一种零和博弈（zero-sum game），即"你亏我盈"，国家利益在根本上是冲突的，因此重商主义鼓吹经济民族主义，主张国家必须干预对外贸易。

为了促进黄金、白银等贵重金属流入本国，重商主义者主张国家实行"奖出限入"的保护贸易政策以促进本国的对外贸易出超，增加国民财富。具体的"奖出"措施包括出口补贴、出口退税、降低或免除出口税、允许自由进口原料经加工后再出口、严格限制本国高级技工移居国外等。"限入"措施具体包括禁止部分外国商品进口（尤其是奢侈品的进口）、课征保护关税、限制外国商品的进口等。

前文提到的英国的《谷物法》（Corn Law，又称《谷物条例》）是重商主义时期农产品领域典型的限制进口措施，规定英国必须在国内谷物价格上涨到限额以上时才允许进口谷物。该法令经过前后多次修订，而且每次修正都在提高价格限额，通过不断增加进口难度而减少谷物进口，从而达到保护本国农业的目的。

为了促进黄金和白银在本国国内积累，重商主义时期的英国、西班牙、葡萄牙、荷兰、法国等国都颁布过各种法令，规定了严厉的刑罚，禁止黄金白银等贵重金属输出。

重商主义虽然诞生于数百年之前，但直到今天，通过征收进口税限制进口、通过提供出口补贴鼓励出口等具体措施仍被许多国家使用，而且通过政府干预促进对外贸易顺差的基本思想仍被众多经济学家所推崇。

二、保护幼稚工业论

美国贸易保护的鼻祖，美国独立后的首任财政部部长亚历山大·汉密尔顿（Alexander Hamilton，1757—1804）在1791年向国会提交的《关于制造业报告》（*Report on Manufacture*）中提出要对美国的制造业进行保护。他认为制造业对国民经济至关重要，因为制造业能为其他部门提供先进的、效率更高的生产工具和技术设备，带动专业分工和协作深化，进一步提高劳动生产率；能通过消耗原材料和中间制成品促进其他相关部门的发展；能发挥个人才能、开创事业机会，吸收劳动力。汉密尔顿主张美国应该实行严格的关税保护制度，限制外国尤其是英国工业品输入，主张限制国内重要原材料的出口，鼓励本国急需的原材料的进口。为了尽可能地积累和保障技术优势，汉密尔顿还主张限制美国国内先进生产设备的输出。

保护贸易的重要理由是保护本国幼稚产业，以增强面向外国的产品的竞争力。19世纪德国历史学派经济学家李斯特（Friedrich Liszt，1789—1846）充分论证了这一观点。

专栏 9-5

李斯特所处的时代背景和个人生平

李斯特在经济学名著《政治经济学的国民体系》中，较系统地提出了保护幼稚工业理论。

在他所处的时代，德国工业发展远落后于英国和法国，地主、贵族掌握政权，国内保留着封建奴隶制度，德国国内城邦林立，各邦都有关税壁垒，各邦内部各个州县也分别制定了地方税率，严重阻碍了全国市场的形成。这时德国的发展要求是政治统一，大力发展工业以赶上法国，尤其是赶上工业经济发展水平远高于德国的英国。

李斯特出生于制革工人家庭，先后在符腾堡（Württemberg）王国政府和图宾根（Tuebingen）大学任职、任教，1820年被选为符腾堡议会议员。对内，李斯特倡议成立德国工商业协会并要求废除各邦关卡、统一关税；对外，李斯特主张贸易保护以扶持德国幼稚工业的发展，以应对来自英国、法国等国产品的强有力竞争。由于主张取消国内各邦国之间的关税限制，影响了邦国领主的利益，李斯特遭到数次迫害，被迫流亡国外。李斯特活着的时候备受打压，但去世后，因其理论的重要价值及其在德意志关税同盟成立中的重要作用而备享殊荣。

李斯特认为，李嘉图自由贸易对所有国家都有利的观点是错误的，因为每个国家面临的具体情况不同，现实中并没有、也不可能有"世界主义经济学"，只能有所谓的"国家经济学"。经济学应研究一国的历史特点而不是笼统地研究没有国家差别的经济现象。李斯特严厉批评了古典学派自由贸易理论的狭隘性，认为如果只关注财富而不关注财富的生产力，就好比只关注眼前的"果实"而忽视"种植、培育果树"一样，是短视和浅薄的，他认为作为"财富的生产力"的"果树"显然比作为"财富"的"果实"更重要。为了促进财富生产力的提高，国家应该是"慈父"般的有力指导者，而不是"守夜人"。

李斯特还认为，个人的经济利益应该从属于国家财富的增进与维持，政府应该主动提供促进工业发展的有利条件而不是消极等待。李斯特主张政府保护的对象应该是刚刚在国内发展，且受到国外强有力竞争的产业。农业不需要保护，没有受到国外强有力竞争的幼稚工业也不需要保护。他还认为保护以 30 年为最高期限，关税保护应该有适度性和暂时性，禁止性与长期性关税会助长国内生产者的惰性，使其不思进取、缺乏创新。

保护幼稚工业理论是最早的系统性的贸易保护理论，其关于保护本国幼稚产业以增强其竞争力的基本观点至今仍有强大的影响力。

三、超保护贸易论

1929—1933 年爆发了资本主义世界影响最大的大萧条（The Great Depression）。当代宏观经济学的创始人、著名经济学家凯恩斯（John Maynard Keynes，1883—1946）及其追随者针对这场大萧条提出的贸易保护理论被称为超保护贸易理论，其主要主张是通过保护贸易促进一国就业。

凯恩斯学派认为古典派自由贸易理论忽略了贸易顺差和逆差调节过程中贸易差额对一国国民收入和就业产生的影响，对外贸易顺差能促进就业和收入增加，对外贸易逆差则会起相反作用，因此他们主张通过政府奖励出口、限制进口的政策措施促进贸易顺差从而促进国民收入增长和就业增加。

凯恩斯主义认为，就像投资在国内有"乘数效应"一样，对外贸易顺差也有乘数效应，能促进就业和提高国民收入。其基本逻辑是提高顺差可以使本国支付手段上升，利率下降，投资增加，于是通过投资的"乘数效应"提高就业和收入，产生"倍增效应"；反之，逆差则可能产生"倍缩效应"，因此，对外贸易应该尽可能追求顺差。

在这一理论逻辑支持下，面对 1929—1933 年大萧条期间美国失业率居高不下的经济现状，超贸易保护论者主张应该对对外贸易进行较大力度的保护，通过实现对外贸易顺差扩大就业和提高国民收入。为了实现贸易顺差，国家不仅应该保护幼稚产业，还应保护高度发达甚至走向衰落的垄断产业；保护的目的不是培养本国企业自由竞争的能力，而是要巩固和加强对国外市场的垄断；保护方式不仅是防御性地限制进口，而且是对国外市场进行有攻击性的扩张。此外，这一时期不少国家除了实施关税保护之外，还有"货币战"等保护措施，其目的都是扩大顺差，促进就业和国民收入的提高。

凯恩斯主义经济学及对外贸易乘数理论在理论和实践上都有重要意义。该理论探讨了对外贸易与国民经济增长间的理论关系，将贸易问题纳入宏观分析范围，是贸易理论研究方法上的重要突破。在实践上，人们认为凯恩斯经济学和"罗斯福新政"有着密切关系，并且是20世纪30年代美国走出经济大萧条的重要原因。

"罗斯福新政"（New Deal），是美国第32届总统罗斯福（Franklin Delano Roosevelt，1882—1945）在任期间针对1929—1933年大萧条提出的一整套经济政策，包括增加政府财政支出、扩大政府投资、兴办公共工程等。对外经济贸易中的超贸易保护主义及其典型代表《斯姆特-霍利关税法》被认为是这一时期新经济政策的重要构成部分。

专栏 9-6

超贸易保护的典型案例：《斯姆特-霍利关税法》

20世纪20—30年代超贸易保护的典型案例是《斯姆特-霍利关税法》（The Smoot-Hawley Tariff Act）。1929年，美国国会议员里德·斯姆特（Reed Smoot）和威尔斯·C. 霍利（Willis C. Hawley）一起提出了著名的《斯姆特-霍利关税法》。他们提出应对进口商品征收平均高达53%的关税，关税涉及近900种商品。尽管法案遭到了各国政府和近千名经济学家的强烈抗议和反对，但时任总统胡佛（Herbert Clark Hoover，1874—1964）还是签署了《斯姆特-霍利关税法》，制定了美国历史上最高的进口关税。这一法案遭到了欧洲国家的强烈抵制和报复，包括英国、瑞士等在内的欧洲国家对美国实施了报复性高额关税。

四、中心-外围理论

中心-外围理论是20世纪50—60年代流行于拉丁美洲国家的贸易理论。当时发展中国家和发达国家之间的经济发展水平差距不断加大。阿根廷经济学家普雷维什（Raul Prebisch，1901—1986）等提出了中心-外围理论，其中中心（center）国家指技术创新国和贸易利益的获得者，外围（periphery）是中心国家的附庸，处于被剥削的地位。普雷维什认为中心国家长期地且大量地侵吞外围国家的利益，造成中心国家和外围国家的经济发展水平差距越拉越大。这一命题也被称为"普雷维什命题"。

"普雷维什命题"的支持者们认为，1876—1938年，初级产品价格和制成品价格相比下降得相当大。由于发展中国家主要出口初级产品，进口制成品，所以以贸易条件越来越有利于发达国家而越来越不利于发展中国家。这一观点被称为"贸易条件恶化论"或"普雷维什-辛格假说"。

支持者们认为造成初级产品价格和制成品价格差距拉大，外围国家贸易条件不断恶化的原因主要是中心和外围国家生产率的提高带来的效应差异。其一是劳动力组织差异导致工资水平的巨大差别。发达国家劳动力相对缺乏，工会组织力量很强大；而发展中国家劳动力过剩，大量工人失业，工会组织弱小甚至没有。这样，发达国家生产率提高使工人工资收入更高，而发展中国家生产率提高会使产品价格更低。其二是不同国家出口的产品结构不同。发展中国家出口的多是需求弹性较低的初级产品，发达国家出口的多是需求弹性高的制成品。一般情况下，制成品行业的技术进步快于初级产品行业，制成品行业的技术进步常常使得单位产品所耗费的原材料数量减少，从而相应降低了对原材料的需求。因此，生产率提高所产生的巨大收益主要落入了发达的中心国家，而不是主要生产初级产品的落后的外围国家。

贸易条件恶化论认为，为了避免国际贸易中利益被不断侵吞，发展中国家应该实施工业化政策，即通过保护贸易促进本国工业化。具体保护措施包括关税、外汇管制、进口配额、出口补贴等。支持者们认为提高进口商品关税可削弱外国商品出口能力和竞争能力，相对增强本国出口商品的优势，有效扶持本国新兴工业部门的发展，此外限制进口还可以减少外汇支出，改善国际收支状况。

贸易条件恶化论主张的工业化措施在国际贸易领域便是进口替代（import substitution）战略，其基本含义是通过关税壁垒等措施限制工业制成品的进口；扶持新建的本国工业。他们主张国家应该集中资源发展现代工业，而把较少的资源用于扩大初级产品的出口。在具体实施中进口替代战略分初级进口替代和高级进口替代，其中初级进口替代指建立和发展一般的最终消费品工业，如收音机、自行车、一般家用电器、食品加工、服装等，以替代这些消费品的进口。高级进口替代指建立和发展国内需要的资本品、中间产品，如机器制造、机械、机床设备、石油提炼、炼钢等工业的生产，以替代这些产品的进口。

中心-外围理论得到不少经济学家的支持，不少拉丁美洲、非洲国家政府在实践中采取了进口替代工业化战略促进本国工业发展。但该理论及其理论基础"贸易条件恶化论"也遭到了很多批评。这些批评包括：第一，旧的分工体系和经济秩序不是发展中国家经济落后的主要原因；第二，农业和矿业不等于贫困，工业也不等于富裕，如新西兰、澳大利亚、荷兰等国也大量出口农产品，但仍是经济高度发达的国家；第三，"贸易条件恶化论"数据不完整，不具有代表性，逻辑不严谨，对贸易条件的处理过于简单，对贸易条件恶化的原因分析缺少说服力。因此，这些经济学家对贸易保护和工业化道路的主张持反对态度。

第四节　贸易政策的选择

一、对外贸易政策的类型

从国际贸易的历史考察，以国家对外贸的干预与否为标准，可以把对外贸易政策归纳为三种基本类型：自由贸易政策、保护贸易政策和管理贸易政策。

自由贸易政策是指国家对商品进出口不加干预。对进口商品不加限制,不设障碍;对出口商品也不予以特权和优惠,使商品在国内外市场上可以自由竞争。

保护贸易政策是指国家对商品进出口积极干预,利用各种措施限制商品进口,保护国内市场和国内生产,使之免受国外商品竞争;对本国出口商品给予优待和补贴,鼓励扩大出口。在不同的历史阶段,由于其所保护的对象、目的和手段不同,保护政策的差异也较大。

管理贸易政策,又称协调贸易政策,是指国家对内制定一系列的贸易政策、法规,加强对外贸易的管理,实现一国对外贸易有秩序、健康地发展。管理贸易政策通过对外谈判签订双边、区域及多边贸易条约或协定,协调与其他贸易伙伴在经济贸易方面的权利与义务。20世纪80年代以来,国际经济联系日益加强,新贸易保护主义重新抬头,为了既保护本国市场,又不伤害国际贸易秩序,保证世界经济的正常发展,各国政府纷纷加强了对外贸易的管理和协调,从而逐步形成了管理贸易政策。管理贸易政策是介于自由贸易和保护贸易之间的一种对外贸易政策,是一种协调和管理兼顾的国际贸易体制,是各国对外贸易政策发展的方向。

二、对外贸易政策制定的依据

制定一个国家对外贸易政策应当遵循一些基本依据:其一,一国在世界经济中所处的相对地位;其二,一国的资源状况、产品、产业结构、市场经济地位。这两大因素是一个国家制定中长期对外贸易政策的主要考量。

对外贸易总政策(即自由贸易或保护贸易政策)一旦确定后,一个国家将根据经济发展阶段、工业发展水平、技术水平、产品的竞争能力等,再制定相关政策措施,例如鼓励出口、限制出口、限制进口、保护民族工业和幼稚工业等政策。当国家之间因政治环境发生变化,经济和外交关系发生重大改变时,也可能引起一国对贸易政策做局部调整或重大调整。一国对外贸易政策应当与国内经济政策相适应,例如产业调整政策、金融政策、外汇政策、外资政策等都需要统筹考虑。

自由贸易能在国家间互通有无,使国民享受更多的商品和劳务,还能提高资源配置效率,避免价格扭曲,优化资本、劳动、技术配置,通过竞争促进创新、规模经济等。但自由贸易也有一些弊端,如幼稚产业发展可能受影响、民族工业可能被冲击、贸易利益分配不均、国家经济安全可能受威胁、市场可能失灵等。与之相对应的是,保护贸易可能促进本国幼稚产业的发展、促进就业、促进工业化,但可能会损害国家总体经济效率,对消费者的选择也造成影响。总而言之,自由贸易有利有弊,保护和限制贸易亦然。因此,国家需要在自由贸易和保护贸易间进行权衡比较。

那么,一国贸易的具体政策和措施到底是如何确定的呢?什么时候、对什么产品、对哪些国家应该实行自由贸易或保护贸易呢?这是一个复杂的权衡过程。在大多数国家,贸易政策常常是综合考虑、多方博弈下的权衡结果。一般来说,一国在制定贸易政策时要考虑本国经济结构和比较优势、本国产品在国际市场上的竞争能力、本国与别国在经济和投资方面的合作情况、本国国内物价和就业情况、本国与他国的政治关系，以及在世界经济贸易组织中享受的权利和承担的义务等。当然，国家政府领导人的经济思想与其支持的贸易理论也有重要影响。此外，多数选民的支持程度、利益密切的社会阶层的集体行动和有效游说、竞选贡献等政治和社会因素对贸易政策的选择也有重要影响。

从整体经济发展水平来看，一国经济实力较弱时倾向于采取贸易保护政策，而经济实力强大则倾向于采取自由贸易政策。历史上的英国是比较典型的案例。15—18世纪，为了在国内积累黄金和白银等贵重金属，英国实行了典型的重商主义政策，主张通过严格的"奖出限入"措施以促进黄金和白银在国内积累。第一次工业革命爆发后，英国成为"世界工厂"，世界其他国家和地区都在为英国提供农、矿产品，当时的英国几乎是世界唯一的工业中心，英国生产的纺织品、钢铁等占到全世界产量的一半以上，这时英国实行的是比较典型的自由贸易政策，并在世界鼓吹自由贸易，要求其他国家开放口岸并与英国进行贸易。第一次和第二次世界大战结束后，英国在亚洲、非洲、拉丁美洲等区域的很多海外殖民地纷纷独立，英国在世界的经济贸易实力明显下降，于是英国悄悄放下了自由贸易的大旗，对外经济贸易政策也转向了贸易保护。

美国也是一个比较典型的案例。美国在刚刚独立时，面对英国、法国等国家强有力的工业品的竞争，首任财政部部长汉密尔顿主张实行贸易保护政策以保护本国制造业的发展。第二次工业革命后美国的工业、经济实力大大增强，尤其是第二次世界大战后，美国已经奠定其在全球经济贸易中的绝对领先地位，因此美国扛起了自由贸易主义的大旗，主张在世界范围内进行自由贸易，并于1947年主持成立了"关税与贸易总协定"，要求成员国削减关税和非关税壁垒共同促进自由贸易。20世纪70年代中期，石油危机后，美国经济出现"滞胀"，国内经济增长乏力，失业增加，贸易保护主义势力抬头，对外贸易政策明显倾向于贸易保护。

从微观经济学视角下的具体产业来看，一国在某些产业或产品上越有绝对优势或比较优势，就越可能实行自由贸易政策；反之，越没有比较优势的产业越需要保护，因此更可能采取贸易保护政策，日本是这方面较典型的案例。第二次世界大战结束后的日本采取了"贸易立国主义道路"，主张通过对外贸易而不是走国内资源开发主义的封闭经济政策来发展本国经济。但日本并非将全部产业一次性对外放开，而是制定了较详细的产业政策，在对外贸易上主张渐进式开放，成熟一批开放一批，尚未获得国际市场竞争力的则暂缓开放。在这样的渐进式对外开放过程中，日本不仅避免了本国产业遭受外国产品的巨大冲击，而且使汽车、机械电子等不断成长的优势产业在全球市场中获得了强大的竞争力，并在世界市场占据了领先地位。

总之，从世界范围来看，不同经济发展水平的国家倾向于选择不同的贸易政策，竞争实力不同的产业也会有不同的进出口政策；从时间来看，同一国家在不同的经济发展阶段、面临不同的具体问题时也会采取不同的贸易政策。

第五节　中国的改革开放与对外贸易

一、中国 1978 年以来的对外开放

改革开放之前，中国实行的是相对封闭的对外经济贸易政策，除少数行业有进出口之外，大多数企业和行业较少与国外有产品和资本联系。1978 年中国开始实行改革开放政策，强调对外开放，鼓励引进国外先进技术、引进外资并对外出口有优势的产品，对外贸易开始迅速发展，经济外向程度不断提高。随着改革开放的不断深入，中国加速融入国际分工体系，中国进出口贸易规模越来越大，引进的外资和对外的投资也越来越多。

> **专栏 9-7**
>
> **中国对外贸易依存度的变化**
>
> 对外贸易依存度是一国进出口贸易值和该国国民生产总值（GNP）或国内生产总值（GDP）的比，其计算公式为（出口贸易值＋进口贸易值）/GNP（或 GDP）×100%。改革开放以来，中国的对外贸易依存度总体不断提升，这表明中国经济的开放程度不断加深。1980 年中国的对外贸易依存度为 12.54%，1985 年为 22.92%，1990 年为 22.78%，1995 年为 38.66%，2000 年为 39.58%。2001 年中国加入世界贸易组织，对外贸易依存度进一步提高，2005 年达 63.59%，但这之后中国强调扩大内需的经济发展政策，对外贸易依存度有所下降，2010 年为 49.2%，2015 年为 36.3%，近年来中国的对外贸易依存度为 34% 左右。

二、中国的"入世"与经济贸易迅速发展

世界贸易组织（World Trade Organization，WTO）是当今世界协调国际经济贸易关系最重要、最有影响的组织，它成立于 1995 年 1 月 1 日，总部在日内瓦，其前身是二战后的 1947 年为重建世界贸易秩序而成立的关税与贸易总协定（General Agreement on Tariffs and Trade，GATT）。2001 年加入世界贸易组织是中国对外开放进程中一件伟大的、里程碑式的重大事件。

世界贸易组织以六个基本原则协调成员国之间的贸易，包括无差别待遇原则、贸

易自由化原则、可预见性原则、鼓励公平竞争原则、鼓励发展和经济改革原则、保护环境原则。

无差别待遇原则又称为非歧视待遇原则,它由最惠国待遇原则和国民待遇原则组成。最惠国待遇原则的含义是一成员方将在货物贸易、服务贸易和知识产权领域给予任何其他国家(无论是否为WTO成员)优惠待遇,立即和无条件地给予其他各成员方,即成员间不能歧视性地对待它们的贸易伙伴,其实质是保证市场竞争机会均等。国民待遇原则的基本含义是对其他成员方的货物、服务或服务提供者及知识产权所有者和提供者所提供的待遇,不低于本国同类货物、服务或服务提供者及知识产权所有者和提供者所享有的待遇。进口产品和本地产品应该享受同等待遇,而且至少应该在国外产品进入进口国市场后给予同等待遇。

贸易自由化原则是指通过谈判降低贸易壁垒(关税、非关税)。

可预见性原则又称为透明度(transparency)原则,指一切贸易活动的政策措施都必须及时公开,以便其他成员方政府和贸易方了解和知悉。

鼓励公平竞争原则是指该组织致力于公正、公平和无扭曲的贸易体系,允许特定条件下的保障措施。

鼓励发展和经济改革原则是指允许发展中国家在履行协议内容上有更大弹性。

保护环境原则在2011年的WTO年度报告中被提及,其含义是允许采取措施保护环境,但必须对本国国内企业和外国企业一视同仁。

专栏 9-8

中国加入世界贸易组织的漫漫历程

1947年10月,中国政府在《关贸总协定临时适用议定书》上签字,成为GATT创始成员。之后中国台湾于1950年退出GATT。1971年10月,联合国大会通过了著名的2758号决议,恢复了中国在联合国的合法席位。1971年11月,GATT按照在政治上服从联合国决议的原则,终止了中国台湾当局的"观察员"地位。改革开放后,中国积极寻求与GATT的联系,于1982年获得观察员身份并首次派团列席GATT第36届缔约方大会。1986年7月10日中国正式向GATT提出申请,要求恢复中国在GATT中的缔约方地位,简称"复关"。由于少数缔约方漫天要价,直到世界贸易组织(WTO)成立,中国"复关"谈判仍未能达成协议。经过漫长而艰苦的谈判,在与美国、欧盟等达成协议后,我国终于在2001年11月10通过了WTO部长级会议的表决程序,于2001年12月11日成为WTO正式成员(第143个)。香港和澳门作为我国的自由港,都于1995年1月1日加入了WTO,中国台湾于2002年1月1日加入WTO。至此,我国完成了加入世界贸易组织的全部历程。

自加入世界贸易组织以来，中国进出口大幅增加，国民经济全面快速发展，全球市场开放度高的行业与中国优势产业的重合度迅速上升。"入世"以来的短短 20 余年时间里，我国货物贸易总额增长了 11 倍，成为全球第一的货物贸易大国，拥有 140 多个国家和地区的主要贸易伙伴，对全球经济增长的年均贡献率接近 30%。2001 年我国进出口总值为 0.5 万亿美元，2014 年为 4.3 万亿美元，之后继续快速增长。2022 年，尽管受新冠疫情影响，我国对外贸易额仍高达 6.31 万亿美元。我国加入世界贸易组织不仅加快了自身发展，也惠及全球其他国家。

与此同时，我国和世界贸易组织的关系也发生了历史性的变化。我国已经从国际贸易规则的被动接受者和主动接轨者逐步成长为重要参与者。我国坚持全球化大方向，旗帜鲜明地主张自由贸易和多边主义，反对单边主义、保护主义，积极推动建设开放型世界经济，秉持人类命运共同体理念深入参与世界贸易组织改革进程中。

第六节　当代中国高水平、制度型对外开放

自 2013 年"一带一路"倡议提出以来，中国创建了亚洲基础设施投资银行，设立了"丝路基金"，这些对于新型全球化具有十分重要的意义。除"一带一路"倡议之外，近十年来，尽管遇到了中美贸易摩擦和新冠疫情等重大挑战，中国一直坚持改革开放并不断优化国内法律以更好地改善营商环境，促进高水平对外开放，尤其是服务业对外开放。例如，2019 年 3 月 15 日，我国十三届全国人大第二次会议表决通过了《中华人民共和国外商投资法》，自 2020 年 1 月 1 日起施行，该法律实行准入前国民待遇加负面清单管理制度，是中国进一步从制度上优化外商投资环境、促进中国对外开放的重要制度保证。我国还于 2019 年 9 月 30 日起施行新的《中华人民共和国外资保险公司管理条例》和《中华人民共和国外资银行管理条例》，全面降低了外资保险公司和外资银行进入中国的门槛。

此外，中国一直在融入全球化，是经济全球化和自由贸易的积极追随者、受益者和参与者。除加入世界贸易组织、积极签订双边自由贸易协定之外，近年来中国还积极参与区域经济一体化组织，如 2020 年 11 月 16 日中国签署《区域全面经济伙伴关系协定》(RCEP)，该协议已于 2022 年 1 月 1 日生效。2021 年 9 月，中国正式申请加入 CPTPP（全面与进步跨太平洋伙伴关系协定，Comprehensive and Progressive Agreement for Trans-Pacific Partnership，为美国退出 TPP 后的新名称）等，这些都表明了中国进一步加强对外开放的坚决态度。

进入新时代以来，中国提出构建人类命运共同体理念，始终坚持推动构建互利共赢、多元平衡、安全高效的开放型世界经济体系。2021 年 1 月 11 日习近平在省部级主要领导干部学习贯彻党的十九届五中全会精神专题研讨班上讲话时明确提出，既要持续深化商品、服务、资金、人才等要素流动型开放，又要稳步拓展规则、规制、管理、标准等制度型开放。2022 年 10 月，党的二十大报告再次强调要稳步扩大规则、规制、管理、标准等制度型开放。以规制为例，规制的开放意味着行业领域的管制与规约应符合 WTO 多边贸易体系以及新一代自由贸易区的基本要求，要对标高水平的

国际规则。高水平的开放规则意味着在许多方面要超越发展中国家发展阶段和水平，承担更多开放义务，并且要适用新的规则，包括电子商务、数字经济/数字贸易、服务贸易规则改革等。

面对国内外环境的深刻而复杂的变化，制度型开放已成为我国推进高水平对外开放的核心任务，规则对接、规制协调、管理提升、标准制定是当前加快制度型开放的重要抓手。我们有理由相信，随着改革开放的进一步深入，中国经济一定可以获得持续、健康的发展。

本章小结

历史经验和现实的世界经济说明，对外贸易在一国经济发展中有重要作用。对外贸易不仅可以互通有无，增加人们消费的多样性，还能通过促进竞争、扩大市场规模从而促进规模经济，对经济增长起到重要作用。国际贸易还能加强技术交流和进步，因为商品贸易经常伴随着世界范围内的技术交流和落后国家的技术进步。绝对优势理论、比较优势理论、要素禀赋理论等诸多经典理论说明了自由贸易的好处。为了更好地促进贵金属在本国的积累、保护本国幼稚产业、缓解失业或保障国内就业岗位、促进工业化、促进战略性产业发展等目的，15世纪以来的经济学家先后提出了重商主义、保护幼稚工业理论、超保护贸易理论、贸易条件恶化论和中心-外围理论、战略性贸易政策论等多个理论以支持一定程度的贸易保护和限制行为。

自由贸易和保护贸易各有利弊，一国贸易政策常常是综合考虑国内外多种因素的结果，其中包括本国产品在国际市场的竞争力、国内经济情况、在国际组织中所享受的权利和承担的义务等。一国的对外贸易政策并非一成不变，随着国内外经济形势的变化，尤其是本国产品在国际市场中竞争力的变化，贸易政策也会发生变化。

改革开放以来，中国积极融入全球经济，经济贸易取得了巨大成就。尤其是加入世界贸易组织使得中国迅速融入全球化，极大地促进了中国对外贸易和国内经济的综合、全面发展。近年来，尽管面临中美贸易摩擦的外部不利环境，中国一直积极深化改革开放，坚持高水平的、制度型的对外开放政策，这将对中国经济的长期持续稳定发展起到重要作用。

思考题

1. 对外贸易对国民经济有哪些具体的好处？请结合生活实际举例说明。
2. 如何理解国际贸易能促进竞争？
3. 请说明绝对优势理论的主要内容和主张。
4. 请说明比较优势理论的主要内容和主张。

5. 保护和限制贸易的常见理由有哪些？
6. 李斯特保护幼稚工业理论的主要内容是什么？
7. 本章体现了经济学的哪些基本原理？

名词索引

◆ **绝对优势理论**：绝对优势理论认为每个国家只生产它拥有绝对优势的产品，国家间互通有无对每个国家都有好处，分工与自由贸易可以使世界资源更有效地利用，让每个参与贸易的国家都能受益。

◆ **比较优势理论**：比较优势理论认为即使一国在两种商品生产上比另一国都处于绝对劣势，但只要有比较优势，该国也能通过自由分工和贸易促进财富增加。

◆ **生产要素禀赋理论**：生产要素禀赋理论又称为资源禀赋理论、赫-俄理论（模型）、H-O理论（模型）等。该理论认为国际贸易产生的前提条件是各国生产要素的禀赋不同，而且不同产品生产中所需的要素组合比例不同。要素禀赋的差异是比较优势的基本原因和决定因素。在开放贸易条件下，一个国家（或地区）出口的是在生产中密集地使用了该国较丰裕的生产要素所生产的商品，进口的是在生产中密集地使用了该国较稀缺的生产要素所生产的商品。

◆ **自由贸易**：自由贸易是与保护贸易相对的国际贸易主张，认为不受干预的国际贸易有利于国家财富增加和经济增长，国家应该允许进出口贸易自由进行，不应干预对外贸易。

◆ **保护贸易**：保护贸易又称贸易保护，是与自由贸易相对的贸易主张，认为政府在某些时候应该对本国进出口贸易进行一定的限制，主要指通过关税和非关税手段限制某些外国商品的进口以保护国内相关产业的发展。

◆ **保护幼稚工业论**：保护幼稚工业理论主张政府通过一定手段保护刚刚在国内发展就受到外国强有力竞争，但未来发展前景良好、经过政府扶持能够获得较强竞争力的幼稚产业。

◆ **世界贸易组织（WTO）**：世界贸易组织是当今世界协调国际经济贸易关系最重要、最有影响的组织。它于1995年1月1日经乌拉圭回合谈判成立，总部设在瑞士日内瓦。截至2021年，WTO有160多个成员国。世界贸易组织主要致力于世界贸易规则的制定和实施，并使贸易尽可能顺畅、自由、可预见性地进行。

◆ **非歧视待遇**：非歧视待遇又称无差别待遇，是世界贸易组织的基本原则之一，它由最惠国待遇原则和国民待遇原则组成。其中最惠国待遇原则指一成员方将在货物贸易、服务贸易和知识产权领域给予任何其他国家（无论是否为WTO成员）的优惠待遇，立即和无条件地给予其他各成员方，其实质是保证市场竞争机会均等；国民待遇原则指一成员方对其他成员方的产品、服务或服务提供者及知识产权所有者和提供者所提供的待遇，不低于本国同类产品、服务或服务提供者及知识产权所有者和提供者所享有的待遇。最惠国待遇原则和国民待遇原则合在一起即为非歧视待遇原则。

◆ RCEP：全称是区域全面经济伙伴关系协定（Regional Comprehensive Economic Partnership），包括中、日、韩、澳、新、东盟10国等。RCEP旨在现有经济联系的基础上，扩大并深化本地区经济一体化，增强经济增长和公平的经济发展，推进经济合作。该协定希望增强缔约方的经济伙伴关系，以创造新的就业机会，提高生活水平，改善各国人民的普遍福利。中国于2020年11月签署该协定。该协定已于2022年1月1日生效。

9-1
知识分享

9-2
中美贸易讨论

第十章

经济发展的长期观察与思考

■ 第一节 引言

从历史的长周期视角来看，经济发展显现出巨大的跨国差异。

进入近代之后，世界各地的经济发展水平差距逐渐显现。在工业革命的推动下，西方国家实现了经济的跨越式发展，其经济发展水平与世界其他地区的差距越来越大。从这个角度来看，世界经济似乎出现了一种"大分流"的局面。现代以来，世界又出现了关于"中等收入陷阱"的魔咒。

1950年，韩国和索马里的人均GDP分别为854美元和1057美元，后者比前者多出约24%。实际上，直到1963年，索马里的人均GDP都是高于韩国的。但此后两国的经济发展走上了截然不同的轨道：索马里的经济持续下跌，2008年人均GDP在绝对数量上甚至低于1950年；韩国的经济则是持续上涨，2008年人均GDP已是1950年的约23倍。

1900年，阿根廷属于中等偏上经济体，其人均GDP相当于美国人均GDP的约67%，差距很小。可惜的是，在之后的岁月中，阿根廷错失了多个发展经济的机会，经济徘徊不前，甚至出现倒退的情况。2008年，阿根廷的人均GDP只相当于美国人均GDP的约35%。

近代时期，中国的经济发展水平虽落后于欧美列强，但差距并不是特别大，例如在1820年，中国和美国的人均GDP分别为600美元和1257美元，中国的人均GDP接近美国的50%。然而，这一差距在之后越拉越大，到1950年，美国的人均GDP已是中国的约21倍。1978年美国的人均GDP仍是中国的约19倍。1978—2012年，中国经济增长率以平均9.8%的速度增长。2007年，中国GDP的增速高达14.7%。中国经济不但连续快速增长，而且打破了工业革命以来世界经济长期萎靡不振的局面，实现了真正的崛起，堪称中国发展奇迹。中国究竟凭借什么"秘诀"创造了快速发展的奇迹？

然而，2012年以后中国经济跌破8%，此后经济增长进入下行通道。我们不禁发出疑问：中国的经济增速还会有上升到8%的可能吗？增长率下行是否已触底？经济增速连续下行的时间还会持续多久？

本章将从长期观察的视角讨论中国经济发展问题。首先，本章将论述全球化变局下中国经济发展研判；其次，讨论改革开放以来中国经济出现快速增长奇迹的原因，就中国经济为什么减速的疑问进行深入剖析；再次，结合国际经验教训，探讨中国能否跨越中等收入陷阱的世界难题；最后，就如何实现中国可持续长期发展提出建议。

第二节　全球化变局下中国经济发展研判

近代以来，人类历史相继经历了三次大的技术革命，推动人类社会相继进入"蒸汽时代""电气时代"和"信息时代"。由此，世界经济飞跃式发展，国际格局不断重塑。当前，以人工智能、大数据、物联网、太空技术、生物技术、量子科技为代表的新科技革命正在全面酝酿，由此推动了新产业、新业态、新模式的巨大发展，带来了人们生产方式、生活方式、思维方式的显著变化。

一、全球化百年未有之大变局及其影响

随着一大批新兴大国和发展中国家快速崛起，延续几个世纪的"大西洋时代"已经演变为大西洋和太平洋"两洋"并举并重的新的时代。伴随世界经济重心的逐步多元，国际力量趋向均衡的态势更加明显，多极化进程继续稳步向前推进。随着全球治理主体和议题更加多元，以及全球治理规则和理念加速演变，长期以来以发达国家"治人"，发展中国家"治于人"的全球治理格局也出现了新的变化趋向，伴随中国特色社会主义的不断发展和完善，以及一些转轨国家在制度上的不断探索，世界范围内的思想、观念、制度、模式也呈现出日益多元化的格局。

专栏 10-1

历史中的全球化与主导产业的变化

全球化阶段是世界经济增长的黄金期。第一次全球化由英国推动，工业革命率先兴起，英国成为世界制造工厂、经贸和金融中心，以及经济学世界中心。第二次全球化由二战后的美国推动，国际贸易、国际投资成为主导形式，全球开放让红利普遍享有，美国更是成为世界经济中心，同时也是世界科技和金融中心、经济学理论创新中心。

世界各国的产业也在全球化进程中发生变化。20世纪60年代主导产业是汽车、能源；到20世纪90年代，金融、石油、通信、汽车占主导；2000年

后，互联网软件、通信、石油等占主导；到 2019 年，互联网软件、数字经济、人工智能等成为新的主导。

全球化正在出现新一轮的变局，中国经济和平崛起，2010 年中国 GDP 总量首次达到世界第二，制造业增加值首次超过美国，登顶全球第一。新时代以来，中国 GDP 总量超过美国的 70%，制造业增加值更是相当于美、日、德三国之和，对世界经济增长贡献率达 30% 左右。我国发展仍处于并将长期处于重要战略机遇期。

我们也要看到，新时代中国发展进入新阶段。战略机遇期的环境和条件也在发生显著变化，中国面临的战略竞争有所加剧、战略风险有所增多、战略压力也有所增大，这些多重因素的内外叠加和相互影响极大增加了中国维护和延长战略机遇期的成本。

20 世纪 70 年代以来，国际经济大循环调整加快，全球贸易失衡成为新的常态，美国、欧盟与东亚分工格局发生变化。中美间的垂直分工正大步走向水平分工，国际关系由合作关系为主即将转向以竞争关系为主。国际环境变化深刻而复杂，全球政治力量对比加速演变，新一轮产业分工和贸易格局加快重塑。在世界大发展、大变化、大调整的背景下，保护主义、民粹主义等思潮明显抬头，逆全球化态势明显上升，大国竞争态势明显增强。中国和美国的战略关系还处于新的调整阶段，随着中美贸易摩擦加剧、技术冲击加速，未来预期会出现较大不确定性。此外，我国仍面临周边地缘政治敏感、欧美制造业回流、中美贸易战等大国战略竞争的严峻考验。过去三年，国际形势波诡云谲，受疫情严重冲击，加上俄乌冲突加剧，引发了区域经济一体化受阻、产业链和价值链的重组，进一步加剧了全球经济下行的压力。

二、如何观察和判断宏观经济的表现

宏观经济运行有四大目标：充分就业、价格水平稳定、持续均衡的经济增长和国际收支平衡。其中，前三个是国内经济均衡的体现，第四个目标涉及国际经济均衡问题。就短期而言，宏观经济最关注的是就业是否充分和物价是否稳定。持续均衡的经济增长是宏观经济追求的长期目标，但经济增长又决定了短期内就业目标能否实现。

当前中国宏观经济的总体判断是：稳中向好、稳中求进，宏观经济运行处于合理区间，基本保证就业的增长。但宏观经济仍面临全面持续下行的巨大压力，国际经济下行，加大了预期转弱、需求收缩和供给冲击的风险。从未来走势看，宏观经济上行空间仍然巨大，但我们也要充分认识到，阻碍长期发展的深层因素仍然存在。

因此，当下经济在持续下行中对接"新常态"。短期政策总体基调是宏观政策要稳，微观政策要活，社会政策托底。其中，宏观政策的基本面是积极的财政政策和稳健的货币政策，更加注重"突出重点、兼顾一般"的结构性"供给管理"政策。从长期来看，政策的总体基调是：加快转变发展方式，优化结构提高增长质量，促进整体经济良性运转。

三、中国发展的战略机遇总体乐观

和平与发展仍然是当今的时代主题。中国具有超大市场规模优势,深度参与全球化势不可挡。中国已进入经济大国行列,其经济走向对美国乃至世界举足轻重。以5G为代表的新一代信息技术对生产和生活方式产生深刻影响,加快了生产及生活数字化、网络化、智能化发展,不断衍生、应用在新场景上,激发了市场新需求,孕育了经济新动能。

中国稳,世界才稳;中国进,世界方进;中国好,世界更好!这个时代呼唤新的全球化模式,需要"人类命运共同体"的理念,这已不再是国际贸易问题,而是全球资源配置问题,需要走向新的全球化。

中国正在成为新型经济全球化的引领者,正在逐步具备成为经济全球化引领者的基本条件。一是统一大市场正在形成并完善,中国众多主要产品的产量和消费量已经居世界第一;二是在高科技领域发展迅速,在大数据、人工智能、生物技术以及绿色能源等细分领域取得了领先优势,同时拥有大批工程技术人员,为引领经济全球化积累了一定程度的技术优势;三是中国拥有较强的国内再分配能力,在中国参与经济全球化的过程中,许多区域和产业曾受到巨大冲击,通过政府、企业和劳动者的共同努力,中国经济成功应对了开放带来的诸多挑战,收入分配制度不断完善,初步具备经济全球化引领者具备的再分配制度优势。

未来要进一步释放中国引领新型经济全球化的巨大潜力,需要不断提升我国的自主创新水平,加快构建新发展格局,持续扩大中等收入群体的规模,进一步释放国内市场需求和潜力,充分发挥中国特色社会主义制度的重要优势,加快推动共同富裕目标的实现,让全体中国人民从发展中共同受益。同时,需要不断积累参与全球经济治理的经验,持续提高国际化的软实力。

专栏 10-2

兰德报告:未来 30 年中美关系

中美关系演变备受瞩目之际,兰德公司(RAND)发布了《中国的大战略:趋势、发展轨迹和长期竞争》报告,其中重点回答的问题是:到 2050 年中国可能是什么状态?中美关系可能是什么状态?

该报告通过对政治、经济、科技、外交、军事和环境因素的交叉分析,认为中国在 21 世纪中叶可能出现四种情况:完胜的中国、崛起的中国、停滞的中国、内乱的中国。该报告认为,从理论上,中间的两种情况最有可能出现。按照四种状态出现的可能性大小排序,未来中国发展状态依次是"崛起"(ascendant)、"停滞"(stagnant)、"内乱"(imploding)和"胜利"(triumphant)。这四种情况可能产生的中美关系有三种潜在的发展轨迹:平行发展的合作伙伴、相互碰撞的竞争对手、互不干涉而分道扬镳。

未来 30 年中国在跨越坎坷和不利条件上不断崛起是可能的场景，中国和美国之间有最大可能性的关系是长期、复杂的竞争与对抗的关系。

历史经验表明，国家崛起只有两条路径，一是拒绝承认现有国际体系结构的合理性，发展自身能力，力图推动现有体系的变革；二是承认现有国际体系，积极参与其中，不断提升自己的国际势能。国家和平崛起，避免"修昔底德陷阱"（Thucydides's trap）是可能的。

第三节 如何理解过去中国增长之谜

1978 年，没人会预测到中国会是未来 30 多年里世界上经济发展最快的国家，更不用说会以每年近 10% 的速度增长。中国的增长速度不仅远远高于美国、德国和日本这样高收入的发达国家，也远远高于其他发展中国家，包括中等收入国家，如巴西、土耳其、菲律宾等，还有低收入国家，如卢旺达、埃塞俄比亚、尼泊尔、孟加拉国等。这就是"中国经济增长之谜"——为什么中国经济增长不仅比发达国家快很多，而且比其他发展中国家也快很多？

关于中国经济高速增长的原因有很多流行的解释。比如，增长起点的基数比较低、廉价劳动力、人口红利、出口拉动等。与发达国家相比，所有发展中国家的经济基数都比较低，劳动力都很廉价，生育率都有很大的下降空间，也都可以靠出口来拉动经济增长，尤其是较小的发展中国家。有不少人将中国的增长奇迹归功于中国人的勤劳或者聪明，但勤劳本身只影响产出的水平而不是产出的增长，更主要的是，没有足够的证据说明中国人比其他发展中国家的人更勤劳、聪明。

其实，一个国家经济增长的直接原因就是资本（包括物质资本和人力资本）积累和生产效率的提高（也叫技术进步）。多数学者认为这两者都是中国经济快速增长的重要原因。但问题是：为什么中国过去 30 多年的资本积累和技术进步的速度特别快呢？其根本原因在于中国实行了改革开放政策。

自由市场派认为中国过去得益于经济体制的市场化改革，以及对外开放后的全球化红利。但目前经济体制还是不够自由、不够开放，如果不进一步加快改革开放的步伐，中国经济增长即使不会崩溃，也难以为继。另一种观点认为，中国增长奇迹得益于强势的政府积极干预市场，中国经济改革的速度、策略是完全正确的或者是基本正确的。

一、改革开放的基础性作用

中国改革开放后的经济发展成就举世瞩目。这是什么原因导致的？不同的经济学家有不同的说法。

首先我们要理解开放的意义。中国是世界上最早拥抱全球化的发展中国家。在

20世纪80—90年代，我们就非常积极地推动国际化、全球化，表现在要积极"入关""入世"。那时候是发达国家积极推动全球化，而发展中国家普遍比较抵制全球化，中国是唯一的例外，这是因为曾经的中国深受"封闭"之害。因此，选择开放就具有十分重要的意义。开放的含义非常之广，绝对不是简单的贸易。资本的流动、技术的流动、思想的流动，都是开放的结果。

首先，开放改变了激励。中国开放之前，周边与我们有相似文化、历史的日本、韩国、新加坡为何发展得这么快？来自邻国的潜在竞争压力，促进了开放，改变了所有人的激励。

其次，开放改变了市场的边界。从初期的原料加工产地，到后来加入世界贸易组织进入国际市场，开放扩大了中国市场的边界。

最后，开放改变了生产方式。开放让我们的赚钱动机变得更强，我们在开放中不断学习，随着新技术的引入、创新，我们的生产方式也随之改变。

总之，激励的作用、市场边界的扩大以及生产方式的改变，都得益于开放。

1. 建立正确的激励机制

改革在于改变束缚生产率发展的生产关系，主要包括各项制度和机制的改变。这需要做好两件事：一是建立正确的激励机制，二是让市场起作用。

最典型的例子就是农村改革。从经济学角度看，这是一个最清晰、最简单的社会实验。在短短几年的时间内，依靠同样的土地、同样的人，我国的粮食产量却大幅提升。这里面就有两个激励：第一是价格激励。农产品价格的提高增加了农民收入，激励他们生产更多的农产品。第二是制度激励。家庭联产承包责任制的推行同样调动了农民的生产积极性，即"交够国家的，留足集体的，剩下全是自己的"，这就是经济学家所说的作为"剩余索取者"带来的激励。

另一个激励的例子是区域间竞争带来的激励。在中国，区域间竞争突出体现在地方政府之间的竞争，这种竞争产生了促进各地区大力发展经济的激励。

但是，改革中并非所有的激励机制都起积极作用。比如，农村家庭联产承包责任制成功推行之后，有人曾想将承包制引入城市和国有企业中，但后来他们发现，企业承包不像农村家庭承包那么简单，"包盈不包亏"的出现造成企业管理者行为的扭曲，产权、股权激励、公司治理等方面出现的问题层出不穷。同样，地区间竞争也带来地方保护主义等的扭曲。所以，建立正确的激励机制不是一件容易的事。

2. 让市场起作用

一提到"短缺"，大家的直接反应是供给（生产）太少了。根据经济学原理，我们知道短缺的第一原因是价格控制。当你放开价格控制之后，短缺就消失了。反过来，当价格被限制上涨的时候，就一定会出现短缺。比如，当你看到医院排着长队的时候，你就知道这里面的价格是有问题的。当我们给生产农产品一些补贴的时候，这种补贴就造成了扭曲，带来了效率的损失。所以，想让市场起作用，我们既要看到市场起作用时带来的好处，也要看到市场扭曲时带来的一系列问题。

市场分为产品市场、劳动力市场和资本市场。总的来说，我国的产品市场和劳动力市场的开放先于资本市场。而在资本市场里，利率市场化一定程度上消除了价格扭曲。但是，资本市场的开放不仅是利率的市场化结果，它还取决于一系列的监管制度。要充分发挥市场在资本配置方面的作用，我国还有很长的路要走。

十八届三中全会进一步明确，全面深化改革的总目标是完善和发展中国特色社会主义制度，推进国家治理体系和治理能力现代化。其核心问题是处理好政府和市场的关系，使市场在资源配置中起决定性作用和更好发挥政府作用。因此，全面深化改革的主要任务和重大举措就是：坚持和完善基本经济制度，加快完善现代市场体系，加快转变政府职能，深化财税体制改革，健全城乡发展一体化机制，构建开放型经济新体制，等等。

3. 崇尚勤俭、重视教育和学习

市场化的改革开放是中国经济快速增长的一个重要因素，但不是中国比其他国家增长更快的根本原因。中国的市场干预和混合经济同样不是中国增长更快的原因，更不是中国增长的必要条件。

与东亚增长之谜一样，其答案更可能在于崇尚勤俭的态度，以及重视教育和学习的传统文化，使得东亚国家和地区在物质和人力资本的积累速度上，特别是学习西方先进技术的能力上超过了其他发展中国家。

但其实勤劳本身只影响产出水平而不是产出的增长率。一个勤劳的农民比不勤劳的农民每年可以多生产粮食，但如果没有积蓄，经济同样不会有增长。勤劳只有与节俭结合起来才会促进经济增长。换言之，勤俭的作用是提高储蓄率，而储蓄是资本积累的前提，储蓄率高的国家资本积累速度也会快一些。

世界价值观调查（*World Values Survey*）的结果显示，东亚人民对节俭这个价值观的传承似乎更加重视。该调查中有一个问题是："您认为在家里培养孩子学习下列哪些品质更重要？"该问题要求在 11 项品质里选择 5 项。在有调查数据的 60 个国家（地区）中，一些被调查者认为，培养孩子节俭的品质更为重要，选择该项的比例在众多选择中都是名列前茅的（韩国、中国和我国台湾地区历年选择该项的平均比例分别是 61%、57% 和 58%），中位数国家的这项比例只有 35%，尼日利亚的比例最低只有 12%。

东亚人民在实际生活中的储蓄率也的确比较高。除了少数以石油为主要产出的国家以外，东亚国家尤其是中国和新加坡的国内总储蓄率始终名列前茅。根据世界银行的数据，在所有发展中国家中，东亚和太平洋地区在 1993—2013 年的平均国内总储蓄率最高，达到 42%，中东和北非地区是 27%，南亚是 24%，拉美和加勒比地区是 19.5%，而撒哈拉以南的非洲地区只有 17%。

高储蓄可以加快物质资本积累的速度。但很多经济学家认为，这不是经济长期增长最主要的动力，人力资本的作用可能更加重要。从广义上讲，人力资本包括劳动者的知识、技能、健康乃至价值观，通常使用教育水平作为衡量指标。人力资本既有直接增加产出的作用，也有促进技术进步的作用。发展中国家的技术进步主要取决于学习已有技术的能力，这就对人力资本水平有一定的要求。教育是提高人力资本的最主要的途径。

事实上，从公共教育支出占 GDP 的比例来看，中国直到最近几年该比例才刚刚接近世界平均水平。日本、新加坡和中国香港的教育支出的比重都高于世界平均水平。所以，从政府教育支出的角度看，东亚地区并不比世界上其他地区更加重视对教育的投资。从衡量教育水平的一个常用指标（15 岁以上人口平均受教育年限）来看，中国只是刚刚达到世界平均水平。

但是，一个国家在公共教育上的开支只体现政府对教育的重视程度，并不一定能反映普通国民重视教育的程度。人均受教育年限也不能绝对反映一个国家的教育水平。毕竟一个人上多少年学与他学到多少东西并不总是一致的，教育的质量与数量同样重要。

不论制度还是文化，最终都是通过影响一个国家的物质资本和人力资本的积累，以及技术进步的速度来影响经济增长的。中国文化中与经济增长直接相关的价值取向包括勤俭和对教育的重视，前者涉及物质资本的积累，后者涉及人力资本的积累，也涉及技术进步的速度。

第四节　中国经济为什么减速

2012 年以来中国经济增长持续减速，从 8% 下降到 2019 年的 6%，2020—2022 年维持在 4.5% 左右。如何看待经济增速这一下行现象，是短期周期性因素所致，还是长期因素决定？如果不对中国经济运行和发展过程的内在机理进行深入分析，就无法对经济增长下行的内在原因有清醒的认识，更无法把握和预判中国经济的未来。

一、长期增长规律的几种观点

担任过美国财政部部长和总统的经济顾问，哈佛大学教授萨默斯（Lawrence Henry Summers）提出过一个观点：一个国家的经济增长不可能长期持续超常，终究要回到世界均值水平，大约在 3%。他在 2013 年曾预测中国经济增长的平均速度是 5%（从 2013 年到 2023 年），从 2023 年到 2033 年的平均增速是 3.3%，即回到世界均值水平。

哈佛大学宏观经济学家巴罗（Robert J. Barro）也提出了长期经济增长趋同论。他指出：如果具备了若干条件，后起国家的增长速度会更快一些，最终会与发达国家的经济发展水平趋同；但是从长期来看，趋同的速度不会超过 2% 这个所谓的"铁律"。

林毅夫教授根据发展阶段比较法（人均收入相似阶段）判断，中国 2010 年左右的人均 GDP 相当于美国的 20%，这个阶段相当于日本的 1951 年，新加坡的 1967 年，中国台湾地区的 1975 年和韩国的 1977 年。在那之后这四个经济体都经历了近 20 年的高速增长，日本平均增速为 9.2%，新加坡为 8.6%，中国台湾地区为 8.3%，韩国为 7.6%。可见，当时中国经济长期增长潜力仍然有比较高的水平，后来受世界经济下行等外部因素影响，实际增长速率持续下降。但在 2023 年，林毅夫教授坚持认为：中国中长期经济仍有快速增长潜力，具备"后来者优势"，技术与产业都有提升空间。不过，林毅夫教授认为，实际增长不一定等于增长潜力。近年来，我国数字产业化已经取得相当不错的成绩，随着新技术涌现以及应用场景的拓展，我国经济未来仍有较大增长空间。此外，在产业数字化方面，我国传统产业体量庞大，绝大部分产业能够通过数字化改造，如人工智能、物联网等技术应用，大幅提升生产力水平。

蔡昉教授同样运用发展阶段比较法指出，2010 年中国老龄化程度和劳动年龄人口数量达到峰值，这个现象在日本发生的时间不是 1951 年，而是处于 1990—1995 年；这个现象在韩国处于 2010—2015 年，比中国还晚一点；而在新加坡则处于 2015—2020 年。因此，同样是人均收入的相同阶段，但由于人口结构老龄化和人口规模增长放缓同步到来，青年人减少使经济活力下降，养老负担加重，进而导致了经济增长长期低迷的趋势。

此外，经济学界关于中国经济增速持续下降的原因还有其他方面的分析。如认为国民收入中非国有经济比例和城乡居民收入分配比例越来越低，致使投资和消费能力越来越弱；城市化进程中存在一些制度障碍，如城乡户籍、住宅分配、公共服务提供、社保体系、农村土地财产等方面的规制；还有 2012 年前后旅游、教育、健康、购物等消费的外流，制造业和房地产向外转移和投资外流等原因。由于这些原因的共同作用，造成了中国经济增速的持续下行。

二、经济结构大格局变动的影响：结构转换加速抑或减速

经济学研究表明：由农业经济向工业化的转移，劳动力资源被重新配置到劳动生产率更高的工业部门，并促进社会整体生产率的提高，由此带来了结构性加速；工业化国家日益走向城市化，劳动力再次被重新配置，由生产率增长速度较高的工业部门向增长速度相对较低的服务业部门的转移时，可能导致经济增长呈现"结构性减速"。因此，工业化进程在长期演进中呈现"结构性加速"与"结构性减速"交替的过程。

事实上，改革开放后中国工业化带来的"结构性加速"，成就了中国过去 30 多年的经济高增长奇迹。随着工业化向城市化递进，产业结构发生变化，第二产业向第三产业演化。就增加值而言，2013 年第三产业首次超过第二产业，2015 年服务业超过第一、第二产业的总和，进入以服务业为主导的新阶段。

服务业占比增加可能是需求拉动的，可能是供给推动的，可能是产业分工细化引起的，也可能是相对价格变动造成的。大部分石油出口国或者严重依赖于其他资源出口的国家，其经济中服务业的占比都比较高。服务业占比的增加很大一部分原因是相对价格变化造成的，而非服务业生产能力的真正提升，由此引发"鲍莫尔病"。因此，服务业占比并非越高越好。

专栏 10-3

鲍 莫 尔 病

鲍莫尔病由美国经济学家威廉·鲍莫尔（William Jack Baumol）在1967年的一篇研究经济增长的论文中提出来的。他建立了一个两部门宏观经济增长模型，其中一个部门是"进步部门"，另外一个部门是"停滞部门"，进步部门的生产率相对快速增长将导致停滞部门出现相对成本的不断上升。他认为，政府服务、教育、表演艺术、饭店和休闲等很多服务部门都具有这一特征。整体上看，相对于制造业，服务业劳动生产率更难提高，正如在表演艺术市场上，三百年前的莫扎特四重奏要四个人演，三百年后依然要四个人！因而，随着制造业的生产率改进，服务业在整个经济中的比重反而上升了。

如果停滞部门产品的需求不是完全无价格弹性的，那么不断上升的成本会促使消费者减少对该部门产品的需求，最终使得该产品部门萎缩甚至消失。反之，如果停滞部门的产品需求完全无价格弹性，那么劳动力将会不断从进步部门转移至停滞部门，从而拖累整个国家的经济，使得增速逐渐为零。

"鲍莫尔病"要存在，需要具备三个条件：一是"进步部门"的生产率的进步要高于"停滞部门"；二是"停滞部门"的工资会随着"进步部门"提升；三是"停滞部门"在经济中的比重是不断增加的。

作为一种"病"，"鲍莫尔病"会给经济带来很多负面影响，这已经成为每一个国家在发展过程当中都不得不面对的一个问题。

首先，"鲍莫尔病"可能严重影响生产率的上升，让经济发展停滞不前。美国的服务业从20世纪70年代初开始就一直在上升，到20世纪80年代末，其在经济中的比重已经上升到了60%以上，但与此同时，美国生产率的增长速度却出现了持续下降的趋势。

其次，会导致商品和服务成本的大幅上升，让消费者的福利受到很大损害。20世纪80年代，美国大学生每年需花费3500美元，到2008年，每名大学生每年需支付的费用已达20500美元，年增长率超过6%，远高于美国的通货膨胀水平。按照这种趋势，2035年美国顶尖私立大学学生每年的费用将接近20万美元。

最后，会导致公共服务的价格大幅上涨，给政府的财政带来巨大的压力。在现实中，有些服务业多由政府支出提供支持。作为服务业的子行业，它们也会受到"鲍莫尔病"的影响，其成本会随着经济的发展迅速上升。由于这些行业事关国计民生，因此作为产品和服务提供者的政府并不会像企业一样，直接根据成本的上升来对它们提价。以教育为例，许多国家私立教育的学费已经经历了数倍的上涨，但公立教育的学费却保持了相对稳定。为了支持它们的存在，政府必须不断追加公共支出，而这会给财政带来很大负担。

就国家全局而言，目前互联网不断拓展新边界，对产业发展、经济结构、社会生活产生深刻影响，为经济社会发展带来广阔新机遇。但其快速发展特别是无序扩张，也带来了一系列负面问题。不难看出，"鲍莫尔病"的分析框架是将追求绝对效率作为理论预设，其必然趋势就是资本流向回报率更高的金融行业，导致实体经济空心化。对数字经济时代而言，就会出现技术与资本合流形成的"技术利维坦"，不断向其他相关行业拓展延伸。如若缺乏规范和监管，势必会出现垄断、窒息竞争、妨害包容性增长。

服务业发展阶段提前到来，工业化阶段结束，这会使制造业增长乏力，投资收缩；导致城乡人口、土地、资金双向流动不顺畅和要素利用不能盘活。随着服务业领域体制障碍的逐渐增大，投资不能正常进入。这种大格局的变动，最终导致国民经济增长的下行。

三、转向中高速是新的常态

中国经济在经历高速增长之后，发生了由高速发展阶段转向中高速发展阶段的变化。2020 年以后我国经济处于中速增长阶段，经济增长速度处于 5% 左右，这是符合规律的。随着人口红利的加速消失，传统经济增长源泉不再能够支撑经济高速增速。在新的发展阶段，应实现创业、创新以及调控政策稳定增长，现实中的企业和政策决策者应积极调整关于经济发展的思维方式，要提高全要素生产率，实现高质量的创新发展。

1. 强调企业提高生产率和创新

对企业来说，过去主要是要找到别人还没有涉及、利润还没有充分实现的领域去投资，使其利润超过社会平均水平。如今，在新的增长常态下，这样的机会逐渐减少。我们要从"皆为利来"转向"皆为率往"，这个"率"就是全要素生产率。企业通过提高全要素生产率从而提高劳动生产率，才能够具备真正意义上的竞争力。这就要求：第一，要沿着生产率提高的阶梯实现生产要素在产业、部门、行业以及企业之间的转移；第二，我们现在必须拥抱"创造性破坏"。在高质量发展时期，越来越多地需要靠企业的优胜劣汰来提高生产率。

2. 学会接受劳动力市场制度

过去人们习惯认为，市场在资源配置中起决定性作用，意味着所有的要素都以相同的方式表现出来，价格由相对稀缺性来决定。事实上，劳动力以人为载体，因而是一种特殊的生产要素。劳动力被如何使用，处于何种劳动环境中，对劳动者来说都是十分重要的。劳动力市场本身和劳动力市场制度起着重要作用。我们所熟知的最低工资制度、劳动相关法规、集体谈判制度等，都属于劳动力市场制度的内容。随着我国进入更高的经济发展阶段，人均收入水平提高的同时，也出现了劳动力短缺现象，因此，劳动力市场制度的作用必须得到重视。各国在经历发展阶段的转折点时，都显示出了这种市场制度的必要性。

第五节　国际经验教训：中等收入陷阱能否跨越

从历史经验来看，处于高收入阶段经济体的服务业比重一般稳定在 65%～80%。过去几十年中，已进入中等收入阶段的众多发展中经济体，只有少数能够顺利进入高收入经济体行列，大多数经济体整体发展停滞、徘徊，陷入了中等收入陷阱。拉美一些经济体曾短暂进入人均国民高收入阶段，但由于长期增长动力不足，经济结构失衡，社会和民生问题突出，很快又退回到中等收入阶段。目前，我国经济已由高速增长阶段转向高质量发展阶段，正处在转变发展方式、优化经济结构、转换增长动力的攻关期。跨越这一重要关口是完成 2035 年基本实现社会主义现代化的目标，建设现代化经济体系的迫切要求，也是为解决人民日益增长的美好生活需要和不平衡不充分的发展之间的主要矛盾提供物质和经济的基础。谋求高质量增长和经济结构转型，基本实现现代化，是我国成功跨越中等收入陷阱的关键所在。当前，中国经济新常态的发展遭遇国际格局大变动的严峻挑战。

一、中等收入陷阱及其成因

中等收入陷阱（middle income trap）一词较早出现在世界银行 2007 年出版的《东亚复兴：关于经济增长的观点》一书中，指发展中国家在工业化进程中，经过一段时间的经济高速增长，人均收入达到中等收入水平后，经济增长开始停滞不前，无法与低收入国家在工资方面竞争，也无法与高收入国家在尖端技术研制方面竞争，导致经济陷入困境。东亚经济体在跨越中等收入阶段时，教育系统的作用应及时从传授员工技能，转向培养具有技术创新、产品创新和流程创新能力的人才；经济驱动力应及时从投资转向创新；生产与就业应及时从多样化转向专业化。这样才能避免重蹈拉美经济体跌进中等收入陷阱的覆辙。过去半个世纪，确有一些经济体在成为中等收入国家后陷入了漫长的停滞期，难以继续向高收入国家迈进，落入"中等收入陷阱"。例如拉丁美洲的巴西、智利、阿根廷等，东南亚地区的泰国、马来西亚等，"中等收入陷阱"似乎成了一个魔咒。只有少数国家能够顺利进入高收入国家行列。从 1965 年至今的 50 多年间，人口在 300 万以上的非石油出口国中只有不到 20 个国家成功跻身高收入国家行列。

纵观历史，陷入中等收入陷阱的经济体，大多出现了低效服务业和"鲍莫尔病"；跨越中等收入陷阱的经济体，则呈现知识技术密集型的服务业结构高级化。这是因为，消费性服务业以生产性服务业的产出作为中间投入，消费性服务业自身的劳动生产率提升有限，它依赖于生产性服务业生产率的提升。而生产性服务业的研发及生产率的提升，又严重依赖于高层次人力资本的培育和积累。若员工不愿投资人力资本，或教育部门培育人力资本的效率过低，将导致高层次人力资本的匮乏。没有足够的高层次人力资本支撑，生产性服务业将陷入停滞，并加快消费性服务业生产率的下滑，导致以服务业为主的经济体增长停滞，落入中等收入陷阱中。

跨越中等收入陷阱的经济体，生产性服务业占 GDP 的比重较高，而制造业的发展更依赖于生产性服务业的中间投入，因此生产性服务业对制造业发展的推动作用更强。而陷入中等收入陷阱的经济体，生产性服务业占 GDP 的比重较低，制造业的发展更依赖于物质资本的直接投入，因此生产性服务业的发展更依赖于制造业本身的发展水平，对制造业的推动作用较弱。例如，深陷中等收入陷阱的巴西，仅从服务业所占 GDP 的比重看，其远高于同期的日本和德国。但从服务业结构来看，其低效服务业的蔓延，不仅没有带来经济的顺利转型，反而催生了"鲍莫尔病"，导致过早去工业化、经济增长停滞不前。而那些跨越了中等收入陷阱的经济体呈现出的特征是，越来越趋向于知识技术密集型的服务业结构高级化。

因此，中等收入阶段的服务业升级，正是跨越中等收入陷阱的一大关键着力点。从结构调整与产业升级的视角来看，高收入经济体之所以能成功跨越中等收入陷阱，正是因为其专注的创新型产业具有更高的技术含量与附加值，能为从事高端产业的高层次人力资本提供更高的收入。

二、中等收入发展阶段的特殊性与风险挑战

在不同的经济发展阶段都有可能存在陷阱，重要的是探讨应该以何种方式去驱动经济增长。一国经济发展过程中所存在的"陷阱"，实质上是指在某一发展阶段，其经济增长模式无法支持该国向更高的发展阶段跨越。比起关注中等收入这一发展阶段，我们更关心的是中等收入阶段的发展模式能否从要素驱动成功转变为创新驱动。

导致国家之间产生差异的因素很多，包括人口红利、劳动力供给增速、劳动生产率增速、经济开放程度、市场准入限制、外部环境、社会稳定程度以及收入分配公平程度等。落入"陷阱"的中等收入经济体往往面临"夹层"式的竞争劣势：一方面，向下的成本的底层压力，使经济体丧失了与更低收入、更低工资水平的经济体在制造业方面的竞争优势；另一方面，向上的技术的天花板限制，即没有能力同发达经济体在高技术创新领域展开竞争，使得经济体无法由廉价劳动力或资源、能源类自然禀赋导向的增长模式向高生产率导向的增长模式转变。

中等收入阶段的产业升级问题，也是跨越中等收入陷阱的关键着力点。当经济发展接近高收入阶段，消费者在完全满足其衣、食、住、行上的基本需求后，便开始追求更高品质的产品与服务。由于文化、教育、卫生体系未能积累足够的高层次人力资本，国内的高端制造业和高端服务业发展滞后，无法提供高质量的有效供给继续满足消费者的需求。从总量上看，这会导致经济增长乏力；与此同时，高端产业的缺失，又会反过来制约人均国民收入的提高，从而造成恶性循环。从结构上看，这一循环既催生了中低收入的传统产业产能过剩，又造成了高收入的新兴产业产能不足，从而形成结构性失业，导致贫富差距不断扩大。为应对贫富差距问题，拉美国家在民粹主义盛行的催化下，又实行了不切实际的福利赶超，进而导致了财政赤字、债务危机、金融危机，最终使其落入中等收入陷阱之中。

三、中国不会落入"中等收入陷阱"

落入"中等收入陷阱"的经济体所暴露出的问题集中表现在经济增长过度依赖资源开发、科学技术落后、贫富差距悬殊,既无法与低收入国家竞争,也难以缩小与高收入国家的差距。

不难发现,我们早已吸取一些拉美国家发展中的教训,走上了新型工业化、新型城镇化的新路,决胜脱贫攻坚,如期全面建成小康社会,进而开启全面建设社会主义现代化国家新征程。特别是党的十八大以来,我国大力推进以人为核心的新型城镇化,优化城镇布局,努力创造更多城镇就业岗位,工农互促、城乡互补、全面融合、共同繁荣的新型工农城乡关系加速形成。大力保障和改善民生,采取切实措施提高城乡居民衣、食、住、行水平,并且实施精准扶贫、精准脱贫,确保农村贫困人口实现脱贫、贫困县全部摘帽。这一系列举措极大地提升了人民群众的获得感、幸福感、安全感。

高质量发展的重要方面是服务业内部结构的优化与升级。除了经济相对落后的中国西部地区的部分区域外,在经济较为发达的东部地区和中部地区内,一些区域也都不同程度地存在"鲍莫尔病"现象。其破解之道在于推进服务业供给侧结构性改革,大力发展生产性服务业,并提升文化、教育、医疗、卫生健康等公共服务业对培养和积累人力资本数量与质量的供给,提高创新的成功概率和效率,更好地实现高层次人力资本与知识密集型服务业的匹配效应,推动高端制造业和知识密集型服务业的深度融合,推进中国经济增长的动力机制向创新驱动转换,从而带动产业结构的转型和升级,迈向高质量发展。只要我们坚持推动高质量发展,完全有能力跨越"中等收入陷阱"。

第六节 中国如何实现长期可持续发展

当前我国经济正处于"三期叠加"的特定阶段,经济发展步入新常态。在高质量发展阶段的要求下,针对经济金融运行波动情况进行宏观政策的预调和微调,既是对各种政策出台的节奏和实施的力度进行综合平衡,也是对有效处理"稳增长"和"防风险"关系的必要举措。推动经济高质量发展,必须跳出惯性思维,坚决破除路径依赖。

一、惯性思维的转换:倡导四种新思维

当前影响中国经济长期发展的约束条件明显增多。主要表现为:一是国际经济竞争态势加剧,外部均衡压力增强。单边主义、逆全球化对世界格局的影响将会越发深远;二是新经济均衡演变已不可逆转,转向依靠创新驱动的高质量发展模式成为必然;三是房地产投资空间较为狭小;四是资产价格泡沫约束。绿色、可持续的高质量

经济发展路径，既是破解我国社会主要矛盾的途径，也是我国经济社会发展的目标。高质量发展内在驱动是创新，并不是数量的简单累积，更为重要的是发展质量的跃升。在迈向经济高质量发展的路上，必须坚持新发展理念，依靠改革开放，倡导四种新思维。

一是乘数思维：创新驱动增强新生动力。

随着新产业、新业态和新模式的孕育成长以及制造业向中高端迈进，中国经济的新动能不断增强。经济新动能不断积聚，新经济增长点不断涌现。任何一个领域的创新"火花"带来的红利都可能在经济活动中不断强化，并助推经济总量提升。中国政府正通过一系列措施破除机制、体制障碍，激活经济"肌体"。创新驱动下的"乘数思维"会让中国经济增长后劲十足。

二是系统思维：结构优化提升发展质量。

结构优化调整和转型升级是一项宏大的工程，需要统筹推进经济结构和社会结构优化调整。从经济结构看，需要大力发展先进制造业和生产性服务业，推动一体化融合发展，加快优化科技结构，实现科技自立自强，同时进一步推动城乡区域结构优化调整，着力推动能源结构向绿色低碳转型；从社会结构看，需要稳步扩大中等收入群体，规范收入分配制度，不断优化社会利益结构，积极调整人口结构。结构优化需要系统思维，总揽全局，才能在实施中实现结构间的相互促进和有效协调。

三是木桶思维：补短板、去风险、提升容量。

现阶段中国应将控制金融风险和发展民生放在重要位置。根据"木桶效应"，最薄弱的环节决定着经济整体质量和水平。在推进供给侧结构性改革的过程中，必须针对结构性失衡的薄弱环节，为经济发展清障碍、强根基。

四是开放思维：全方位开放激发活力。

中国一直是经济全球化的积极推动者。全方位开放的思维模式不仅让中国外贸保持增长，外国资本也更青睐中国充满活力的经济环境，而且开放有利于深化改革，打破各自为政的约束，加快统一大市场建设，促进新的激励，扩大市场边界以及改变生产方式。

可以预见，在未来相当长的一段时间里，中国仍然是对世界经济增长有显著贡献的国家之一。

二、构建新发展格局的中长期战略

国家"十四五"规划和2035年远景目标纲要提出：加快构建以国内大循环为主体、国内国际双循环相互促进的新发展格局。这是根据我国发展阶段、环境、条件变化，特别是基于我国比较优势变化，审时度势做出的重大决策。构建新发展格局是事关全局的系统性、深层次变革，是立足当前、着眼未来的长远战略谋划。

只有加快构建新发展格局，才能夯实我国经济发展的根基，增强发展的安全性和稳定性，才能在各种可以预见和难以预见的狂风暴雨、惊涛骇浪中增强我国的生存力、竞争力、发展力、持续力。根据党和国家的总体部署，坚持稳中求进的工作总基调，建构新发展格局主要抓好如下几项工作：第一，抓住扩大内需战略基点，更好统筹扩大内需和深化供给侧结构性改革，增强国内大循环动力和可靠性；第二，加快科技自立自强步伐，解决外国"卡脖子"问题；第三，加快建设现代化产业体系，夯实新发展格局的产业基础；第四，全面推进城乡、区域协调发展，提高国内大循环的覆盖面；第五，进一步深化改革开放，增强国内外大循环的动力和活力。

加快构建新发展格局是实现共同富裕的重要支撑。目前国际大循环动能减弱，国内超大规模市场的潜力不断释放，要充分利用好国内国际两个市场、两种资源，统筹好发展和安全两件大事。一是依托超大规模的国内市场，贯通生产、分配、流通、消费各个环节，以内需市场吸引全球化的资本、人才、技术和创新资源；二要进一步加深国际合作，推动高水平的制度型开放，例如合理缩减外资准入负面清单，依法保护外商投资权益，推进商事制度改革，为各类企业创造平等的竞争环境和法制环境；三要注意优化区域开放布局，巩固东部沿海地区开放先导地位，提高中西部和东北地区开放水平；四是深度参与全球产业分工与合作，推动全球区域产业链、价值链的布局优化，尤其是要充分利用人工智能等新一代信息技术引领中国产业迈向全球价值链中高端。

三、从高质量发展视角探寻中国式现代化的实践路径

推进中国式现代化是一个系统工程，需要统筹兼顾、系统谋划、整体推进，正确处理好顶层设计与实践探索、战略与策略、守正与创新、效率与公平、活力与秩序、自立自强与对外开放等一系列重大关系。党的二十大报告提出"高质量发展是全面建设社会主义现代化国家的首要任务"。要实现共同富裕的目标，能否保持高质量发展是关键。习近平同志在党的十九大报告中指出，要培育和践行社会主义核心价值观。要以培养担当民族复兴大任的时代新人为着眼点，强化教育引导、实践养成、制度保障，发挥社会主义核心价值观对国民教育、精神文明创建、精神文化产品创作生产传播的引领作用，把社会主义核心价值观融入社会发展各方面，转化为人们的情感认同和行为习惯。一方面，我国仍然是世界上最大的发展中国家，我们仍然要用发展的办法解决前进中的问题。到2035年我国人均GDP要达到中等发达国家收入水平，我们目前距离这个目标还有一些差距。同时，当前经济发展还面临需求收缩、供给冲击、预期转弱三重压力，面临调结构、转方式、促增长等问题，必须靠高质量发展来解决，通过高质量发展把质量做优，在质的大幅提升中实现量的持续增长。另一方面，我国城乡、区域发展和收入分配差距较大，发展不平衡、不充分问题是当前制约共同富裕的主要因素。高质量发展特别强调经济社会的协调发展，强调人的现代化，因此，应当依靠高质量发展，在发展中主动缩小收入差距，逐步推进共同富裕，进而实现中国式现代化。

1. 高质量发展的核心是建设现代化经济体系

只有建立起现代化经济体系，才能真正转变经济发展方式，优化经济结构，为实现共同富裕和中国式现代化提供新的经济增长动能。一方面，要坚持创新驱动发展战略。党的二十大报告强调，"创新是第一动力"，应充分发挥创新对现代化经济体系建设的支撑作用，加大对基础研究的支持力度，加快攻克重要领域"卡脖子"技术。注

重企业的创新主体地位，应优化财税政策、货币政策和产业政策等鼓励企业加快技术创新、产品创新和组织创新。人才是创新动力之源，应加强创新人才培育，通过完善科技创新激励机制和科技评价机制激发创新积极性。另一方面，现代化产业体系是现代化经济体系的基础和核心，要加快构建以数字经济为引领的现代化产业体系。随着新一代信息技术革命和数字化浪潮的兴起，数字经济正成为推动经济发展质量变革、效率变革、动力变革的重要驱动力。应加快数字经济与实体经济的融合创新，以数字经济驱动制造业转型升级，加快企业智能化、数字化转型，培育数据驱动的制造业新模式、新业态。同时以数字经济促进服务业效能提升和优化，推动"智慧+"在交通、医疗、教育、公共治理等民生领域的应用，拓宽数字经济的应用场景。

2. 加快发展方式绿色转型

中国式现代化是人与自然和谐共生的现代化，共同富裕目标也要求经济社会发展和生态保护之间实现平衡，切实提高人民福祉。一要加快绿色转型，统筹抓好能源、工业、建筑、交通、农业、居民生活等领域向绿色低碳转型，加快推进智能制造、生命健康、新材料等战略性新兴产业和绿色制造业发展，推动全民形成绿色低碳的生产、生活方式；二要持续改善环境质量，提升生态系统的质量和稳定性，打好污染防治攻坚战，切实做好生态多样性保护工作，为共同富裕建立良好的生态保障；三要加快建立以改善生态环境质量为核心的目标责任体系，建立资源高效利用制度，推进低碳发展试点示范，加快低碳城市、碳排放权交易、低碳产品认证等的试点建设。

3. 推动城乡融合和区域协调发展

中国式现代化是人口规模巨大的现代化，这也决定了平衡好人民群众内部利益关系的艰巨性和复杂性。党的二十大报告指出"全面建设社会主义现代化国家，最艰巨最繁重的任务仍然在农村"，如何缩小城乡差距成为实现共同富裕面临的关键问题。一要以产业兴旺为核心全面推进乡村振兴，促进农业生产现代化，加快农产品加工、乡村旅游、电子商务等第二产业及第三产业的发展，以产业发展扩展工作岗位，促进中低收入群体增收；二要深化农村土地制度改革，盘活农村的各种闲置资源，大幅度提高农村低收入群体的财产性收入；三要健全防止返贫的动态监测与帮扶机制，重点关注农村脱贫不稳定户、边缘易致贫户、突发严重困难户，提高农户的内生发展动力。

国内发展的不平衡性尤其体现在不同区域之间。一方面，要发挥四大区域板块支撑功能，鼓励东部地区加快推进现代化，加快东北地区振兴、西部地区发展和中部地区崛起；另一方面，强化五大国家战略引领功能，推动京津冀协同发展、粤港澳大湾区建设、长三角一体化发展，使其成为引领经济高质量发展的生力军，同时加快长江经济带发展与黄河流域生态保护和高质量发展，进一步优化区域经济发展布局。

4. 深化体制机制改革

实践证明，深化改革是中国式现代化发展的根本动力，也是实现共同富裕的根本保障。只有通过持续深化改革，加快转变政府职能，充分发挥市场在资源配置中的作用，及时调整政策体系和体制机制，才能最终实现真正的共同富裕目标。一是要建立起与共同富裕相适应的分配制度，坚持以人民为中心的发展思想，完善初次分配、再分配、三次分配协调配套的基础性制度安排，处理好国民收入在政府、企业、居民之间的分配，合理调节城乡、区域、不同群体间的分配关系。还要建立起先富带后富，最终实现共同富裕的长效机制。二是大力推进财税制度改革，加大税收、社保、转移支付等的调节力度并提高精准性。合理调节高收入，取缔非法收入，形成中间大、两头小的"橄榄型"分配格局，需要多措并举刺激消费、促进就业、提高保障，进一步做大中等收入群体，实现收入倍增。三要深化公共服务等领域的改革，推动公共服务高质量发展，加快完善养老、医疗保障、兜底救助、住房保障等体系，尤其要补齐农村地区、中西部地区公共服务短板，发挥公共服务在内生动力、代际流动、收入调节上的作用。四是深化市场体系和市场机制改革，加快建设全国统一大市场。不断完善要素市场，加快土地、劳动力、资本、技术、数据等要素的市场化配置。同时深化监管体制改革，健全公平竞争审查制度，在数字经济时代尤其要加强对平台经济与反垄断的监管。

专栏 10-4

高质量发展中的高等教育

教育、科技、人才是全面建设社会主义现代化国家的基础性、战略性支撑。坚持优先发展、科技自立自强、人才引领驱动，其关键在于推进教育的高质量发展，全面提升人才自主培养质量，着力造就拔尖创新人才，聚天下英才而用之。

教育是国之大计。高等教育改革的根本目标，就是坚持以人民为中心，建设高质量教育体系，按照中国特色、世界一流目标，对高校的战略定位、学科专业、科学研究和人才培养全面深化改革。高校的使命是立德树人、知识创造和社会服务，具体来说，就是服务国家重大战略需求，培养新时代德才兼备的社会主义合格建设者和可靠接班人。

参考资料：《高举中国特色社会主义伟大旗帜为全面建设社会主义现代化国家而团结奋斗——在中国共产党第二十次全国代表大会上的报告》，中国政府网。

本章小结

本章首先对全球化变局下中国经济发展进行研判。目前我国正面临着全球化和百年未有之大变局，对中国宏观经济总体判断是：总体上看，稳中向好、稳中求进，宏观经济运行处于合理区间，基本保证就业的增长。因此，我们应该对未来中国经济发展持积极态度。

其次，对过去中国增长之谜进行分析。中国过去30多年资本积累和技术进步的速度之快的根本原因是实行了改革开放政策。开放改变了激励、市场的边界和生产方式，能建立正确的激励机制，让市场发挥作用，鼓励人们崇尚勤俭、重视教育和学习。

再次，应该正确看待2012年以来中国经济增长持续减速的现象。改革开放后中国工业化所导致的"结构性加速"，成就了中国过去30年的经济高速增长奇迹。随着工业化向城市化递进，我国产业结构由以第二产业为主导向以第三产业为主导演化。2015年我国进入服务业为主导的新阶段。中国经济在经历高速增长之后，发生了由高速发展阶段转向中高速发展阶段的变化，这一变化是完全正常的，也是符合发展规律的。

从次，对中国能否跨越中等收入陷阱进行分析。中国在发展过程中吸取一些拉美国家发展中的教训，走上了新型工业化、新型城镇化的新路，并且不断推进服务业供给侧结构性改革，带动产业结构转型升级，迈向高质量发展。我们相信，只要我们坚持推动高质量发展，完全有能力跨越"中等收入陷阱"。

最后，针对我国如何实现长期可持续发展提出建议：一是惯性思维的转换，倡导乘数思维、系统思维、木桶思维和开放思维四种新思维；二是构建新发展格局的中长期战略；三是从高质量发展视角探寻中国式现代化的实践路径。

思考题

1. 如何理解历史中的全球化与主导产业的变化？
2. 举例说明最优和均衡的思维如何帮助我们思考长期经济增长。
3. 中国过去经济增长成功的原因是什么？
4. 如何理解中国经济减速和转型？
5. 如何运用经济学思维思考中国未来的转型发展？
6. 决定一国长期增长的因素有哪些？如何运用经济学长期思维观察世界经济"大分流"现象？

名词索引

◆ 中等收入陷阱：是指一个国家由于某种优势达到了一定收入水准，而停留在该经济水准的情况。制造商常常发现自己无法与高技能创新的先进经济体相竞争，也无法与低收入、低工资的经济体在生产廉价制成品上相竞争，从而出现经济停滞的状态。

◆ 产业价值链：产业为满足用户需求而实现的价值所形成的链条，也就是在产业链中、在企业竞争中所进行的一系列活动仅从价值的角度来分析研究，被称为产业价值链。它以产业链为基础，从整体角度分析产业链中各环节的价值创造活动及其影响价值创造的核心因素。

◆ 修昔底德陷阱：由美国哈佛大学教授格雷厄姆·艾利森提出，此说法源自古希腊历史学家修昔底德就伯罗奔尼撒战争得出的结论，雅典的崛起给斯巴达带来恐惧，使战争变得不可避免。格雷厄姆·艾利森用这个概念来说明，一个新兴大国必然会挑战守成大国的地位，而守成大国也必然会采取措施进行遏制和打压，两者的冲突甚至战争在所难免。

◆ 资本积累：是指剩余价值转化为资本，即剩余价值的资本化。资本所有者把从劳动者那里赚来的利润的一部分用于个人消费，另一部分转化为资本，用于购买扩大生产规模所需追加的资本要素和劳动要素。

◆ 利率市场化：是指货币当局将利率的决定权交给市场，由市场主体自主决定利率，货币当局则通过运用货币政策工具，间接影响和决定市场利率水平，以达到货币政策目标。

◆ 鲍莫尔病：理论上讲，鲍莫尔将经济部门分为：生产率快速发展的部门，如各类电子产品、现代农业等，一般因技术进步而劳动力需求减少；生产率相对滞后或保持稳定的部门，如艺术表演、教育和医疗等部门，其对劳动力的刚性需求更大。后一类部门的需求始终保持旺盛，但其服务供给效率难以通过技术替代提升，结果便是使劳动工资显著上升。不仅如此，前一类部门生产率提升后淘汰的部分劳动力退出市场后，又会进一步被吸收进后一类部门。

◆ 全要素生产率：是指生产单位（主要为企业）作为系统中的各个要素的综合生产率，以区别于要素生产率（如技术生产率）。全要素生产率是一个有利于经济增长（该值可能是负数、零或正数）的变量，包括了经济政策、政府在经济中的作用、工作态度、技术学习、受过教育的劳动力所造成的积极的外部效应等。

◆ 创造性破坏理论：该理论是经济学家熊彼特最有名的观点，是企业家理论和经济周期理论的基础。熊彼特将企业家视为创新的主体，其作用在于创造性地破坏市场的均衡（他称之为"创造性破坏"）。他认为，动态失衡是健康经济的"常态"（而非古典经济学家所主张的均衡和资源的最佳配置），而企业家正是这一创新过程的组织者和始作俑者。只有通过创造性地打破市场均衡，企业家才有获取超额利润的机会。

10-1
知识分享

参考资料

[1] 保罗·海恩，彼得·勃特克，大卫·普雷契特科. 经济学的思维方式 [M]. 13版. 史晨，译. 北京：机械工业出版社，2015.

[2] 达龙·阿西莫格鲁，戴维·莱布森，约翰·A. 李斯特. 经济学 [M]. 卢远瞩，尹训东，于丽，译. 北京：中国人民大学出版社，2016.

[3] N. 格里高利·曼昆. 经济学原理 [M]. 8版. 梁小民，梁砾，译. 北京：北京大学出版社，2020.

[4] 坎贝尔·R. 麦克康，斯坦利·L. 布鲁伊. 经济学：原理、问题与政策 [M]. 15版. 李绍荣，等译. 北京：中国财政经济出版社，2004.

[5] 《西方经济学》编写组. 西方经济学（上册）[M]. 2版. 北京：高等教育出版社，2019.

[6] 张维迎. 博弈论与信息经济学 [M]. 上海：上海人民出版社，2004.

与本书配套的二维码资源使用说明

本书部分课程及与纸质教材配套数字资源以二维码链接的形式呈现。利用手机微信扫码成功后提示微信登录,授权后进入注册页面,填写注册信息。按照提示输入手机号码,点击获取手机验证码,稍等片刻收到4位数的验证码短信,在提示位置输入验证码成功,再设置密码,选择相应专业,点击"立即注册",注册成功。(若手机已经注册,则在"注册"页面底部选择"已有账号,立即登录",进入"账号绑定"页面,直接输入手机号和密码登录。)接着提示输入学习码,需刮开教材封底防伪涂层,输入13位学习码(正版图书拥有的一次性使用学习码),输入正确后提示绑定成功,即可查看二维码数字资源。手机第一次登录查看资源成功以后,再次使用二维码资源时,在微信端扫码即可登录进入查看。